天津市重点出版扶持项目

津沽名家文库(第一辑)

秦汉史纲要

杨翼骧 著

南开大学出版社

天 津

图书在版编目(CIP)数据

秦汉史纲要 / 杨翼骧著. —天津：南开大学出版
社，2019.7
(津沽名家文库. 第一辑)
ISBN 978-7-310-05816-7

Ⅰ.①秦… Ⅱ.①杨… Ⅲ.①中国历史－秦汉时代
Ⅳ.①K232

中国版本图书馆 CIP 数据核字(2019)第 140892 号

南开大学出版社出版发行
出版人:刘运峰
地址:天津市南开区卫津路 94 号　　邮政编码:300071
营销部电话:(022)23508339　23500755
营销部传真:(022)23508542　　邮购部电话:(022)23502200

*

天津丰富彩艺印刷有限公司印刷
全国各地新华书店经销

*

2019 年 7 月第 1 版　　2019 年 7 月第 1 次印刷
210×148 毫米　32 开本　6.125 印张　6 插页　146 千字
定价:48.00 元

如遇图书印装质量问题,请与本社营销部联系调换,电话:(022)23507125

杨翼骧先生(1918—2003)

云："自殷以前，诸侯不可得而谱，周以来乃颇可著。"
又云："余读《谍记》，黄帝以来皆有年数，稽其历谱谍，终始五德之传。"《十二诸侯年表序》云："太史公读《春秋历谱谍》。"又云："《谍》独记世谥，其辞略。"
东汉桓谭说："太史公《三代世表》，旁行斜上，并效周谱。"（《梁书·刘杳传》引）这都说明了表的来源。而且战国末年人所著的《世本》，其中也有谱的体裁。书以名称卓于《尚书》，《尚书》中如《尧典》、《禹贡》、《洪范》等篇有关于天文、历象、礼乐、刑律、祭祀以及地理、谷殖等的记载；《世本》之有《居篇》、《作篇》；司马迁立《史记》

中列八书以记载天文、地理及各种典章制度，也都是借用前人的著作中的体裁。由此可见，本纪、世家、列传、表、书每一种体裁来说，在司马迁以前都已单独出现了，但是司马迁把这五种体裁综合起来，成为一部书的体例，因而发挥了莫大的作用，便是司马迁的创造性贡献了。

司马迁创立纪传体，促进了史学的发展，给予后世以深远的影响。宋人郑樵在《通志总序》中说："司马氏……勒成一书，分成五体：本纪纪年，世家传代，表以正历，书以类事，传以著人。使百代而下，史官不能易其法，学者不能舍其书。"清人赵翼在《廿二史劄记》卷一《各史

杨翼骧先生手迹

出版说明

津沽大地，物华天宝，人才辈出，人文称盛。

津沽有独特之历史，优良之学风。自近代以来，中西交流，古今融合，天津开风气之先，学术亦渐成规模。中华人民共和国成立后，高校院系调整，学科重组，南北学人汇聚天津，成一时之盛。诸多学人以学术为生命，孜孜矻矻，埋首著述，成果丰硕，蔚为大观。

为全面反映中华人民共和国成立以来天津学术发展的面貌及成果，我们决定编辑出版"津沽名家文库"。文库的作者均为某个领域具有代表性的人物，在学术界具有广泛的影响，所收录的著作或集大成，或开先河，或启新篇，至今仍葆有强大的生命力。尤其是随着时间的推移，这些论著的价值已经从单纯的学术层面生发出新的内涵，其中蕴含的创新思想、治学精神，比学术本身意义更为丰富，也更具普遍性，因而更值得研究与纪念。就学术本身而论，这些人文社科领域常研常新的题目，这些可以回答当今社会大众所关注话题的观点，又何尝不具有永恒的价值，为人类认识世界的道路点亮了一盏盏明灯。

这些著作首版主要集中在 20 世纪 50 年代至 90 年代，出版后在学界引起了强烈反响，然而由于多种原因，近几十年来多未曾再版，既为学林憾事，亦有薪火难传之虞。在当前坚定文化自信、倡导学术创新、建设学习强国的背景下，对经典学术著作的回顾与整理就显得尤为迫切。

本次出版的"津沽名家文库（第一辑）"包含哲学、语言学、文学、历史学、经济学五个学科的名家著作，既有鲜明的学科特征，又体现出学科之间的交叉互通，同时具有向社会大众传播的可读性。具体书目包括温公颐《中国古代逻辑史》、马汉麟《古代汉语读本》、刘叔新《词汇学和词典学问题研究》、顾随《顾随文集》、朱维之《中国文艺思潮史稿》、雷石榆《日本文学简史》、朱一玄《红楼梦人物谱》、王达津《唐诗丛考》、刘叶秋《古典小说笔记论丛》、雷海宗《西洋文化史纲要》、王玉哲《中国上古史纲》、杨志玖《马可·波罗在中国》、杨翼骧《秦汉史纲要》、漆侠《宋代经济史》、来新夏《古籍整理讲义》、刘泽华《先秦政治思想史》、季陶达《英国古典政治经济学》、石毓符《中国货币金融史略》、杨敬年《西方发展经济学概论》、王亘坚《经济杠杆论》等共二十种。

需要说明的是，随着时代的发展、知识的更新和学科的进步，某些领域已经有了新的发现和认识，对于著作中的部分观点还需在阅读中辩证看待。同时，由于出版年代的局限，原书在用词用语、标点使用、行文体例等方面有不符合当前规范要求的地方。本次影印出版本着尊重原著原貌、保存原版本完整性的原则，除对个别问题做了技术性处理外，一律遵从原文，未予更动；为优化版本价值，订正和弥补了原书中因排版印刷问题造成的错漏。

本次出版，我们特别约请了各相关领域的知名学者为每部著作撰写导读文章，介绍作者的生平、学术建树及著作的内容、特点和价值，以使读者了解背景、源流、思路、结构，从而更好地理解原作、获得启发。在此，我们对拨冗惠赐导读文章的各位学者致以最诚挚的感谢。

同时，我们铭感于作者家属对本丛书的大力支持，他们积极创造条件，帮助我们搜集资料、推荐导读作者，使本丛书得以顺利问世。

最后，感谢天津市重点出版扶持项目领导小组的关心支持。希望本丛书能不负所望，为彰显天津的学术文化地位、推动天津学术研究的深入发展做出贡献，为繁荣中国特色哲学社会科学做出贡献。

南开大学出版社

2019 年 4 月

《秦汉史纲要》导读

乔治忠

南开大学历史系教授杨翼骧（1918—2003），是南开大学史学史学科的创始人，国内本专业四位最早的博士生导师之一，学术精深，学品高雅，享有崇高的声誉。除了精通中国史学史学科之外，他对中国通史的教学和研究也极具创新性，做出了开拓性贡献。20世纪50年代，杨先生在南开大学担任中国通史之秦汉史、三国魏晋南北朝史的教学工作，且与学术探研相结合，相得益彰，精益求精，发表学术论文多篇，且撰成《秦汉史纲要》《三国魏晋南北朝史纲要》等著作。《秦汉史纲要》于1956年由上海新知识出版社出版，随即被许多高等院校广泛采用为教材，次年即由上海人民出版社再版发行。在今天看来，此书篇幅不大，内容简略，而在当时，乃是将马克思主义历史观运用于历史教学与研究的开拓性著述，至今不仅具备历史学学术发展史上的意义，而且其中的见解、观点，仍有可贵的参考价值。南开大学出版社重新出版印行《秦汉史纲要》，其学术作用决不仅仅为弘扬南开大学的史学精神，而是有功于整个历史学界。

孟子曰："读其书，不知其人，可乎？是以论其世也。"（《孟子·万章下》），这是说读书要了解作者的事迹、学术和品位，还要结合作者及其著述所处的时代以加深认识。因此，我们在评介和研讨杨翼骧《秦汉史纲要》一书之前，有必要了解杨先生的生平事迹与治学经历。

一、杨翼骧先生治史初入佳境

杨翼骧，字子昂，1918 年 8 月出生于山东省济宁市金乡县一个教师世家，祖父是私塾教师，父亲杨纬坤、大伯父杨华坤、二伯父杨炳坤、叔父杨化坤，都是中学教师。因此杨翼骧从四岁开始就接受祖父传授的传统文化知识，后入小学、初中，除了在学校内读书、做功课之外，在父亲监管下，传统文史知识的学习始终未停；初中二年级直至高中阶段，都是在济南住校学习，在与一些同学的交往中形成对现代文学的喜好；高中阶段（1933—1936）就读的山东省立济南高级中学，更是一所名校。杨翼骧在校期间，阅读了鲁迅、郭沫若、郁达夫、茅盾、巴金等人的大量文学作品，也积极尝试撰文、作诗，曾在《山东民国时报》发表散文，在《山东日报》发表诗歌，萌生了当文学家的志愿。最终在好友的劝告下，报考大学时选择了历史学，放弃了文学创作上的目标。

1936 年，杨翼骧考入北京大学史学系，但对文学的喜爱并未消退，每当有名家新的文艺作品一出版，还是一读为快，因此在一般同学看来，杨先生似乎在本学科上的学习不算十分努力。1937 年 7 月发生了七七事变，日本军队进攻北平，随即战火扩大，日军发动了对中国的全面侵略战争。北京大学、清华大学与南开大学南迁，三校在长沙组成临时大学，继而转至昆明，成立西南联合大学。此时恰逢杨翼骧回家乡探亲，他闻讯后启程追随，当时路途隔绝，战火连天，他只身一人，只能向广西方向迂回而进入越南，再从越南返回云南。由于缺少旅费，又处于战争环境，杨翼骧走走停停，或得亲友接济，或谋求任职以维持生计，直至 1938 年末才抵达柳州。为积攒转道越南前往昆明的路费，他经人推荐在湘桂铁路第三工程总段任抄写员一职。这个工作单位位于广西崇善县，县城有县立图书馆可以借阅图书。抄写员工作负担不重，上班安排也较为宽松，于是获得读书学习的优良条件。杨翼骧自述当时生活情况说：

> 抄写员的工作不多，白天上班时可以有一半时间看书，晚上更可用全部时间看书。我从县立图书馆借书，当我读过梁启超的一些关于史学的著作，特别是《中国历史研究法》及其《补编》之后，便对中国史学史产生了浓厚的兴趣。接着读《史通》和《文史通义》，又选读了"前四史"、《资治通鉴》及《四库全书总目提要》的史部。经过七八个月的昼夜读书，我收获不小，并陆续写出了近十万字的读书笔记，更加坚定了学习史学史的意志。①

1939 年 9 月，杨翼骧才从广西经越南抵达云南昆明，在西南联大复学，接续此前学业，进入历史学系二年级班，而原来一年级的同学王玉哲、金灿然等，已经是三年级。这两年间的"旅途"，令杨翼骧备尝艰辛困苦，但同时坚定了刻苦学习、研究中国史学史的决心。目标明确，矢志不移，因而在学习中十分勤奋，而且所读之书围绕着中国史学史专业方向，大不同于从前。这使同学王玉哲感到惊奇，觉得杨翼骧"眼睛中多了一丝坚毅、一丝沧桑……是整天扎在图书馆里，一念书就是一天……这个人怎么完全变了啊？"二十多年后二人谈起当年旧事，杨翼骧先生告诉王

---

① 宁泊：《史学史研究的今与昔——访杨翼骧先生》，载《史学史研究》，1994 年 4 期。

玉哲先生，他以两年的行程，到校复学，其间经历各种困苦，"重新复校后，又得到了第二次机会，当然要把握住，从此好好做学问了"。[①]

像杨翼骧这样在大学求学期间就确定要研究中国史学史的学人，在当时可谓凤毛麟角。不仅如此，在同学朋友之中，时时有人劝说杨翼骧放弃主攻史学史的志愿，但都没有动摇他专攻中国史学史的决心，只是在不同时期都必须接受任职单位安排讲授断代史与其他课程的任务，无法集中力量研讨中国史学史问题，这是无可奈何的。多年之后，杨先生总结自己的经验和教训，用以指导本专业研究生说：

> 专业之间没有高下之分，只有你在本专业中学术地位或高或下之分。不同专业当然有"热门"、"冷门"，但热门专业搞得热热闹闹，其中必有大量水分，经过岁月淘汰，也只留下少数有学术价值的成果；冷门专业扎扎实实地研究，也许更容易干出经得起考验的成就，所谓热门、冷门，具有同等的学术前途。至于当下人们有什么偏见，完全不必理睬他，偏见随着学术发展会逐步拨正。[②]

杨先生 1942 年大学毕业，就业于抗战时期迁至重庆的中央图书馆《图书月刊》任编辑，次年回西南联大史学系任教。1946 年 9 月之后，在北京大学主讲中国史学史的姚从吾先生调任河南大学校长，北京大学准备请郑天挺先生接任此课，郑天挺先生认为应当由杨翼骧承担，无奈当时的体制是：讲授这种专门课程，需

---

① 王兰仲：《志玖伯伯、父亲及南开历史系的先生们》，载《杨志玖教授百年诞辰纪念文集》，天津古籍出版社，2017 年，第 29 页。

② 杨翼骧：《谈治学与做人》，载《学忍堂文集》，中华书局，2002 年，第 459 页。

要教授职称才够资格。又过了两三年后的 1949 年，经向达教授鼎力保举，北京大学才打破常规，决定由杨先生讲授中国史学史课程。对于大学教师而言，教学课程与专业研究的志向合一，无疑是十分惬意的工作。1949 年 1 月，北平和平解放，杨翼骧感受到中国共产党新政权的朝气蓬勃，思想迅速而积极地发生转变，主动改进中国史学史的授课体系。他回忆说：

> 1949 年 1 月北平解放，这年暑假后，我在北大史学系教中国史学史课。随后讲授内容有所调整和扩充，时段从上古一直到解放前，分古代和近现代两大部分。古代分八章，每章之后介绍同时期西方史学的情况，并且做出比较；近现代分资产阶级史学、马克思主义史学二章，前者从梁启超开始，后者从李大钊开始，都是讲到临近解放前。①

这充分说明，北平和平解放之后，杨翼骧十分主动地学习马克思主义历史观点，并且积极将唯物史观运用到中国史学史的教学实践，拟出了包含阶级分析观点和事物发展阶段论观念的中国史学史教学大纲，这在全国是独创和先进的。杨先生能够做到这一点绝非偶然而是有着深刻的政治与文化背景，其家族多人如叔父杨汉章、杨经元、杨赞元，堂弟杨一辰、杨希文，都很早参加了共产党的革命工作，杨一辰更是传奇式的英雄。杨翼骧先生虽未曾投身于革命运动，但自中学时期始，也阅读大量左翼作家的文学作品，又有这样的家族背景，在中华人民共和国成立初期必然诚心诚意拥护共产党的领导，主动积极地学习和运用马克思主义历史观，此乃水到渠成之事。

---

① 《杨翼骧自传》，载《杨翼骧先生中国史学史手稿存真·附录》，国家图书馆出版社，2013 年，第 5 页。

1952年，全国高校院系调整，大学的专业设置重新布局，人员大幅度调配，郑天挺先生奉调到南开大学任历史系主任。同时，大学的课程系统也做了统一性规定，与许多学科专业一样，中国史学史未能列入教育部规定的课程教学体系。此时，杨翼骧已经升职为副教授，但本来开拓了良好前景的中国史学史教学与研究却是难以为继，他本人也在北京大学调整中出校，调到新组成的北京政法学院（今中国政法大学前身）工作，这使热爱历史学专业的杨翼骧感到十分失落，遂毅然求助于已在南开大学的郑天挺师，并于1953年10月底成为南开大学历史系副教授。

杨翼骧在南开大学历史系，负责讲授中国通史课程的秦汉史、魏晋南北朝史。他在授课中，叙述史事与分析评议，都致力符合唯物史观的思想和范式。经过学习和探索，颇有心得，1954年发表了《为甚么项羽是农民起义领袖？》（载《历史教学》1954年5月号）的论文，灵活运用当时最为提倡的阶级观点，对项羽做出了正面定性分析。文章贯彻不将出身作为阶级分析主要依据的理念，认为项羽虽然出身于楚国的旧贵族，但他响应了陈胜、吴广的农民起义号召，积极进行反抗秦朝残暴统治的斗争，领导军队消灭了秦军的主力，在推翻秦朝、完成农民起义的历史任务中建立了重大功绩，代表了农民阶级的政治利益，应是秦末农民起义的领袖之一。杨先生的文章引起广泛的关注和热烈讨论，并且得到学者普遍的认同。此文在唯物史观框架内评价历史人物方面，具有理路的开创性，引用多条马克思主义理论原文作为论据，体现出杨先生运用唯物史观理论的娴熟。

1956年发表的《关于汉代奴隶的几个问题》（载《南开大学学报》1956年第2期）一文，辨析了汉代"徒""赘子""赘婿""家人""白衣"等的社会地位与身份，指明其并非奴隶；全面论证了汉代俘虏与奴隶的关系、奴隶在社会生产中的地位、奴隶的法律地位、奴隶的数量及其在社会人口中的比例，从而指出汉代不是奴隶制社会。论据充分，说理透彻，一举澄清了许多史学界尚多争议和模糊的问题。这篇文章显著的特点是引据大量史料，以严密的逻辑辩驳异说，得出结论，而不是以引用政治领袖和"经典著作"为根据，与《为甚么项羽是农民起义领袖？》一文明显有别，这是更加深入理解历史唯物主义方法论的体现。

深入的学术研究是教学水平提高的必要条件之一，但学术精深的教师要做好教学工作，还必须下大功夫思考讲授大纲、表述方法，了解和理解听课群体的接受水平和知识需求，经过自觉的锻炼和改进，使讲述语言简洁、明确、生动、活泼，着实需要相当的逻辑思维结合形象思维的能力。杨先生讲课之精彩，很少有人与之相比，自 1953 年起在南开大学讲解秦汉史、三国魏晋南北朝史，1955 年开设中国史学史课程，凡曾经听课者无不认为获得一种历史知识加艺术的享受，其特点是内容系统、条理明晰，资料丰富、分析精到，语言生动、语速适中，板书工整、排列有序，出口成章、重点突出。1956 年出版的《秦汉史纲要》，乃在授课讲义的基础上修订而成，正是杨翼骧先生历史教学与研究进入佳境时期的著述。

二、杨冀骧先生对史学史学科建设的贡献

进行中国史学史的研究，是杨先生始终坚持的学术方向。如前所述，在大学求学期间，杨先生即已立志于中国史学史的探讨，1947—1948 年发表了《司马迁记事求真的方法和精神》《班固的史才》《三国时代的史学》等论文，初步展现了善于审核史料与分析、概括的治史功力。

20 世纪 50 年代，由于种种原因，中国史学史的研究暂受冷

落，杨先生在进行中国古代史研究的同时，仍未放弃对史学史的研究与关注。1956 年苏联《论历史科学史的研究》①一文被翻译发表，杨先生从中体察到史学史学科将要兴起，撰写了《三国两晋史学编年》一文，于 1957 年发表于《南开大学学报》。这是一篇很有学术分量的长文，是中华人民共和国成立后最早的中国史学史论文之一。1961 年起，关于史学史的研究与讨论在全国展开，杨先生接连撰写、发表《我国史学的起源与奴隶社会的史学》《裴松之与〈三国志注〉》《刘知几与〈史通〉》《南北朝史学编年》等重要论文，分别刊载于《天津日报》1961 年 12 月 6 日学术专刊，《历史教学》1963 年第 2 期，《历史教学》1963 年第 7 期、第 8 期，《南开大学学报》（哲学社会科学版）1964 年第 1 期。这些专题论文以视角全面、见解中肯、理据充分而享誉史学界。

1979 年，杨先生与华东师大教授吴泽先生共同承担《中国历史大辞典·史学史卷》的主编工作，并且专职负责中国古代史学史部分。他除了自撰许多词条之外，还将古代部分两千余条目逐字逐句审定修改，整齐文笔，划一体式，有的甚至予以重写，投入大量精力，其认真负责的精神感动了许多同事。此书于 1983 年出版，成为《中国历史大辞典》中最先告成者，为整套书的编纂提供了成功的经验。此书是中国第一部史学史学科的辞书，面世之后，立即受到海内外文化界的瞩目与欢迎，被评论为"确是我国史学工作不可多得的一部很好的工具书"，具有科学性、系统性、知识性、实用性等优点，是"我国史学界开创性的可喜成果"。②

此后，杨先生利用多年积累的史料素材，致力编纂多卷本的《中国史学史资料编年》。此书内容是将历代关乎史学史的资料予

---

① 原载苏联《历史问题》杂志，1956 年第一期社论，中国《史学译丛》，1956 年第二期翻译刊载。

② 杜汉鼎、刘光胜：《喜读〈中国历史大辞典·史学史〉卷》，载《史学史研究》，1984 年第 3 期。

以精选，按年代顺序编排，并且依需要加用精辟按语进行考释。此书各分册陆续出版，《史学史研究》《历史教学》等学术刊物皆发表书评，赞扬此书具有史料真切、编法朴实、考订精审、内容宏博的特点，"兼有很高的学术性和实用性，凡是研治中国史学史的学者，皆可将之作为一种兼能提出问题和解决问题的工具书"[①]，是"首创性的具有为后人修桥铺路性质的书"[②]。相信中国史学史专业的同行，都会从本书中获取裨益，得到启迪。初学者可据之为起步探讨的基石，有一定造诣的专业学者亦可援之为深入研究的阶梯，从而使中国史学史的研究持续、深入地向前推进。这是杨翼骧先生对史学史学科的发展做出的重大贡献。

杨先生很早就动手撰写《中国史学史》专著，内容范围上自先秦，下至1949年。但因其他工作繁忙以及学界主流思想的不断变动，没有完成。其手稿于2013年由学生整理，公开影印出版，名之为《杨翼骧先生中国史学史手稿存真》。手稿均用工整、秀丽的字体写于正式稿纸，影印后全书没有字迹难认之处。其中许多论述颇具参考价值，如对唐后五代史馆建置和官方修史机制的论述，对辽、金时期国史院的评析等，有画龙点睛、言简意赅之妙。既能为学界同行提供参考，也在一定程度上展现了杨先生研讨史学史的心路历程。

杨先生依靠数量不多但十分精湛的著述，使南开大学成为全国史学史研究的学术重镇。中国史学史专业自20世纪80年代中至整个20世纪90年代，全国仅白寿彝先生、吴泽先生、尹达先生、杨翼骧先生分别于北京师范大学、华东师范大学、中国社会科学院历史研究所、南开大学创立了四个博士学位授予单位（简

---

① 陆申：《推荐一本嘉惠后学的史学专著——读杨翼骧先生〈中国史学史资料编年〉》，载《历史教学》，1988年第1期。

② 蓝天海：《读〈中国史学史资料编年〉第一册》，载《史学史研究》，1987年第4期。

称"博士点"),这种状况持续了多年。南开历史学其他专业博士点的建立,依靠多名同一专业的教授组成的团队,但南开史学史博士点,可以说只是得自杨翼骧自己在本专业的声望,以一己之力创设一个博士点,其功绩非他人可比。在杨先生在职期间,南开历史学中唯一超越北京大学、复旦大学、南京大学、浙江大学、中国人民大学等名校的专业,就是中国史学史专业。

三、《秦汉史纲要》的体系和价值

《秦汉史纲要》(以下简称《纲要》)的写作方式,采用20世纪在中国兴起的章节体,各章各节叙述的政治性大事件,大体显示出时间先后的顺序,但更多内容是分类归纳,以求首尾完具,线索清晰。这种体裁实际具有机动灵活的特征,便于作者匠心独运,写法创新。《纲要》全书仅仅十五万余字,但内容却极为全面,各个章节的布局也十分得体。其撰著宗旨是要贯彻马克思主义的唯物史观,是不同于古代史书也不同于近代(1949年之前)历史教科书的新型教材兼史著,正如后来秦汉史专家林剑鸣先生评论的,本书是力图用马克思主义的理论、观点、方法研究秦汉史而产生的第一批全面记叙秦汉史的著作……其筚路蓝缕之功,则非后来的著作可比"。①

本书共分七章。秦朝历史置于第一章,其中包括"中国历史上第一次农民大起义"的内容。第二、第三章为西汉历史,前者论述西汉的经济与政治建树,后者论述西汉加强中央集权与对外的扩张,这可以说是抓住了西汉历史两项最重要的内容。第四章题为"王莽的改制,赤眉绿林大起义",将王莽的作为置于显著的

---

① 林剑鸣:《秦汉史》,载肖黎主编《中国历史学四十年》,书目文献出版社,1989年,第122页。

地位，但论述行文则是予以贬斥，相衔接的内容是农民大起义，自然显示出王莽施政是导致内乱的重要原因。许多后来的历史教科书弱化了王莽改制的历史记述，这与本书相比，颇为逊色。第五、第六章论述东汉历史，前者为"东汉帝国的建立和发展"，包括经济、政治与对外关系问题，后者讲东汉社会矛盾及黄巾大起义，这其中也有统治阶级内部的斗争，主要是宦官集团与外戚力量的恶斗与轮番掌政，破坏了东汉的统治根基。最后第七章，集中讲述秦汉时代的文化。全书结构严整有序，轻重合宜，集中论述一段时期的文化事业，也被后来大多数的历史撰述所效仿。这种安排是妥当的，既不干扰经济发展、政治变动论述的连贯性，又可以展示某一时期文化事业的全貌。

与篇章结构密切相关的是内容结构，《纲要》在这一点也具有创新和开拓之功。阅读全书，可以看出杨先生对于秦汉历史的论述，抓住了五大主要内容，即经济、政治、文化、农民起义、民族关系与对外关系。前三项为史学界撰述通史、断代史所公认的重点内容，农民起义是 20 世纪 50 年代我国大陆马克思主义史学研究所格外注重的内容，杨先生顺应时势的做法有着时代的合理性，同时也具备学术的合理性，因为西汉的绿林、赤眉大起义，东汉的黄巾起义，确为撼动全国、导致社会发展大变动的事件，不容忽视。将民族关系与对外关系纳入重点内容，则是杨先生基于中国古代史整体把握而得出的创见。在中国这块土地上，自古以来族属繁多，经过几千年的民族融合，仍然是包含着五十多个民族的统一国家，民族关系实际牵动各个朝代的国家要务。同时周边的国家政权与中原皇朝或和平交往，或朝贡称藩，或相互争战，加之民族关系与对外关系交织在一起，成为古代中国历朝兴衰的重要导因。《纲要》从结构与篇幅上显现出对这一内容的重视，实为卓识，但遗憾的是，后来的历史撰述，将民族关系、对外关系置于附带地位者时有所见，因此，阅读杨先生的这部《纲要》，应领会其中的学术意蕴。

除了篇章结构和内容结构的高超之处，《纲要》还具有以下的特点：

第一，引据史料极其丰富，表现出言必有据、求真务实的治史态度，以实际的教学和撰著抵制了当时日益高涨的"以论代史"的偏颇流风。《纲要》初版为32开本，每页满打满算最多可容900字，但80%的篇页都有标明引文出处的页下注，而没有页下注的三十余页，多半具有随文讲明出处的引文，引文的密度很大，一般每页页下注达到五六条，最多则可达到十条。在这些丰富的引据中，属于理论性论述的仅有五条，即引自苏联《真理报》文章1条，引自《学习》杂志文章1条，引毛主席语句3条。其余除几处作者根据史料对史事或典故予以解说之外，基本为引证《史记》《汉书》《后汉书》《春秋繁露》《论衡》《史通》等古籍的资料。引文大多简明扼要，但有时也不惜篇幅。如第148页为了讲述"经今古文学派之争"，引述西汉季年刘歆《移让太常博士书》的大段文字。许多引文恰到好处，证力千钧。如第126页引宦官吕强在黄巾起义背景下，进言汉灵帝说："党锢久积，人情多怨，若久不赦宥，轻与张角合谋，为变滋大，悔之无救"，于是朝廷大赦，解除禁锢。这说明统治阶级内部虽矛盾尖锐，但仍以镇压农民起义为共同利益。没有很深的史料功底，就不能以此来论证古代的阶级问题。

20世纪50年代中期，历史著述越来越时兴大量引证经典文句，随之而来有主张"以论代史"的偏颇理念行世。本来杨翼骧先生1954年发表《为甚么项羽是农民起义领袖？》一文，也是密集引证经典论述的，但随着学界轻史料之风的蔓延，杨先生于1956年就率先转为密集引用史料的撰著风格，此年发表《关于汉代奴隶的几个问题》一文即为极其明显的转变，这与《纲要》一书略同，都是着意以自己的史著抵制"以论带史"、渐趋空疏的学风，这种在唯物史观框架下重视史料的理念，是完全正确的。

第二，在求真务实基础上形成鲜明的卓识特见与精湛的史事记述，是本书的又一亮点。杨先生重视历史资料，又谙熟辩证分析方法，故能得出不少特出的见解。例如第二章分析刘邦战胜项羽的原因，首先指出刘邦获得的关中地区，是当时最富庶之地，以此处作为根据地，经济力量有所保障。《纲要》征引了可靠史料，符合历史唯物论重视经济基础的观念，这个见解明显优胜于许多学者的论述。在论述西汉衰亡问题时，用很多文字叙述"五德终始论""三统说"以及"天人感应"观念在西汉后期的不良影响，其中蕴含了深刻的学术理念。由于全面把握史料，加之文笔流畅，在叙述复杂史事上也能够举重若轻，例如关于"经今古文学派之争"，史实十分纷乱，而本书则叙述得有条不紊，刘向、刘歆整理图书工作、今文经学与古文经学的来龙去脉、相互斗争以及趋于合流等，都讲解得相当清晰。

第三，《纲要》一书在历史观念上，首先表现为反对统治者的暴政，其次是重视探讨历史事件的长远意义，再次是肯定统治阶级也会对历史发展起到正面的积极的作用。这些都是善于运用马克思主义观点和如实看待客观史实的体现。第一章第三节专设标题批判秦始皇与秦二世的暴政，与此对比，赞扬了西汉初期六十年间的"无为"政策。对于王莽称帝后的暴政，对于东汉镇压黄巾起义军时的残酷屠杀，本书都予以批判和谴责，体现了历史著述中的人民立场。

在历史评价上，对秦始皇的加强中央集权措施，对汉武帝的军事扩张行为，本书则从历史发展的长远意义上给予一定程度的肯定：认为秦始皇的举措"顺应了社会发展的趋势"，起到"推动历史前进的作用"；汉武帝的功业扩大了中国疆域，发展了国内外的交通，有利于促成中华民族共同体，因而更具有长远的历史意义。至于他们造成的当时和短期内的消极后果，则各自别论，辩证地从不同角度加以评价。应当说，从长远影响剖析历史人物和历史事件，是符合马克思主义的历史发展观念的。

古代的统治阶级是否能够主动地对经济发展、历史前进起到积极作用，这曾经是历史学理论上颇难掌握分寸的问题。杨先生没有发表理论性的见解，而是在本书及其他著述中，融入自己的观念，即肯定了统治者能够主动振兴经济、改善民生和促进历史发展。如果说西汉初期的"无为"之治和开发经济，可以从统治者慑于农民起义力量的"让步"角度解说，那么西汉中期汉昭帝、汉宣帝时期采取轻徭减赋、赈灾济贫举措，并无农民起义的背景，乃是朝廷主动挽救汉武帝竭力用兵造成的危机，使得"汉帝国的国力又强盛了"。对这典型的历史史实，许多大大小小的史书，对此事都没有记述。由此可见，杨先生在薄薄的《纲要》中，用约两千字篇幅专做论述，绝非偶然，是实事求是的治史态度的体现。

诚然，《纲要》一书出版于六十多年前，思想上有时代的局限，且史事叙述上不能不择要删繁，是可以理解的。读者要从中汲取有益的启示，以加深对历史学的探讨，促进历史学的健康发展。

杨先生为人处世，恪守坚定的原则性，始终厌弃种种违反规则的行为，在学术上、行政上，办事光明磊落，远离和拒绝拉关系、走后门、上偏路的"策略"。杨先生洞察力相当敏锐，凡事心中自有定见，不顾及人情请托，不随风气；同时为人和善，言谈委婉，与各个层次的人们——无论官员、学者、工友、学生都能谈得拢、说得来，和蔼的态度中自然而然地透出睿智和正气；在立身大节上，具备明哲持正的节操、孤标特立的风范。在1957年的"大鸣大放"期间，杨先生恪守自己的信念，在各种会议上未曾发言。随后的"反右"运动中,杨先生也未曾揭发、批判任何一个人,未发表过一篇批判"右派分子"的文章。一个偌大的政治运动,居然这样渡过,这在当时虽为少见,但也并非独此一例,著名学者钱锺书不也有类似的经历吗?达此大智若愚的境界,全有赖于一派明哲的品格、守正的节操,以及理智、持重的精神格调。众所周知,20世纪60年代的文化界、史学界,经历了大小不等的政治批判运动,学术问题也往往被纳入政治的框架。杨翼骧先生是从未卷入此类批判运动的少数学者之一,虽然他有能力、有条件参与某些批判,也确有一些他所不赞同的学者当时已然成为被批判对象。但是杨先生决不借助政治运动整人,而是以纯正学者的情操,始终保持了沉默的态度,未曾参与越出学术范围的大批判,这无疑是很值得钦敬的。

杨翼骧先生在众多的优秀学者中,具备相当个性化的特点,这为我们提供了许多有益的启示。其乐于奉献的学术精神,重视学业基础、客观求实的态度,明哲持正、不随风气、恪守纯正学者情操的高尚品格,都值得我们学习、继承与发扬。

2019 年 5 月

秦 漢 史 綱 要

楊翼驤編著

新 知 識 出 版 社

一九五六年・上海

秦 漢 史 綱 要

楊翼驤編著

*

新 知 識 出 版 社 出 版

（上 海 湖 南 路 九 號）

上海市書刊出版業營業許可證出〇一五號

上海大新印刷廠印刷　新華書店上海發行所總經售

*

書號：新0303

開本：850×1168　1/32　印張：5 1/2　字數：153,000

一九五六年三月第一版　一九五六年三月第一次印刷

印數：1—14,000本

定價：（6類）0.60元

目　錄

第一章　中央集權的秦封建帝國的創建　中國歷史上
　　　　第一次農民大起義 ……………………………………… 1
　第一節　秦朝鞏固統一的政策 …………………………… 2
　　一　中央集權的政治制度的確立 ……………………… 2
　　二　度量衡、貨幣、文字的劃一 ……………………… 4
　　三　對各種反抗力量的壓制 …………………………… 5
　第二節　秦帝國的擴張 …………………………………… 8
　第三節　中國歷史上第一次農民大起義 ………………… 10
　　一　秦始皇及秦二世的暴政 …………………………… 10
　　二　陳勝吳廣領導的農民起義 ………………………… 13
　　三　秦朝的滅亡 ………………………………………… 17
第二章　西漢帝國的建立　西漢初期經濟與政治的
　　　　發展 ……………………………………………………22
　第一節　劉邦、項羽之爭與西漢帝國的建立 ……………22
　第二節　西漢初期經濟的恢復與發展 ……………………26
　第三節　中央集權制的樹立 ………………………………36
第三章　西漢帝國中央集權的加強與對外擴張 ……………41
　第一節　漢武帝加強中央集權的措施 ……………………41
　第二節　漢武帝時期的對外擴張 …………………………48
　　一　伐匈奴 ………………………………………………48
　　二　通西域 ………………………………………………55
　　三　征服衛氏朝鮮 ………………………………………59
　　四　閩越及南越的內屬 …………………………………60
　　五　西南地區的開通 ……………………………………62

    六　對外擴張的歷史意義 ……………………………64

　第三節　對外擴張時期的經濟情況與階級矛盾 ………65

    一　漢武帝的財政經濟政策 …………………………65

    二　水利建設與農業生產技術的進步 ………………69

    三　長期戰爭中階級矛盾的加劇 ……………………71

　第四節　漢昭帝、宣帝時期的政治 …………………………72

第四章　王莽的改制　赤眉綠林大起義 ………………………76

　第一節　西漢統治的動搖 ……………………………………76

　第二節　王莽的改制及其失敗 ………………………………82

　第三節　赤眉、綠林大起義 …………………………………89

第五章　東漢帝國的建立與發展 ………………………………95

　第一節　東漢帝國的建立 ……………………………………95

　第二節　東漢社會經濟的發展 ……………………………100

　第三節　東漢的對外關係 …………………………………107

第六章　東漢社會階級矛盾的增長　黃巾大起義 …………116

　第一節　豪族勢力的發展 …………………………………116

　第二節　統治階級內部的鬥爭 ……………………………120

　第三節　東漢對羌族的戰爭 ………………………………126

　第四節　東漢的農民起義 …………………………………130

第七章　秦漢時代的文化 ……………………………………136

　第一節　文學與藝術 ………………………………………136

　第二節　司馬遷、班固等的歷史學 ………………………139

　第三節　經今古文學派之爭 ………………………………147

　第四節　王充的哲學思想 …………………………………151

　第五節　佛教的傳布與道教的創立 ………………………158

　第六節　科學研究與發明 …………………………………162

附記 ……………………………………………………………170

第一章　中央集權的秦封建帝國的創建
中國歷史上第一次農民大起義

公元前 221 年——公元前 207 年

　　自春秋中葉以後，由於勞動人民開墾了大量的土地，不斷地提高生產技術，改進生產工具①，生產力有了很大的發展。到戰國時代，手工業的分工日益細密，商業也發展起來，貨幣廣泛流通，土地也逐漸可以自由買賣，於是土地所有制發生了變化——舊的貴族領主的統治逐漸爲新興的地主階級所代替。同時，兩者之間也日益展開激烈的鬥爭。戰國時，新興地主階級的勢力愈見強大，尤以在西方的秦國自公元前 359 年（秦孝公 3 年）商鞅變法後，發展農業生產，獎勵戰功，消滅舊貴族領主的統治，首先建立了代表新興地主階級利益的政權，進而企圖併滅其他各國，建立全中國統一的地主階級政權。這時廣大的勞動人民，因在長期的列國割據戰爭中受盡了種種痛苦，也都要求一個統一的政權，以便安心進行生產，所以秦國的統一事業乃逐漸獲得廣大人民的擁護和支持。

　　公元前 246 年秦王政即位後，秦國在政治、經濟、軍事各方面較之六國都佔着顯著的優勢，成爲當時最富強的國家，因而更積極地向各國展開軍事攻勢。公元前 230 年（秦王政 17 年）滅韓，前 228 年（秦王政 19 年）滅趙，前 225 年（秦王政 22 年）滅魏，前 223 年（秦王政 24 年）滅楚，前 222 年（秦王政 25 年）滅燕，前 221 年（秦王政 26 年）滅齊，結束了戰國時代分裂割據的局面，建立起中國歷史上第一個統一的封建大帝國。中國的封建社會從此進入一個新的階段。

　　這個統一的封建國家的建立，對於中國社會的發展是起了很大的

---

① 春秋後期，一般的生產工具，特別是農具，大致已用鐵製。

推進作用的。斯大林在莫斯科建城八百年紀念日的祝詞中說："世界上任何一個國家，假使不能從封建割據中和諸侯的紛爭中解放出來，那末它便不能指望保全自己的獨立，不能指望眞正地發展經濟和文化。只有聯合成爲統一的中央集權國家時，才可能期待文化經濟的重大發展，才可能確保自己的獨立。"[①] 秦的統一，解除了廣大的勞動人民因列國割據戰爭而遭受的種種痛苦，消滅了各國爲自己的利益而破壞鄰國農業生產的行爲，廢除了列國間重重的關梁禁限，可以集中全中國的力量以防禦北方匈奴的入侵，並能融合全中國人民的智慧來發展共同的文化。這就使中國從封建割據中和諸侯的紛爭中解放出來，有可能得到經濟與文化的重大發展，及確保自己的獨立。所以秦的統一是完全適應社會發展的趨勢，符合廣大人民的要求和利益的，因而也就具有重大的進步意義。

第一節　秦朝鞏固統一的政策

秦滅六國，是新興地主階級的巨大的勝利。而在這個勝利之後的最重大的問題是怎樣鞏固這個前所未有的統一國家的統治。所以秦王政及其統治集團首先在這方面製定了各種適合於地主階級土地所有制的經濟基礎的政策，進行了一系列的措施。

一　中央集權的政治制度的確立

爲了維護新興地主階級的利益並鞏固統一的封建國家的統治，必須消滅過去列國割據的局面，實行中央集權的政治制度。秦統一全中國之後，便根據原來秦國所行的中央集權的政治制度，針對新的情況加以修改，推行於全中國。

中央政府的組織　秦朝的中央政府，是由皇帝及一些大小文武官吏組成的。皇帝是帝國的最高統治者，掌握政治、經濟、軍事各方面至高無上的權力。在秦統一全中國以前，只有王，沒有皇帝。秦王政統一中國後，把古代的"皇"和"帝"這兩個最尊貴的稱號合在一起，加在自己身

① 蘇聯"眞理報" 1947 年 9 月 7 日，轉引自葛利科夫"斯大林與歷史科學" 1953 年人民出版社版第三七頁。

上，才開始有了皇帝。所以他自稱"始皇帝"。這就是歷史上有名的秦始皇。以後呢，他想要他的子孫二世、三世以至千萬世，永久地傳下去。

在皇帝之下最重要的官職爲丞相、太尉、御史大夫。丞相輔佐皇帝處理國家大政，是最高的文官；太尉掌管全國的軍事，是最高的武官；御史大夫掌管監察，並輔助丞相處理政事。其次還有廷尉，掌管刑法；治粟內史，掌管糧穀財貨；少府，掌管山海池澤的稅收，以供給皇室的費用；將軍，掌管領兵征伐；博士，掌管圖書文籍，並備顧問；還有其他一些大小官吏。所有的官吏都由皇帝任免或調動，不世襲。這樣，皇帝的專制統治便形成了。

地方行政的機構 秦統一全中國以後，在地方行政上，廢除了分封王侯的辦法，把原來秦國的郡縣制度推行於全中國。但丞相王綰等曾以爲"諸侯初破，燕、齊、荆(楚)地遠，不爲置王，毋以塡(鎭)之"①。主張在這些地區分封秦始皇的幾個兒子爲王。秦始皇把這個主張交給羣臣商議，大多數都贊成分封，惟獨廷尉李斯反對。李斯的理由是：春秋戰國時代的紛爭互鬥，完全是西周分封諸侯所造成的，現在廢除了分封制度，才可免除禍亂。秦始皇也以爲"天下共苦戰鬥不休，以有侯王"②，遂決定不再採行分封的辦法，完全推行郡縣制度。

郡縣制度在春秋時代即已經出現了。在戰國時代除秦國於商鞅變法後完全實行外，其他各國也在部分地區設立郡縣。但徹底推行於全中國，還是從全國統一後才開始的。

秦始皇分全國爲三十六郡。每郡設郡守，掌管一郡的政事；郡尉，輔佐郡守並管軍事；又置監御史，以監視郡守並監察郡政。其後隨着秦帝國疆域的擴大，郡也繼續有增置，到秦始皇末年已有四十餘郡。

每郡統轄若干縣。縣設縣令或縣長(萬戶以上的稱縣令，不滿萬戶的稱縣長)，掌管一縣的政事；縣尉，掌管一縣的軍事；縣丞，掌管司法裁判。在一縣之內，分爲若干鄉。每鄉有三老，掌"教化"；嗇夫，掌管獄訟及徵收賦稅；游徼，掌"循禁賊盜"。鄉之下有亭，亭長管"治安"。

郡守、縣令等地方官吏都由中央政府委派，可以隨時調動或黜免，

① "史記"卷六"秦始皇本紀"。

② 同上書。

不世襲。

秦朝實行郡縣制度，中央政府直接統治全國各地，集中了政治、經濟、軍事等權力，避免了各地方的割據稱雄或互相鬥爭，鞏固了帝國的統一，有利於經濟、文化的發展，所以是適合於當時社會發展的、進步的政治制度。

二　度量衡、貨幣、文字的劃一

戰國時代，各國的度量衡制度都不一致，這對於各地的工商業往來及政府徵收糧穀布帛有很大的不便，秦始皇遂予以劃一的規定。如六尺為步；二百四十步為畝；二十兩為溢，三十斤為鈞，一百二十斤（四鈞）為石等。在遺存於現在的秦朝銅權（"權"即秤錘）上面還刻有說明劃一度量衡制度的銘文，① 足見當時對於此事是非常重視的。

戰國時代各國的貨幣，其形式、輕重、大小也都不一致，如韓、趙、魏的是耕具形，燕、齊的是刀形，楚的是豆腐乾形，秦的是圓形。而且價值不等，換算很是困難，直接影響了統一帝國的商業發展。秦始皇規定只用兩種貨幣：一種是黃金，為上幣，單位"溢（二十兩）"；一種是銅錢，為下幣，單位半兩，即每一個錢的重量是半兩，錢上刻着"半兩"的字樣。銅錢的形式是圓形方孔，即所謂"寰法"。這是最便於攜帶、使用的錢，後來一直都用這種形式的錢。

戰國時代的文字，雖然大體上出於西周以來的筆畫繁複的大篆，但因長期在各國演變的結果，形體和筆畫的繁簡很不一致。這對於統一帝國公文法令的傳達顯有不便，所以秦始皇命李斯等依據原來秦國的文字加以整理，力求筆畫簡省，書法一致，稱為小篆（或秦篆），通用於公文法令的書寫。後來程邈又根據當時民間流行的字體，整理出更為簡便的隸書。到了漢代，隸書已是社會上普遍使用的文字了。

---

① 秦始皇 26 年（公元前 221 年）銅權銘文："二十六年，皇帝盡并兼天下諸侯，黔首大安，立號為皇帝，乃詔丞相（隗）狀、（王）綰，法度量，則不壹，歉疑者，皆明壹之。"又秦二世元年（公元前 209 年）銅權銘文："元年制詔丞相（李）斯、（馮）去疾，法度量，盡始皇帝為之者，有刻辭焉。今襲號而刻辭不稱始皇帝，其於久遠也，如後嗣為之者，不稱成功盛德。刻此詔。故刻左，使勿疑。"

人民在實際生活中，爲了使文字便於應用，便逐漸改變文字的形體，使文字由繁到簡。李斯、程邈等整理文字的工作，劃一了文字的形體，加速了文字改變的過程，在促進文化的發展上起了重要的作用。

除了度量衡、貨幣及文字的劃一外，秦始皇還規定了統一的車軌（車廣六尺），又把原來秦國的法律施行於全國（法律的內容見本章第三節），重新製定了以十月爲歲首的曆法，消滅了戰國時代各地制度的種種差異現象，所謂"一法度、衡、石、丈、尺，車同軌，書同文字"①，實在是當時社會上重大的改革。而這種改革是完全與統一的政治局面相適應的，並爲促進經濟和文化向前發展的必要條件。

三　對各種反抗力量的壓制

秦始皇統一中國以後，對於如何鞏固統一及維持他和他的子孫後世的統治，是極盡心力的。國家政事無論大小都由他獨裁。他用各種手段去壓制反抗他的統治的力量，消滅威脅他的統治的因素，以期達到鞏固他的統治的目的。他所壓制的對象：一是殘餘的六國貴族，一是廣大的勞動人民。殘餘的六國貴族是舊的統治階級，他們不甘心失掉自己的權利，時刻在準備恢復過去的勢力。廣大的勞動人民，即農民階級，是新興地主階級剝削與壓迫的對象，秦始皇當然更懼怕他們的反抗。在他壓制反抗力量以鞏固其統治的措施中，主要有下列幾項。

拆除內地長城與軍事要塞　戰國時代，各國都在邊界上修築長城，並建置軍事要塞，以鞏固邊防，抵禦鄰國的進攻。如魏國的長城有兩條，一條由今陝西華縣到內蒙古自治區固陽，長達一千餘里；一條在今河南境內，由陽武到密縣，長達四百餘里。趙國的長城有兩條，一條由今河北磁縣到臨漳附近；一條由今河北蔚縣經山西朔縣，到內蒙古自治區河套以南。燕國的長城也有兩條，一條由今河北懷來到遼寧遼陽，長達千餘里；一條由今河北易縣至任邱附近，長達數百里。齊國的長城，在今山東境內，由平陰到諸城海邊，長達千餘里。楚國的長城，由今河南泌陽，北經葉縣、魯山，又西南經內鄉而至湖北竹山，長達八百餘里。②秦始皇統一中國以後，除燕、趙兩國北邊的長城外，把內地的長城與軍事要塞全部拆毀。還把一些著名的堅固的城郭也拆掉，以免被別人利用來反抗他的統治。但在客觀上，却劃除了各地區之間交通的障礙，有利於全國各地經濟和文化的交流。

決通川防　戰國時代，各國又往往在河流沿岸險要的地方，修築高大的堤防，以抵禦敵人的進攻。在交戰的時候，時常決水灌敵或壅水害鄰，使鄰國人民的生命受到危害，農業生產遭到破壞。如趙國曾決黃河的水灌淹齊、魏的軍隊，又曾引汾水灌淹魏國的安邑。秦始皇把過去的堤防決通，防止了決水或壅水的行爲，以免反抗者據險自守，也便利了水路的交通。客觀上保障了社會生產，實現了廣大人民要求安定生產的願望。

修治馳道　公元前 220 年(秦始皇 27 年)，秦始皇爲了加強對於各地尤其是對於東方邊遠地區的控制，以咸陽爲出發點，修建兩條貫通全國的馳道③：一條往東通到現在河北、山東的海邊；一條往東南達於現在的湖北、湖南、江蘇一帶。道寬五十步，每隔三丈種一株松樹，路身築得非常堅固。有了這樣的馳道，由京城到各地的交通便利了，中央的命令可以迅速傳達到各地，各地的情況也可隨時報告給中央；若各地有反抗的行動，中央可以很快地派兵前往鎮壓。

從公元前 220 年到公元前 210 年(秦始皇 27 年— 37 年)，秦始皇曾五次出巡，歷經今陝西、甘肅、河南、河北、山東、江蘇、安徽、浙江、湖北等省，最後也是在出巡河北時病死的。每次出巡，有丞相等重要官吏跟隨，所到之處，都刻石歌頌皇帝的威德，可見秦始皇充分利用了無數勞動人民辛勤修成的馳道，往來巡視，以達其鞏固統治的目的。

銷毀兵器　秦始皇統一中國以後，爲了防止六國貴族和廣大人民的武裝反抗，即下令沒收各地民間的兵器。將沒收的兵器聚集在咸陽，全部銷毀。用這些金屬，鑄成許多大鐘和十二個重各二十四萬斤的大銅人，放在宮廷裏。

遷徙豪富　六國雖然滅亡，但過去六國的貴族及豪富之家，仍然散居各地，在地方上有一定的勢力。秦始皇對這些貴族及豪富是很不放心

---

①　"史記"卷六"秦始皇本紀"。

②　參閱王國良"中國長城沿革考"。

③　馳道——皇帝走的道路。

的。爲了防備他們對秦朝的反抗，遂下令強迫他們離開原地，遷居於咸陽，以置於中央政府的直接監視之下；還有一些分散到巴蜀邊地一帶去。被遷徙的共有十二萬戶之多。

焚書坑儒 秦朝統一全中國，完全推翻了封建領主的統治，廢除了分封王侯的制度，建立起專制主義的中央集權的政治。這在一些嚮往舊制度、思想慕古的人看來是不慣的，他們總抱着恢復過去分封王侯的想法。如前面所說，在公元前 221 年(秦始皇 26 年)全國剛剛統一後，丞相王綰等建議分封秦始皇的幾個兒子爲王，就曾得到大多數官吏的擁護。雖然未得實現，但贊成分封的思想依然存在。到了公元前 213 年(秦始皇34 年)，博士淳于越又建議分封。他根據過去殷周以來分封的事例，說："事不師古而能長久者，非所聞也。"① 這時的丞相李斯極力駁斥這個建議。他認爲古今時代不同，情況已隨之改變，不能再拿古代的制度施行於今世；又認爲一般人總是根據過去典籍的記載來攻擊現時的政治，散佈不滿的言論，是對於秦朝的統治不利的，必須嚴厲禁止。並建議把可以做爲誹謗當時政治的理論根據的書籍一概焚燬。秦始皇聽從了丞相李斯的建議，遂於這年下令焚書。其辦法是：除去醫藥、卜筮、種樹一類的書外，凡不是秦國史官所紀的史事及民間所藏的"詩經"、"尙書"、百家的典籍，在令下三十天之內都要繳到地方官處燒燬。以後如果還有談論"詩經"、"尙書"等古籍的內容的，處死；借古時的道理來抨擊當時政治的，滅族。願意學習法令的人，只許跟着官吏去學。

經過這一次焚書，一些思想慕古的人，尤其是一般儒生，對於秦始皇更懷着極大的反感。都暗地裏非議這種箝制輿論、摧殘文化的舉動。即連平時在政府中被秦始皇"尊賜甚厚"的儒生，也對他加以攻擊誹謗了。秦始皇大怒之下，於焚書的第二年，即公元前 212 年(秦始皇 35 年)，又以"爲妖言以亂黔首"的罪名，逮捕了四百六十多名儒生，在咸陽把他們活埋了。

秦始皇的焚書坑儒，是爲了維護中央集權的政治制度而對於舊的貴族分封的政治思想言論的壓制。這在鞏固新興地主階級的統一政權的意義上來說，也有其一定的作用。但是，在這種措施之下，古代的許多

---

① "史記"卷六"秦始皇本紀"。

典籍及秦國以外的歷史記載，都被焚燬了，使長期積存的包含各種學術思想的圖書遭受了極大的損失，實在是嚴重的摧殘文化的行爲。

秦朝鞏固統一的政策，是適應當時歷史發展的要求的。因爲維護統一的局面，防止分裂割據的再現，是促進經濟與文化向前發展的必要條件。所以在上述的鞏固統一政策下的種種措施，基本上也都具有進步意義。

第二節　秦帝國的擴張

秦始皇統一中國以後，對於維護帝國的獨立與完整及擴大帝國的疆域，也盡了很大的力量，主要的表現在抵禦北方匈奴的入侵和對於南越的開發。

北伐匈奴築萬里長城　匈奴族是古代中國北邊的強敵，時常侵入中國，掠奪財物、牲畜和人口，破壞了社會的生產。戰國時代，匈奴族正處於原始公社制解體向奴隸制過渡的階段，掠奪性更爲強烈。燕、趙、秦三國與匈奴爲鄰，爲了防備匈奴的侵害，都在與匈奴接壤的邊界上築起長城，並派重兵把守。

在秦滅六國的期間，匈奴又乘機入侵，進佔河套一帶。秦始皇在統一中國以後的幾年內，因忙於鞏固國內的統治，未暇對付匈奴。到公元前215年（秦始皇32年），秦始皇遂派將軍蒙恬領兵三十萬人北擊匈奴，取得河南地（今內蒙古自治區河套地區）。並沿黃河建置要塞，築起四十四個縣城①，遷徙當時犯罪的人去戍守。次年，蒙恬又渡河進擊匈奴，佔據了黃河以北的一部分地區。

秦始皇在取得對匈奴的勝利之後，爲了進一步鞏固邊防，又把舊日秦、趙、燕三國北邊的長城連接起來，加以修理，並在險要的地方建置要塞，築成有名的萬里長城。這道長城西起隴西郡的臨洮（今甘肅岷縣境），東至遼東郡內，長五千餘里，是古代世界上最大的工程。這是當時的勞動人民貢獻了偉大的力量，犧牲了無數的生命，耗費了大量的財物，經過多年的時間，才得以修成的。我們現在稱讚萬里長城的雄偉壯觀，不能忘記古代勞動人民的艱苦與偉大！②

秦始皇北伐匈奴，築萬里長城，並派蒙恬長期率兵駐守北邊，以防禦匈奴的入侵，這對於保衛中國北部邊疆的安全及保護中國的農業生產是起了積極作用的。

南征南越開置三郡　南越是指當時與秦帝國南部接鄰的越族散居的地區，相當於現在的廣東、廣西及越南民主共和國的北部。越族人民過着半耕種、半漁獵的生活，在經濟與文化上都處於落後的狀態。秦始皇統一全國以後，爲了擴充領土，即派一個郡尉屠睢率軍進入南越。秦軍遭到越族的抵抗，因運糧困難，不能獲得勝利，相持達三年之久。後來由一個監御史名祿（後人稱爲史祿）的設法鑿通了由今湖南湘水到廣西灘水的與安渠（即後人所稱的靈渠），解決了運輸糧餉的困難，才將越族打敗。越人被逼退藏於山林之中，時刻準備反攻，終於乘秦軍不備，半夜出擊，大敗秦軍，並把屠睢殺死。到了公元前214年（秦始皇33年），秦始皇又增兵征伐南越，把越族完全征服，佔有其地，遂開置了南海（在今廣東）、桂林（在今廣西）及象（在今越南民主共和國北部）三郡。又遷徙五十萬人戍守五嶺③，與越人雜居。

秦始皇南征南越，不僅開拓了中國的疆域，而且由於北方人民南徙，使進步的生產技術與鐵製工具傳播到南越地區，提高了越族的文化。從此，南越一帶與北方在經濟與文化上的聯繫逐漸密切起來了。

經過擴張後的秦帝國的疆域，"東至海暨朝鮮，西至臨洮、羌中，南至北嚮戶，北據河爲塞並陰山至遼東"④。是當時世界上最大的國家。

總括以上兩節所說，秦朝在統一中國之後，確立了中央集權的政治，製定了適應於統一帝國的各種制度，抵禦了匈奴的入侵，開拓了中國的

---

① 縣城數目係根據"史記"卷一一〇"匈奴傳"，"史記"卷六"秦始皇本紀"爲三十四縣。

② 秦朝修成萬里長城以後，因年久損壞，在兩漢、北魏、北齊、北周及隋時都曾修繕其一部分。到了明代又全部加以整修，現在的長城即爲明代所重修的。

③ 五嶺的名稱及位置如下：大庾嶺——在今江西與廣東交界處；騎田嶺——在今湖南與廣東北部交界處；都龐嶺——在今湖南與廣東西北部交界處；萌渚嶺——在今湖南與廣西交界處；越城嶺——在今廣西北部與安縣之北。

④ "史記"卷六"秦始皇本紀"。該本紀說秦始皇26年（即統一之年）的疆域如此，實則應爲擊敗匈奴及征服南越後的疆域。

疆域，都爲中國封建社會進一步的發展奠立了基礎，開創了規模。毛主席告訴我們："如果說，秦以前的一個時代是諸侯割據稱雄的封建國家，那末，自秦始皇統一中國以後，就建立了專制主義的中央集權的封建國家；同時，在某種程度上仍舊保留着封建割據的狀態。"[①] 這段簡要而深刻的論述，科學地指出了中國封建社會發展變化的主要動態，使我們對秦帝國的建立所具有的劃時代的意義，可以得到更明確的認識。

秦統一帝國的建立，標誌着由領主經濟到地主經濟的巨大轉變，是生產力發展的結果，是廣大的勞動人民推動歷史前進的成績，是春秋戰國以來社會發展的趨勢。在這個歷史發展、轉變的過程中，秦始皇是起了一定的推動作用的。

秦始皇領導着秦國在公元前 230 年到公元前 221 年（秦王政 17 年—26 年）的十年之間，完成了中國的統一；又在公元前 221 年到前 210 年（秦始皇 26 年—37 年）的十年之間，統治着這個前所未有的中央集權的封建帝國，積極地執行了鞏固統一的政策，建立了許多重要的制度。如前面所說，這些政策和制度在主要方面都是適應當時社會發展的需要，符合廣大人民的要求和利益的。從結束諸侯割據的局面，完成中國的統一，到中央集權的封建帝國的建立，無疑地是中國歷史上的偉大事業。當然，這種偉大事業的所以能夠完成，是由於合乎生產發展的需要，由於依靠着廣大勞動人民的支持。但是，秦始皇是進行這些事業的領導者，他的主要活動順應了社會發展的趨勢，他的積極努力加速了歷史的進程，所以我們應當肯定他所起的推動歷史前進的作用，承認他是中國歷史上傑出的人物。

第三節　中國歷史上第一次農民大起義

一　秦始皇及秦二世的暴政

秦始皇雖然對於中國社會的發展起了推進的作用，但他還有一些反動和殘暴的行爲，嚴重地違反了人民的要求，損害了人民的利益。他的反動行爲，主要在於不顧廣大的農民在長期戰爭中所受的創傷，不讓

---

① "毛澤東選集" 1952 年人民出版社第二版第二卷第六一八頁。

農民在全國統一之後休養生息，安心生產，而只爲了滿足他的專制統治及奢侈享受的慾望，任意加重人民的勞役與賦稅的負擔，妨害了農業的生產，並用極殘酷的刑罰迫害人民的生命。秦始皇死後，繼位的秦二世又是一個奢侈而暴虐的皇帝，對農民的殘害有加無已，愈益加深了農民的痛苦。

秦始皇在併滅六國的期間，便摹繪各國宮殿的圖型，在咸陽的北阪照樣修建，用以置放從各國得來的鐘鼓、財寶及美女。統一後的次年，即在渭水南岸修建信宮和甘泉宮的前殿。後來因嫌咸陽舊有的朝宮狹小，又在渭南的上林苑建築規模宏大的阿房宮。單是阿房宮的前殿，東西廣五百步，南北長五十丈，上面可以坐一萬人，下面可以豎立五丈的大旗。至於阿房宮的全部規模則長達三百餘里，包括無數相連的大大小小的宮殿。這座阿房宮雖然沒有完全修成，但總計已經修成的宮殿，遍佈於函谷關內外及渭水南北兩岸，已有七百餘所了。而且秦始皇不僅講究生活的豪華，還預先佈置死後的享受。在併滅六國之前，他就在咸陽東南的驪山營造自己的墳墓。這座墳墓高達五十餘丈，周圍五里多，並在墓內建築宮殿，設置百官的朝位，充列奇器珍玩。像這樣大規模地修建宮殿和墳墓，當然需要極多的人力。僅僅阿房宮及驪山墳墓兩處的工程，就徵用了七十多萬人。這種修建對於人民是毫無利益的。再加上修建長城、馳道，和經年不斷地戍守邊境的人，以至"力役三十倍於古"。而這些勞役都是極苦的，是用暴力來強迫人民去擔負的。這就使大批的農民脫離了生產，終年過着苦痛的生活，以至犧牲了性命！

同時，由於大規模的修建及宮廷裏無限度的奢侈浪費，所耗費的財物的數量是非常巨大的。而這些財物當然是從勞動人民身上榨取，所以農民要拿出三分之二的收入去繳納"二十倍於古"的賦稅，而自己過着吃不飽穿不暖的生活。"漢書"卷二四"食貨志"叙述秦朝統治者對於農民剝削的情形是："男子力耕不足糧餉，女子紡績不足衣服，竭天下之資財以奉其政，猶未足以澹其欲也！"可見農民所受的痛苦是如何的嚴重了！

除了苛重的勞役與賦稅，使人民陷於極深的痛苦外，秦始皇又用種種的刑罰來殘害人民。

秦朝的刑罰不下二十餘種，如黥（刺面）、劓（割鼻）、笞（杖打）、磔（裂體）、阬、戮、抽脅、鑊烹、腰斬、車裂、梟首、棄市，以至於夷三族（父族、母族、妻族）、具五刑（黥、劓、斬左右趾、笞殺、梟首。臨刑罵者又先斷舌。）等，都極為殘酷，人民隨時有被捕受刑的危險，以至造成“赭衣①塞路，囹圄成市”②的情狀。又如在公元前211年（秦始皇36年）有流星墜落於東郡（今河南濮陽），有人在這塊隕石上刻了“始皇帝死而地分”幾個字，秦始皇遂派御史查捕刻字的人，結果沒有查到，便把住在隕石附近的人一概殺死。像這種殘暴的行為怎能不引起人民的反抗？

公元前210年（秦始皇37年）秋天，秦始皇巡行到沙丘（今河北平鄉）病死（五十歲），他的小兒子胡亥繼位，稱二世皇帝。

秦二世雖是一個昏庸的人，沒有秦始皇那樣的強幹，但他的奢侈和暴虐卻有過之無不及。在埋葬秦始皇的墳墓裏，“石槨為游館，人膏為燈燭，水銀為江海，黃金為鳧鴈，珍寶之藏，機械之變，棺槨之麗，宮館之勝，不可勝原”③。因恐怕修墓的工匠洩漏墓中的秘密，竟把所有的工匠都閉死在墓中。他又繼續修建阿房宮，並徵調各地的材士五萬人到咸陽充當衛兵。又豢養了大量的狗馬禽獸，供其遊獵之用。咸陽的糧草不夠了，便令各郡縣官吏向人民徵收輸送。輸送糧草的人要自帶吃食，而且不許吃用咸陽三百里以內的糧穀。他信任宦官趙高。趙高陰險毒辣，私自培植勢力，操縱政事，對於不附合他的人設法陷害，到後來連丞相李斯也遭其毒手。秦二世在趙高的慫惥合謀之下，更是任意胡為，更加殘暴，於是“賦歛愈重，戍徭無已”，一批批的貧苦的農民被迫脫離生產去成守邊境。“法令誅罰，日益刻深”，人民隨時會遭受到酷毒的殘害，以至“刑者相半於道，而死人日成積於市”④。

在這樣極端殘暴的統治之下，廣大的農民再也不能忍受了，終於懷着無比的憤怒，聯合起來英勇地進行推翻秦朝統治的武裝鬥爭。

中國歷史上第一次農民大起義爆發了！

---

① 赭衣——紅色衣服。因古時罪犯穿這種衣服，所以稱罪人為“赭衣”。
② “漢書”卷二三“刑法志”。
③ “漢書”卷三六“劉向傳”。
④ “史記”卷八七“李斯列傳”。

二　陳勝吳廣領導的農民起義

起義的開始　公元前 209 年的秋天（秦二世元年 7 月），有一批從舊楚國境內被徵調到漁陽（今河北密雲）去戍邊的農民，共九百人。當他們走到蘄縣（今安徽宿縣）大澤鄉的時候，遇着大雨，道路阻塞不能前進，因而誤了到達漁陽防地的限期。按照秦朝的法令，誤期是要被斬首的。其中有兩個屯長，一個是陽城（今河南登封）人陳勝，僱農出身；一個是陽夏（今河南太康）人吳廣，也是貧苦的農民。他倆計議着：現在既然不免一死，不如起來反抗秦朝政府，幹一番大事業；天下的人久已痛恨秦朝的暴虐統治了，若起來反抗，響應的人一定會很多。兩人決定發動起義之後，便把帶領着他們去戍邊的將尉殺死，並向大家號召：“公等遇雨，皆已失期，失期當斬；藉第令毋斬，而戍死者固十六七。且壯士不死即已，死即舉大名耳！王侯將相，寧有種乎？”① 這九百名戍邊誤期的農民聽了，一致贊成起義。並立即推舉陳勝為將軍，吳廣為都尉，組成農民起義軍，進行推翻秦朝暴虐統治的革命戰爭。

從大澤鄉起義的事實看來，這些農民是完全為了爭取自己的生存而起來反抗秦朝的暴虐統治的；而“王侯將相，寧有種乎”的思想，乃是隨着舊貴族世襲制度的廢除及地主階級政權的建立而產生的，可見農民對於政治的認識也隨着社會的發展而進步了。尤其重要的是，這次起義代表着廣大勞動人民的要求，他們的行動也就得到廣大勞動人民的支持，而日益擴大地展開了。

起義軍的發展　農民起義軍組成後，很順利地從大澤鄉攻下了蘄縣城。接着，除由葛嬰率領着一支隊伍向蘄縣以東各縣發展外，大部都向西北進攻。在連續佔領了銍（今安徽宿縣西南）、酇（今河南永城）、苦（今河南鹿邑）、柘（今河南柘城）、譙（今安徽亳縣）等縣城之後，又集中軍力去進攻陳縣（今河南淮陽）。自從大澤鄉起義以來，沿途的農民就不斷地“斬木為兵，揭竿為旗”，熱烈參加起義的隊伍，當起義軍進入陳縣境內的時候，已有六百多輛車，一千多匹馬，好幾萬人了。

起義軍到達陳縣城下時，原來的縣令早已聞風逃跑，只有一個縣丞

---

① “史記”卷四八“陳涉世家”。

守城。起義軍攻入城中，殺死縣丞，遂佔據了陳縣。

　　陳縣一度是從前楚國的都城，起義軍佔領之後，聲勢更大。爲了加強號召，大家又擁立陳勝爲王，號稱"張楚"①，建立起義軍的政府。這時不僅附近的農民踴躍參加，其他各郡縣的人民也紛紛殺掉當地的秦朝官吏以響應陳勝；而且連舊六國的貴族和官吏，如魏咎、張耳、陳餘等以及孔子的八世孫孔鮒，也都前來歸附，共同反抗秦朝的統治。陳縣已成爲農民革命的中心。農民起義軍的力量擴大了，但起義軍的成份也複雜了。

　　爲了進一步展開軍事的行動以推翻秦朝的統治，陳勝作了全面的佈置，分別派遣將領率領起義軍進攻各地，其情況如下：以吳廣爲假王，統率幾個將領往西北攻打滎陽（今河南滎陽）；武臣、張耳和陳餘率軍北渡黃河，進攻舊趙國的地區；周市率軍渡黃河進攻舊魏國的地區；鄧宗率軍往東南進攻九江郡（郡城壽春，今安徽壽縣）；宋留率軍往西南進攻南陽（今河南南陽）以入武關（在今陝西商縣東）；周文率軍往西方直攻咸陽。

　　此外，這時在各地聚集武裝以響應陳勝的起義軍很多，大都擁有數千人。其中力量較大的，如秦嘉、董緤、朱雞石等在郯縣（今山東郯城）領導的起義軍，劉邦在沛縣（今江蘇沛縣）領導的起義軍，項梁、項羽在會稽（今江蘇吳縣）領導的起義軍等。反秦的鬥爭已轟轟烈烈地展開了！

　　舊貴族的復辟　舊六國的貴族和官吏，雖然表面上參加了農民起義軍，但實際只是想利用農民起義的力量，乘機竊取武裝，攘奪權勢，企圖恢復六國割據的局面。如張耳和陳餘曾勸阻陳勝稱王，並建議"立六國後"②。雖未被陳勝採納，但他們要乘機恢復六國勢力的意圖是很明顯的。及至他們掌握了一部分兵力之後，便開始進行復辟的勾當了。

　　武臣、張耳、陳餘等奉陳勝的命令北上攻略趙地的時候，只帶領着三千人。但他們渡過黃河之後，因假藉陳勝的名義到各縣號召，不久就

---

① 張楚，是張大楚國的意思。陳勝等在舊楚國境內起義，而楚是戰國時期僅次於秦的強大國家，秦滅楚後，仍有"楚雖三戶，亡秦必楚"的傳言，所以陳勝利用張楚的名號來加強反秦的號召。

② "史記"卷八九"張耳陳餘列傳"。

收集了數萬人，並連續佔領了三十幾個縣城，入據從前趙國的都城邯鄲。這時張耳和陳餘便勸說武臣脫離陳勝，自稱趙王。於是武臣乃自立為趙王，並以陳餘為大將軍，張耳為右丞相，邵騷為左丞相，首先造成復辟的局面。

武臣稱趙王後，派韓廣去攻略舊燕國地區。韓廣到了燕地，也在"燕故貴人豪傑"[1]的慫恿之下，自立為燕王。

當周市奉陳勝之命北上攻略舊魏國地區，進至狄縣（山東舊高苑縣）時，舊齊國貴族田儋乘機殺了狄縣令，自立為齊王，並將周市率領的起義軍擊走。

周市從狄縣進佔了舊魏國地區後，當地人擬立他為魏王。同時，業已復辟的趙、齊也"使車各五十乘"[2]勸他稱魏王，周市自己不肯，乃派人迎立舊魏國貴族魏咎為魏王。

於是，趙、燕、齊、魏舊貴族復辟的局面都次第形成了。

由此可見，舊六國貴族和官吏是如何利用農民起義軍與秦朝政府展開尖銳的階級鬥爭的時機，進行其復辟割據的私圖的。當他們的意圖實現之後，便不聽陳勝的指揮，只顧擴張自己的割據勢力而不參加反抗秦朝的鬥爭了。這就嚴重地破壞了農民起義軍的發展，削弱了反秦鬥爭的力量，因而使秦朝政府對於農民起義軍的鎮壓得到很大的便利。

起義軍的失敗　周文所率領的直攻咸陽的一支隊伍，是起義軍的主力，沿途不斷地有很多農民參加，聲勢盛大。到了函谷關的時候，已有一千輛車，幾十萬人了。入關之後，一直進到距離咸陽不到一百里的戲地（今陝西臨潼境內）。秦二世聞知，極為驚惶，急令章邯率軍並徵發所有在驪山修墓的"徒人、奴產子"為兵以迎戰。周文所率領的起義軍人數雖然不少，但因是在短期內發展起來的，既缺乏訓練，又短少武器，結果被秦軍戰敗，只好退出函谷關，等待後援。

陳勝本來是命令武臣援助周文的，但武臣到了黃河以北後因受張耳和陳餘的包圍及指使，只顧割據稱王，不聽陳勝的命令，遂坐視不救。周文孤軍無援，又被秦軍追擊敗退，退到澠池（今河南澠池），再經過一

---

① "史記"卷四八"陳涉世家"。

② "史記"卷九〇"魏豹彭越列傳"。

次激戰後，起義軍已因犧牲過重，不能作戰，周文乃壯烈自殺。由於這支進攻咸陽的主力軍的失敗，起義軍已轉入不利的形勢了。

秦將章邯擊敗周文之後，繼續東進。這時吳廣圍攻滎陽已久，仍未攻下；起義軍將領田臧因與吳廣意見不合，竟假藉陳勝的命令把吳廣殺死。田臧於殺死吳廣之後，使諸將李歸等圍攻滎陽城，自己率軍西去迎擊章邯，結果戰敗身死。秦軍又乘勝擊敗了圍攻滎陽的起義軍，李歸等也英勇犧牲。接着，分散在各地的起義軍也大都失敗。

章邯於連續屠殺了各地的起義軍之後，又率領秦軍進攻陳縣。因大部的農民起義軍都已被陳勝派遣出去了，留在陳縣的人數很少。秦軍到後，陳勝雖親自領導起義軍作戰，但終以力量薄弱，不得不放棄陳縣，向東南退却。經過汝陰（今安徽阜陽），到了下城父（今安徽蒙城西北）。不料，陳勝的駕車人莊賈竟然貪圖利祿，背叛農民起義——把陳勝殺害，向秦軍投降。

陳勝死後，起義軍將領呂臣曾率領着蒼頭軍（由奴隸組成的）從新陽（今安徽太和西北）攻入陳縣，擒殺了叛徒莊賈，但不久又被秦軍反攻退出。至此，陳勝所領導的起義軍便完全失敗了。

陳勝從在大澤鄉領導起義到失敗犧牲，前後歷時六個月（公元前209 年 7 月—12 月）。起義軍失敗的主要原因：一是農民起義軍內部不能够在軍事與政治上緊密地團結合作，呈現分散隔離，各自爲戰的情况。如在陳縣派出的各支起義軍缺乏聯系，不能配合援助，以致周文所率領的進攻咸陽的主力軍被章邯擊敗後，其他各支起義軍也相繼被秦軍各個擊破，終至陳縣棄守。而且起義軍將領之間甚至自相殘殺，如陳勝自蘄縣派葛嬰向東進攻，葛嬰佔據東城（今安徽定遠）後，曾立襄彊爲楚王，繼聞陳勝在陳縣稱王，遂把襄彊殺掉，並報告陳勝，而陳勝竟又殺死葛嬰。又如田臧等因與吳廣意見不合，竟在敵人大軍將臨之際，把吳廣殺死，這都使反秦鬥爭受到損失。二是陳勝自從在陳縣稱王後，逐漸脫離羣衆，失去羣衆的信任與擁護。如他爲了顧飾自己的威嚴，竟把過去同他一塊傭耕、到陳縣看望他的老朋友殺掉，以致"諸陳王故人皆自引去，由是無親陳王者"①。連他的妻父都憤恨他的傲慢而預料他必定

① "史記"卷四八"陳涉世家"。

失敗。而且他對於起義軍中的許多事務的處理也不妥當，引起部下的離心。① 農民軍既沒有集中的堅強的領導，內部日益渙散，便難以取得反秦鬥爭的勝利。三是由於舊六國貴族和官吏的陰謀利用農民起義軍以進行其復辟的活動，一旦取得地盤，割據稱王之後，便與陳勝對立，放棄對秦朝的鬥爭，這就減削了反秦鬥爭的力量。

陳勝吳廣領導農民起義的意義與作用 陳勝吳廣領導的農民起義雖然失敗了，但它所具有的歷史意義及對於推動社會發展所起的作用，卻是極爲重大的。陳勝吳廣在歷史上的地位，是非常重要的。

陳勝和吳廣號召並領導的農民起義，完全代表着勞動人民的進步要求與願望，是中國廣大的農民第一次團結起來，爲了爭取自己的階級利益、反抗地主階級的黑暗統治而進行的階級鬥爭。在大澤鄉起義後的六個月內，陳勝吳廣雖然失敗犧牲，但反抗秦朝統治的農民戰爭仍然繼續進行着，而且更加發展。由陳勝和吳廣號召並領導起來的農民起義的偉大力量，後來終於打垮了秦朝的軍隊，推翻了秦朝的統治，並且在這次轟轟烈烈的起義中，教訓了封建統治者，使他們深知農民階級力量的偉大，因此漢帝國建立時，統治階級不得不廢除秦朝的暴虐政治，向廣大的農民讓步，執行一些有利於生產的措施，因而促進了社會經濟的發展。所以這次農民起義在歷史前進的過程中起了重大的推動作用，而陳勝吳廣這兩位偉大的農民起義領袖，也在中國歷史上留下永遠不朽的光輝。

三 秦朝的滅亡

反秦鬥爭的繼續發展 陳勝死後，各地的起義軍繼續對秦朝進行鬥爭，秦將章邯仍然率軍對各地的起義軍進行鎮壓。

原在會稽領導起義的項梁和項羽，聞知陳勝失敗，遂於公元前208年（秦二世2年）春天率領起義軍八千人渡江北上，抵抗秦軍。他叔姪二人是舊楚國大將項燕的子孫，雖然出身於舊貴族，但自殺掉會稽郡守、

---

① "史記"卷四八"陳涉世家"："陳王以朱房爲中正，胡武爲司過，主司羣臣。諸將徇地，至令之不是者，繫而罪之。以苛察爲忠，其所不善者，弗下吏，輒自治之。陳王信用之。諸將以其故不親附。"

響應陳勝吳廣的起義後，便積極地參加反抗秦朝的鬥爭，與廣大農民的行動完全一致。渡江之後，原來在東陽（今安徽天長）由陳嬰領導的一支起義軍，已經發展到兩萬人，乃與項梁項羽合作；渡過淮河後，又有領導起義軍數千人曾經擊敗秦軍的英布、呂臣、蒲將軍等也來合作，統歸項梁指揮。這充分表現了農民軍在反秦鬥爭中的團結，力量也就愈為增強。及至到達下邳（今江蘇邳縣）時，已經是一支擁有六七萬人的強大的起義軍了。

原在郯縣（今山東郯城縣）起義的秦嘉，本來就不願聽受陳勝的指揮，① 及聞知陳勝失敗，遂立舊楚國的貴族景駒為楚王，佔據彭城（今江蘇徐州）以東的地區，只顧擴充自己的勢力，割據一方。這時知道項梁等率領起義軍北上，又欲加以阻止。項梁等為了除掉抗秦的障礙，遂攻打秦嘉。結果秦嘉被殺，他所率領的農民軍也歸項梁等指揮。

項梁又率領着起義軍由胡陵（今山東魚台）到薛（今山東滕縣），並為了加強抗秦的號召，立從前楚懷王的孫子名心的稱為楚懷王。時在公元前 208 年的夏天（秦二世 2 年 6 月）。

原在沛縣起義的劉邦，曾在豐（今江蘇豐縣）、薛（今山東滕縣東南）、亢父（今山東濟寧）一帶抗擊秦軍。於陳勝失敗以後，又轉戰於蕭（今江蘇蕭縣）、碭（今江蘇碭山）一帶。這時也與項梁等合作。於是項梁、項羽、陳嬰、英布、呂臣、蒲將軍和劉邦等所領導的起義軍，便成為繼陳勝之後反抗秦朝的主力了。

在秦將章邯不斷地對起義軍施行鎮壓的時候，項梁等與秦軍激戰，連獲勝利。項梁先在東阿（今山東陽穀東北）擊敗章邯，又在濮陽（今河南濮陽）之東大破秦軍，隨後又攻入定陶（今山東定陶）。項羽和劉邦另率一支起義軍攻下城陽（今山東濮縣），又往西南進攻，在雍丘（今河南杞縣）大破秦軍，並斬殺秦將李由。章邯等受到起義軍的打擊後，秦朝政府又調軍增援。同時項梁因屢次擊敗秦軍，不免驕傲自得，輕視了敵人的

① "史記"卷四八"陳涉世家"："陳王初立時，陵人秦嘉、鈺人董緤、符離人朱雞石、取慮人鄭布、徐人丁疾等，皆特起將兵圍東海守慶於郯。陳王聞，乃使武平君畔為將軍，監郯下軍。秦嘉不受命。嘉自立為大司馬，惡屬武平君，告軍吏曰：'武平君年少，不知兵事，勿聽。'因矯以王命殺武平君畔。"

力量，因而防備鬆弛。結果於公元前 208 年（秦二世 2 年）的秋天，在定陶被章邯乘虛襲擊，項梁戰死，起義軍受了很大的損失。這時項羽、劉邦等爲集中力量，免被秦軍各個擊破起見，遂以彭城爲中心，由呂臣率軍駐於彭城之東，項羽駐於彭城之西，劉邦駐於彭城西北的碭，暫時採取守勢。

項羽擊破了秦朝的主力軍　項梁死後，秦將章邯又渡過黃河以北去攻取趙地。這時武臣已因內亂被殺，張耳陳餘又立舊趙國貴族趙歇爲趙王。他們平時沒有對秦軍作戰的準備，於是一戰即敗。趙歇和張耳退入鉅鹿（今河北平鄉）城中自守，陳餘領兵數萬人駐於鉅鹿之北。秦將章邯使王離和涉閒領兵包圍鉅鹿，自己駐於鉅鹿之南，以接濟王離和涉閒的軍糧。

趙歇等被圍，乃向楚懷王求救。楚懷王派宋義爲上將軍，項羽爲次將，率軍北上救趙。到了安陽（今山東曹縣東）之後，宋義停兵不進，項羽深爲不滿，遂把宋義殺死，先遣英布和蒲將軍率領二萬人渡河，接着自己也率領全部起義軍渡河援救鉅鹿。項羽渡河後即率軍把王離包圍，斷絕其糧道，與秦軍一連激戰九次，起義軍"無不一以當十，呼聲動天地"①。終於大破秦軍，俘虜了王離，涉閒自殺，章邯乃不得不被迫撤退，這是秦末農民起義中最激烈的，並具有決定性的一場大戰。由於起義軍的英勇戰鬥，遂打垮了秦朝政府的主力軍，扭轉了整個戰爭的局勢，奠定了農民起義勝利的基礎。

在鉅鹿被圍時，齊、燕等地的"諸侯軍"也前來援助，可是來了之後都不敢與秦軍交戰。當項羽率領着起義軍與秦軍決殊死戰的時候，這些諸侯軍僅作"壁上觀"。及至項羽大破秦軍，他們爲了保全自己，又推舉項羽爲"諸侯上將軍"。

章邯自鉅鹿之南撤退後，不敢再與起義軍交鋒。項羽率軍追擊，又先後在漳水以南和汙水之上大破秦軍。章邯連遭潰敗，不能再戰，遂在洹水南的殷虛（即今河南安陽殷虛）向項羽正式投降。於是反秦鬥爭已得到基本的勝利了。時在公元前 207 年的秋天（秦二世 3 年 7 月），上距陳勝吳廣最初在大澤鄉起義，整整兩年。

---

① "漢書"卷三一"陳勝項籍列傳"。

劉邦項羽先後進入咸陽與秦朝滅亡　當楚懷王派宋義、項羽北上救趙的時候，又派劉邦往西方去進攻咸陽。劉邦率領着一支起義軍於公元前 208 年(秦二世 2 年)秋天開始進發，從今江蘇碭山、山東金鄉一帶轉入河南，歷經開封、滑縣、中牟、禹縣、孟津、洛陽、魯山而至南陽；攻下南陽後，又引兵而西，進入武關。費了差不多一年的時間。其間雖然經過多次的戰爭，但因秦朝的主力軍當時都集中在黃河以北，所以劉邦並未遭逢多大困難。進入武關後，又經曉關(在今陝西藍田東南)於藍田附近攻破秦軍，並於公元前 207 年冬天由藍田進至咸陽附近的霸上(今陝西西安東)。

在劉邦進軍霸上之前，面臨滅亡的秦朝政府內部，發生極度的混亂。趙高逼秦二世自殺，另立子嬰為秦王；子嬰又將趙高殺掉。及劉邦進軍霸上，秦王子嬰無力抗拒，只得"素車白馬，係頸以組"，捧着秦始皇傳下來的印璽符節，向劉邦投降。秦朝的統治便在這時正式被推翻了。

劉邦進入咸陽後，聽從其部下樊噲、張良的勸告，封存秦朝的"重寶財物府庫"，不予動用；又還軍霸上，向關中人民約法三章："殺人者死，傷人及盜抵罪。"① 並宣布廢除秦朝的苛法，安定社會秩序，深得關中人民的擁護。

繼劉邦之後，項羽也率軍西進，到達咸陽。項羽懷着報復的心情殺了秦王子嬰，燒燬秦朝宮室，又率軍東歸。在這時，秦政權滅亡了，農民起義已經完成了它所能够完成的任務，歷史又步入一個新的階段，即怎樣建立新的政權的階段。

秦朝在短期內滅亡的原因　自秦始皇統一中國到秦朝滅亡，前後不過十五年，這個首次建立的統一的封建政權為什麼在短短的十五年內就崩潰了呢？

秦的統一是符合廣大人民的要求，順應社會發展的趨勢的。但是，秦統一的方式是自上而下的統一，是由秦始皇代表着新興地主階級來領導完成的。因此，秦始皇及其所代表的地主階級，以為這完全是他們的功勞。而秦始皇更覺得是他一個人幹出來的大事業，他的意志和威力可以征服一切，支配一切。所以在全國統一之後，為了鞏固其統治和滿

---

①　"史記"卷八"漢高祖本紀"。

足其享受慾望，他毫不顧惜人民的利益，以極苛重的賦稅與勞役加諸廣大的勞動人民身上。人民剛剛脫離了列國戰爭的危害，却又增加了新的痛苦。雖然處在統一的局面下，却不得安定生產，以至無法生活。這當然會引起人民的憤恨與反抗。又由於秦始皇及其所代表的地主階級還沒有經受過勞動人民的打擊與教訓，還不認識人民力量的偉大，對於人民的反抗，以為用暴力就可鎮壓得住，所以任意施行殘酷的刑罰來殺害人民。然而，暴力鎮壓的結果反而加強了人民反抗的意志。在秦始皇死後，政治愈益黑暗，農民所受的痛苦更加深重，終於英勇地起來進行武裝鬥爭以推翻秦朝暴虐的統治。

毛主席教導我們說："地主階級對於農民的殘酷的經濟剝削和政治壓迫，迫使農民多次地舉行起義，以反抗地主階級的統治。從秦朝的陳勝、吳廣、項羽、劉邦起，……直至清朝的太平天國，總計大小數百次的起義，都是農民的反抗運動，都是農民的革命戰爭。……在中國封建社會裏，只有這種農民的階級鬥爭、農民的起義和農民的戰爭，才是歷史發展的真正動力。"① 秦末的農民起義是中國歷史上農民階級所進行的第一次大規模的階級鬥爭。農民階級第一次推翻了地主階級的政權，顯示了農民階級的偉大力量，推動了歷史的發展。所以是具有重大的歷史意義的。

① "毛澤東選集" 1952 年人民出版社第二版第二卷第六一九頁。

第二章　西漢帝國的建立　西漢初期經濟與政治的發展

公元前 206 年——公元前 141 年

第一節　劉邦、項羽之爭與西漢帝國的建立

項羽的分封　在秦末農民起義的過程中，殘餘的舊貴族即乘機進行復辟的活動，而形成了趙、燕、齊、魏等割據局面。秦朝滅亡後，出身於舊貴族的項羽，擁有最大的軍事力量。他代表舊貴族的利益，企圖恢復割據的局面，於是在他的強力支配之下，割地分封了十八個王。他自己則稱爲西楚霸王，駕於諸王之上，都於彭城（江蘇徐州）。這種分封割據的辦法，完全違反了地主經濟發展的趨勢和廣大人民要求統一的願望，是反動的行爲。而且就在這個分封局面之中，也充滿了混亂紛爭的因素，存在着不可調和的矛盾。

在項羽所封的十八王中，有的是農民起義軍的將領，如劉邦（封漢王）、英布（封九江王）；有的是秦朝的降將，如章邯（封雍王）、董翳（封翟王）、司馬欣（封塞王）；有的是原已割據稱王的舊貴族，如趙歇（原爲趙王，改封代王）、韓廣（原爲燕王，改封遼東王）、田市（原爲齊王，改封膠東王）；有的是原來割據諸國的將相，如張耳（原爲趙相，封常山王），司馬卬（原爲趙將，封殷王）、臧荼（原爲燕將，封燕王）。但是這些人多半不滿意項羽所割給他們的勢力範圍，不願服從項羽的支配。當楚懷王在彭城時就與諸將約好，"先入定關中者王之"①。這時項羽把關中之地分封給秦朝的三個降將，而有先入關中（今陝西省）降服秦王子嬰功績的劉邦僅得巴蜀漢中之地，劉邦豈肯甘心？還有一些舊貴族在項羽分封之

---

① "史記"卷八"漢高祖本紀"。

後，領地反而比以前更爲縮小了的，如魏豹由魏王改爲西魏王，趙歇由趙王改爲代王，田市由齊王改爲膠東王，韓廣由燕王改爲遼東王，當然也都不滿意。至於原來諸國的將相未被分封於十八王之列的，如趙將陳餘和齊相田榮，更是怨恨"項羽爲天下宰，不平！"① 所以不僅項羽這種分封的反動措施，註定了他的必然失敗；即在因分封而產生內部矛盾的情況下，項羽想恢復割據局面自爲霸王的企圖也是不會安然實現的。果然，在他分封完畢回到彭城之後，田榮首先在齊地起兵反對，接著劉邦乘機進佔關中，並率軍東向，與項羽展開了爭奪政權的鬥爭。

劉邦、項羽之爭 劉邦雖然不滿意項羽分封給他的地區，但當時他的兵力不敵項羽，只好一面接受了封號，一面培養實力，準備乘機發展。

公元前206年秋天，田榮在東方起兵擊走齊王田都，追殺膠東王田市，自立爲齊王。他又擊殺濟北王田安，盡據三齊之地。陳餘在趙地也得到田榮的援助，擊走常山王張耳。這時，項羽見自己在東方分封的局面已被打破，遂發兵攻擊田榮，因而無暇顧及西方。劉邦乃乘此機會進兵關中，擊敗章邯。不久，司馬欣和董翳又都投降，於是劉邦得以佔有關中。

劉邦在關中的勢力穩定之後，又繼續東進。河南王申陽、韓王鄭昌和西魏王魏豹相繼投降。殷王司馬卬被俘。彭越也率兵歸降。劉邦一路順利，於公元前205年夏天進入彭城。當時項羽正在齊地作戰，開知劉邦佔了彭城，遂親率精兵三萬人回擊。劉邦連遭大敗，僅與數十騎逃回滎陽（今河南滎陽）、成皋（今河南鞏縣東）一帶。到了公元前204年，項羽又進擊劉邦，據有滎陽、成皋。劉邦更向西退。這時劉邦與項羽正面作戰雖然失利，但其部將韓信在北方進攻却獲得勝利，佔有趙地；同時劉邦派人勸九江王英布降附他，共擊項羽；蕭何從關中給劉邦儘量補充軍隊，又增加了實力。

公元前203年，劉邦與項羽兩軍相持，而韓信又從趙地攻佔了齊地，予項羽的後方根據地以很大的威脅。項羽前後受制，形勢轉爲不利，遂退兵到廣武（今河南滎陽附近），並與劉邦約和：以鴻溝（在今河南滎陽境內）爲界，其東屬楚，其西屬漢。約定之後，項羽罷兵東歸。但劉邦在

---

① "史記"卷七"項羽本紀"及卷八九"張耳陳餘列傳"。

這時聯合了各地的力量，共同反對項羽，項羽逐漸陷於孤立，劉邦的聲勢則日益強盛。

公元前202年，劉邦集中兵力向項羽進擊，並約好韓信、彭越率軍同時圍攻，項羽連被戰敗，退至垓下（今安徽靈璧東南），已被劉邦的軍隊重重圍住，雖然帶領着八百餘騎突圍而出，但大勢已去，終於在長江西岸的烏江邊上（今安徽和縣東北烏江浦）自殺。前後五年的"楚漢戰爭"結束了，劉邦得到最後的勝利。

劉邦爲甚麼能得到最後的勝利呢？其根本原因在於：劉邦及其集團代表着新興地主階級的利益，要建立一個統一的政權，這是符合當時歷史發展趨勢的、進步的力量，因而獲得了人民的擁護和支持。

在劉邦率軍初入咸陽的時候，蕭何即"收秦丞相御史律令圖書藏之"，逐"具知天下阨塞，戶口多少強弱之處，民所疾苦"①，以爲日後建立統一政權的資籍。劉邦本想在秦朝的宮殿中享受一下的，但由於樊噲和張良的諫阻，"乃封秦重寶財物府庫，還軍霸上"②。當時在項羽部下的范增已指出他"財物無所取，婦女無所幸，此其志不在小"③。接着劉邦向人民宣告約法三章，廢除秦朝的苛法，於是"秦人大喜，爭持牛羊酒食，獻饗軍士"④。漢軍在乘東方變亂，第二次進佔關中之後，又把過去供秦朝統治者遊獵之用的苑囿園池，讓人民墾耕爲良田，並大赦罪人。這些都得到人民的擁護。這與項羽在進入咸陽後"燒秦宮室，火三月不滅，收其貨寶婦女而東"⑤，"所過無不殘破，秦人大失望"⑥，以及在擊破田榮後，"遂北燒夷齊城郭室屋，皆阬田榮降卒，係虜其老弱婦女，徇齊至北海，多所殘滅，齊人相聚而叛之"⑦的情況，恰成了顯明的對比。所以劉邦在最初的兵力雖然不敵項羽，但因他的行動是符合歷史發展趨勢與人民要求的，代表着進步的力量，終於能得到廣大人民的支持，

① "史記"卷五三"蕭相國世家"。
② "史記"卷八"漢高祖本紀"。
③ "史記"卷七"項羽本紀"。
④ "史記"卷八"漢高祖本紀"。
⑤ "史記"卷七"項羽本紀"。
⑥ "史記"卷八"漢高祖本紀"。
⑦ "史記"卷七"項羽本紀"。

日益發展強大,最後戰勝了項羽。而項羽所代表的是舊貴族復辟的反動勢力,其行動違反了社會發展的趨勢和廣大人民的要求與利益,雖然在最初兵力雄厚,但因失掉了廣大人民的支持,自不免益趨削弱,而終歸失敗。

此外,劉邦及其集團還有在各方面比項羽優越的條件:在經濟方面,他們有最富庶的關中①做為供應物資及人力的根據地。劉邦雖然在前方作戰屢次失利,但因有蕭何在後方運輸糧餉,補充兵卒,終能轉危為安,實力有增無減。而項羽則沒有鞏固的後方,他的糧道常為彭越等切斷,不得供應,所以到公元前 203 年已有兵疲食盡之憂了。在政治方面,劉邦能聯合反對項羽的力量,並抓住項羽剛愎自用的缺點以分化其內部。如英布本為久隨項羽、屢立戰功的大將,被封為九江王,結果被劉邦派人誘說"背楚歸漢";甚至為項羽謀劃大計的范增也與項羽失和,於是項羽日益陷於孤立,而劉邦的勢力則逐漸強大。在軍事方面,劉邦能和韓信、彭越等配合作戰,以牽制、分散項羽的軍事力量,使其首尾不能兼顧;等到取得優勢時則集中兵力將項羽圍困,終於置之死地。以上這些也都是劉邦能獲得最後勝利的原因。

漢帝國的建立 劉邦於公元前 202 年擊滅項羽後,即稱皇帝(史稱漢高祖),建立地主階級的統一政權,建都於長安(陝西西安)。於是在秦帝國滅亡之後的第五年,又出現了統一局面的漢帝國。

漢政權的性質和秦朝一樣,漢朝的政治制度也基本上承襲秦朝。如在中央政府有三公(丞相、太尉、御史大夫),九卿(奉常、郎中令、衛尉、太僕、廷尉、典客、宗正、治粟內史、少府)及其他官吏;在地方政府有郡守、縣令等官吏,其職掌和組織都與秦朝相同。所不同的是沒有完全廢除分封制度。劉邦在擊滅項羽後仍然立了七個王,這七個王是:楚王韓信,據淮北之地,都下邳(今江蘇邳縣);淮南王英布,據淮南之地,都六(今安徽六安);梁王彭越,據魏故地,都定陶(今山東定陶);趙王張敖(張耳之子),據趙故地,都襄國(今河北邢台);韓王韓信(故韓襄王後裔),據韓故地,都陽翟(今河南禹縣);燕王臧荼,據燕故地及遼東,都薊

---

① "史記"卷一二九"貨殖列傳":"關中之地,於天下三分之一,而人眾不過什三,然量其富,什居其六。"

（今河北大舆）；長沙王吳芮，都臨湘（今湖南長沙市南）。劉邦爲什麼仍然實行分封呢？這是客觀上割據殘餘勢力存在的反映。因爲在劉邦對項羽作戰時，有些曾與劉邦一同被項羽封王的如張耳、英布、臧荼等，都附助劉邦，使項羽陷於孤立；又如有擊敗項羽的大功的韓信和彭越，韓信已經封王，彭越也在垓下之戰前得劉邦預許封王。如果劉邦在擊滅項羽後取消他們的王號，那勢必引起他們的反對。所以劉邦爲了早日結束戰爭，只好與他們妥協。但這種措施，却造成了中央集權勢力和地方割據勢力混戰的惡果。

漢帝國的建立，是秦末農民起義及秦朝滅亡後農民支持統一戰爭的產物，是以陳勝吳廣所領導的起義軍爲開始的農民對統治階級進行了八年鬥爭的結果。雖然漢朝仍是地主階級政權，但由於廣大的農民嚴重地打擊了阻礙社會發展的反動勢力，給新起的封建統治者以深刻的教訓，迫使他們不得不對農民讓步，終於使我國的封建社會向前推進了一步。

第二節　西漢初期經濟的恢復與發展

漢初經濟的凋敝　在秦末農民起義期間、由於秦朝統治者派軍隊到各地施行殘暴的屠殺，農民犧牲很大。秦朝統治被推翻後，劉邦與項羽的戰爭又接着進行了四五年，人民因戰爭及災荒而死亡的更多。僅以公元前 205 年的一次戰役爲例：項羽在彭城擊破劉邦之後，劉邦的兵卒在穀水、泗水間被殺死十餘萬人，又在睢水被擠殺十餘萬人，“睢水爲之不流”。這一年關中又發生大饑荒，人民相食，死去大半。到了劉邦統一中國時，整個社會經濟因遭受戰爭的破壞，已陷於極度凋敝的狀態。

漢初的城市人口，一般只抵得秦時的十分之二三。如曲逆縣（今河北完縣）在秦時有三萬戶，到公元前 200 年只有五千戶。在農村中，因爲大批壯丁的死亡或逃散，勞動力非常缺乏，以致土地荒廢，糧食不足，米價高至每石五千錢甚至一萬錢。一般的人民空無所有，往往賣兒女或自賣爲奴婢以延續生命。

這時社會上最迫切的要求，便是恢復農業生產，充實經濟力量，以穩定人民的生活。

劉邦恢復農業生產的措施 劉邦親眼看到由於秦朝苛重的賦稅與勞役，引起了農民的武裝反抗；又親身參加農民起義，從中接受了深刻的教訓，知道必須對廣大的農民讓步，使農民能以從事生產，生活得到安定，自己的政權才能穩固。所以在他做了皇帝的三個月後，就執行恢復農業生產的措施。主要的是：(1)兵士都罷遣歸家，給以土地房屋，使他們在農村中從事生產；(2)凡過去因受戰爭的迫脅而逃亡到山澤中的人，都恢復其原有的土地和房屋，使他們回到家鄉繼續進行生產；(3)凡過去因饑餓而賣身為奴婢的，都恢復其自由人的身份。這樣，回到農村進行生產的人日益增多，已經荒蕪的田地又墾耕起來，社會經濟力量也就逐漸充實。

為了安定農民的生活，提高生產情緒，劉邦又把田賦減低為"什五而稅一"，這比起秦朝"收泰半之賦"顯然是輕得多了。

漢初六十年間的"無為"政策 自劉邦統一，歷經惠帝、呂后、文帝、景帝的六十年間，統治階級都繼續採取相對地減輕對農民的壓迫與剝削的"無為"政策，即儘量緩和農民階級和地主階級之間的矛盾與鬥爭的政策。這種政策是在當時社會急需恢復生產的情況下產生的。漢初的封建統治者，了解當時社會人民的要求，知道必須使農民安心生產才能鞏固其統治，所以"君臣俱欲休息乎無為"①。而這種政策正與戰國以來的道家哲學亦即黃老思想相吻合，於是黃老思想便在這時期與西漢統治階級發生了密切的聯系。

在老子的學說中，貫穿着"清靜無為"、"無為而治"的統治思想。他認為一切罪惡，都是由於"有為"，也就是由於事物間的矛盾和衝突造成的。人們如果都肯"無為"，也就是停止一切矛盾鬥爭和衝突，社會秩序便可以安定，階級間的仇視永遠不會發生。如他說"取(治)天下常以無事。"②"為者敗之，執者失之。"③"我無為而民自化，我好靜而民自正，我無事而民自富，我無欲而民自樸。"④他認為統治者應當統治和剝削

---

① "史記"卷九"呂后本紀"。

② "老子道德經""忘知篇"。

③ "老子道德經""無為篇"及"守徵篇"。

④ "老子道德經""淳風篇"。

農民，但要有一定的限度，以麻痹農民的階級覺悟。所以他說："民之飢，以其上食稅之多，是以飢。"① 又說："民不畏死，奈何以死懼之？"② 這些話對於從秦朝被推翻的歷史事實中得到深刻教訓的西漢統治者說來，更具有生動的現實意義。秦帝國的規模是強大的，秦始皇是最"有爲"、最堅"執"的統治者，然而在人民的反抗之下，他所建立的政權終於"敗"、"失"了；秦始皇及秦二世向人民徵派苛重的賦稅與徭役，施用殘酷的刑罰，並殘暴地鎮壓農民起義，是要"以死懼民"，然而"民不畏死"，秦朝反因此滅亡。漢初的統治者把現實的教訓與老子學說的啟示結合起來，自然深信"清靜無爲"、與民休息是最好的統治術，而黃老思想便成爲他們的主導思想了。

曹參是最先積極執行"無爲"政策的人。當他做齊相國③的時候，曾向"善治黃老言"的蓋公詢問統治的法術，蓋公告以"治道貴清靜而民自定"，他依據這個原則，"相齊九年，齊國安集，大稱賢相"。公元前193年（惠帝2年），蕭何死，他繼任中央政府的相國，"舉事無所變更，一遵蕭何約束。擇郡國吏木訥於文辭、重厚長者，即召除爲丞相史；吏之言文刻深欲務聲名者，輒斥去之"。而且他更以"日夜飲醇酒"、"不治事"的作風來表現執行"無爲"政策的堅定。④

繼曹參爲相的陳平，也"本好黃帝老子之術"⑤。文帝、竇后、景帝也都是黃老思想的信奉者，執行"無爲"的統治術⑥。

在文帝、景帝時期，又繼續執行了一些緩和階級矛盾的措施。如文帝於公元前178年（文帝2年）、168年（文帝12年）曾兩度減收田賦之半，即由十五稅一減爲三十稅一；從公元前167年（文帝13年）到公元前157年（文帝後元7年）的十一年之間，又完全免收田賦。景帝即位（公元前156年）後便規定田賦爲三十稅一，以後相沿不變，還減輕刑

① "老子道德經""貪損篇"。
② "老子道德經""制惑篇"。
③ 劉邦的庶長子齊王肥的丞相。
④ 本段引文均見"史記"卷五四"曹相國世家"。
⑤ "史記"卷五六"陳丞相世家"。
⑥ 應劭"風俗通義"："文帝本修黃老之言，不甚好儒術，其治尙清靜無爲。""漢書"卷九七上"外戚列傳"："竇太后好黃帝老子言，景帝及諸竇不得不讀老子，尊其術。"

罰,據說在文帝時"刑罰大省,至於斷獄四百,有刑錯之風"①。宮廷中的費用也儘量減少,如文帝曾想營建一座露臺,工匠估計需費百金,文帝以爲百金之數要抵中等人家十家的財產,費用太多,便停止興修;他的衣服也比較樸素,以提倡節儉的風氣。

漢初六十年間所執行的"無爲"政策,雖然目的是爲了鞏固漢朝的統治,實際上農民的負擔也仍然很重,但在一定程度上符合了農民進行生產的要求,因而社會經濟逐漸得到恢復和發展。到景帝時全國人口已約比劉邦剛剛統一後增加了三四倍,社會經濟力量也隨着人口增加的比例而上升,爲後來漢封建帝國勢力的向外擴張奠立了物質基礎。

賦稅徭役與農民的生活 漢初統治者雖然在某些措施方面對農民有些讓步,但這是有一定的限度的,只是相對地減輕了對農民的剝削和壓迫,而農民仍然有各種賦稅和徭役的負擔,過着艱苦的生活。

漢初政府向農民徵收的賦稅,主要的有下列四種:

(1)田賦——如前面所說,劉邦統一中國後曾規定田賦爲十五稅一,但施行不久即廢,仍用古代"十稅一"之法。惠帝時始恢復十五稅一。到景帝即位後,又減爲三十稅一。這種減輕田賦的政策,雖然有獎勵開墾、發展農業生產、安定農民生活的意義,但這種措施實行的結果卻對地主有利,因爲減輕的是土地稅,土地多數掌握在地主手裏,農民受地主的地租剝削並未因此而減輕。至於無田的農民耕種地主的田地,要向地主繳納二分之一的田租,負擔很重。並且因爲減輕了田賦,政府即減少了收入,這個缺額,統治階級便用儘量向農民徵收其他賦稅的辦法來補充,所以農民的生活更困難。

(2)算賦——就是向成年人徵收的人頭稅。凡十五歲到五十六歲的人,不分男女,每人每年向政府繳納一百二十錢,稱爲一算。惠帝時,爲了增殖人口,又規定凡年十五以上到三十歲尚未出嫁的女子,分五等加徵算賦。每等增加一算,到三十歲尚未嫁者須繳納五算。地方官吏在每年八月案驗人口,製造戶籍,做爲徵收算賦的依據。繳納算賦時,一般的是用貨幣,不以糧穀折代。

(3)口賦——即專向兒童徵收的人頭稅。凡七歲到十四歲的兒童,

① "漢書"卷二三"刑法志"。

不論男女,每口每年繳納二十錢。後來到武帝時又提前自三歲起徵收,貧苦的農民,因爲負擔太重,往往逼得"生子輒殺",造成非常悲慘的後果。

(4)更賦——農民每年要服一個月的地方勞役,稱爲更卒。如果不願去服役,可以出錢三百,交與官府雇人服役。這種辦法稱爲過更。但因農民大都不願去服役,只得出錢;有時地方上本來用不着多少更卒,也使農民照樣出錢,逐漸成爲農民的一種經常的賦稅負担了,遂直稱爲更賦。

由上所述,可知農民所負担的賦稅不僅田賦一種。有人曾懷疑在文帝時候有十一年完全免收田賦,是不是就沒有剝削了呢?豈不知封建統治者壓榨人民的辦法是多種多樣的,即使不收田賦,專靠其他的賦稅也足够了。

農民所負担的徭役包括兵役和力役。漢朝政府規定,凡成年以後的男子,都要應承徭役。開始應役的年齡,在景帝之前無明文可考,景帝時正式定爲二十歲(武帝以後改爲二十三歲)。到五十六歲免役。徭役分以下三種:

(1)正卒——正卒是正式的兵役,每個男子一生必須服役一年,按其兵種分爲騎士(騎兵)、材官(步兵)及樓船(水兵)。大抵在西北邊境各郡多爲騎士,內地各郡多爲材官,沿江海各郡多爲樓船。服役一年以後,如遇有軍事需要,仍有臨時被徵的可能。

(2)戍卒——戍卒是到邊境上担任屯戍,或到京城去做衛士,每個男子一生也必須服役一年。如果不願服役,可按每月繳納三百錢的辦法雇人代替。但因一年出錢太多,農民拿不出來,只好親自服役。戍邊是最苦的徭役,若遇邊防緊急時,還得繼續留守六個月。

(3)更卒——前面說過,更卒是担負地方勞役的。最初規定每個壯丁隔幾年服役一次,一次的期限是五個月;到了文帝時改爲每年一次,一次的期限是一個月。主要的負担是本地方的土木勞役,如修城、築壘、修堤、修路、造橋、運糧等,有時也担任地方警衛。如親自服役,稱爲"踐更";如出錢三百交給官府雇人代勞,稱爲"過更",便是前面所說的更賦了。

總之,每個農民一生要担負兩年的兵役(一年正卒,一年戍卒。)和每年一個月的地方勞役(更卒)。

由以上各種賦稅和徭役看來，農民的負擔是很繁重的，而且在封建統治之下，官吏對於農民的欺壓與勒索總是愈來愈緊，臨時的攤派徵歛層出不窮。當時的農業生產技術還很低，每畝的產量一般最多不過一石，農民終年辛勤勞動的結果，被統治階級剝削之後已所餘無幾，再加上不時降臨的水、旱、蝗等災荒，生活更爲艱苦。漢文帝時晁錯叙述農民的生活情形說："今農夫五口之家，其服役者不下二人，其能耕者不過百畝（畝）。百畝之收，不過百石。春耕、夏耘、秋穫、冬藏，伐薪樵，治官府，給徭役，春不得避風塵，夏不得避暑熱，秋不得避陰雨，冬不得避寒凍，四時之間，亡（無）日休息；又私自送往迎來，弔死問疾，養孤長幼在其中。勤苦如此！尚復被水旱之災，急政暴虐，賦歛不時，朝令而暮改。當具，有者半賈（價）而賣，亡（無）者取倍稱之息。於是有賣田宅，鬻子孫，以償責（債）者矣。"① 這是一般自耕農在經常的與臨時的剝削之下，逐漸失去土地的情況；至於一般佃農和雇農，所受的剝削更是苛重，其生活的艱苦又甚於此。所以農民雖然是封建社會財富的創造者，而在封建剝削之下，自己則日益陷於貧困。晁錯所說的情況，還是在相對地減輕剝削和壓迫的"文景之治"的時期，在剝削更重的時期，農民只能"常衣牛馬之衣，而食犬彘之食"了！

手工業的發展 由於農業生產的恢復和發展，社會經濟力量的逐漸充實，各種生產工具及生活資料需要更多的供應，在漢初六十餘年間，手工業也有了進一步的發展。如煮鹽、冶鐵、冶銅、紡織等，不僅生產品的數量增加，在生產技術上也有了提高。

鹽是生活必需品，隨着社會的漸趨安定，人口的增加，煮鹽業日見發達。在今山東、江蘇、浙江沿海地區有海鹽，在今山西一帶有池鹽，在今四川一帶有井鹽。近年在四川成都揚子山出土的漢墓的畫像磚中，即有描繪着從井裏汲取鹽水注入釜中煮鹽的狀況的。漢朝政府在產鹽較多的地區設置鹽官，以徵收鹽稅。

冶鐵業主要是製造農具、兵器及其他手工業生產工具。冶鐵的設備如鎔鐵的爐及用人力鼓風的風箱（排囊）等都有了改進；冶鐵的技術也有了提高，所製造的農具如犂、鉏、钁、畬等，兵器如刀、劍等，都比以前

① "漢書"卷二四"食貨志"。

精良。冶鐵業最發達的地方爲臨邛(今四川邛崍)、南陽(今河南南陽)等地。漢朝政府在產鐵較多的地區也設置鐵官,管理更卒、刑徒、官奴隸等進行鼓鑄,以製造官府所需要的兵器及其他鐵器。

由於鹽、鐵是人民生活及社會生產中不可缺少的東西,所以生產量很大。在規模較大的煮鹽和冶鐵工場中,常有數百甚至一千以上的工人進行操作,而經營鹽、鐵業者也獲厚利而成鉅富。

冶銅也是重要的手工業。當時的冶銅業主要是鑄錢。鑄錢之事本由官府經辦,文帝時因准許私人自由採銅鑄錢,所以私鑄之風盛行,競謀厚利,其中尤以吳王劉濞及文帝的寵臣鄧通所鑄的錢爲最多。劉濞"以即山鑄錢,富埒(等)天子";鄧通"以鑄錢,財過王者",當時稱"吳鄧氏錢布天下"。① 兵器及日用器物也有用銅鑄造的。漢朝政府在各產銅地區也設置銅官。從已經出土的漢代銅鏡、銅鏃等物看來,其製作技術已相當精巧。

紡織是在民間普遍發展的、與農業相結合的家庭手工業,主要是爲了滿足自己的需要而生產的。但專門經營紡織業以牟利的也不少。尤以盛產桑、麻的齊蜀兩地,紡織業最爲發達。"漢書"卷二十八"地理志"稱齊地"織作冰紈、綺繡、純麗之物,號爲冠帶衣履天下"。漢朝政府也在齊設置三服官,管理工徒織做冠、幘及各種絲料衣服。齊帛與蜀錦是著名精美的紡織品。臨淄(山東臨淄)與成都是全國兩大紡織業中心。漢朝政府又在長安設置了兩個織室,一稱東織室,由東織令主管;一稱西織室,由西織令主管,專來供應皇室、貴族及官僚的服飾。當時的紡織技術已達到很高的水平,僅絲織物就有帛、紵、繒、綈、紈、綺、錦、繡等多種,在近代出土的漢代的彩絹、繡品、衣料等,其織工、花樣、圖案都非常精美。漢朝皇室常以絲織物作爲對一些貴族及官僚的賞賜,每次都多至數十萬匹以至數百萬匹,對匈奴也常有大量的贈送,足證生產數量是很多的。中國與西方的交通開闢後,中國的絲織物是銷行最廣也是最遠的著名商品。

漢朝政府爲了供給統治階級所需要的各種器物,在京城及各地方上開辦了一些手工工場,並設置官吏管理。除前面已經說過的鐵官、銅

① 見"史記"卷三十"平準書"。

官、服官及東、西織令外，在京城設有考工令掌管製造兵器及其他器械；木官掌管木工。地方上設置工官的有河內郡的懷縣（今河南武陟）、河南郡（今河南洛陽）、潁川郡（今河南禹縣）、南陽郡的宛縣（今河南南陽）、濟南郡的東平陵（今山東歷城東）、泰山郡的奉高（今山東泰安東北）、廣漢郡的雒縣（今四川廣漢）、蜀郡的成都等處。又在廣漢郡（今四川梓潼）設掌管製造金銀器的官，在廬江郡（今安徽廬江縣西）設掌管造船的樓船官。

　　無論在官營的或私營的手工業部門中，都是以奴隸為主要的勞動生產者。官營的手工業生產，除一部分更卒和刑徒外，大部分都是由官奴婢來進行的。民間的手工業生產，更是幾乎完全由奴隸承擔，如齊地的刁間使用奴隸"逐漁鹽商賈之利"。在臨邛經營冶鐵業的卓氏佔有"僮（奴隸）千人"①。所以手工業的發展，乃是受着比農民更殘酷的剝削和壓迫的奴隸勞動生產的成果。

　　商業的發展與都市的分布　由於農業及手工業的發展，各地出產的物品必須藉着商業的流通，以滿足社會的需要，所以也就促進了商業的發展。在各個大的市場中，陳列着種類繁多的商品，據"史記"卷一二九"貨殖列傳"所載，不下數十種，如糧食、鹽、油、醬、果類、菜類、魚類、牛、馬、羊、豬、皮革、裘毛、布、帛、竹、木、漆、車、船、銅器、鐵器等等，包括各種生活資料與生產資料。由於商業的繁榮，一些商人便賺積了鉅大的財富，著名的如大鹽商齊人刁間"起富數千萬"；在臨邛的大鐵商卓氏"富至僮千人，田池射獵之樂，擬於人君"；南陽的大鐵商孔氏"家致富數千金"；魯人曹邴氏"以鐵冶起，富至鉅萬"；洛陽人師史"轉轂以百數，賈郡國無所不至"，致富"七千萬"；宣曲（陝西西安西南）人任氏因囤積糧食、養賣牲畜而"富者數世"；關中人無鹽氏因放十倍之息的高利貸而"富埒關中"；其他"力農畜工虞商賈，為權利以成富，大者傾郡、中者傾縣、下者傾鄉里者，不可勝數。"所以當時社會上有"用貧求富，農不如工，工不如商，刺繡文不如倚市門"的諺語。②

　　隨着工商業的發展，出現了許多大都市。當時最大的都市是京城長

---

① "史記"卷一二九"貨殖列傳"。

② 以上引文均見"史記"卷一二九"貨殖列傳"。

安。在長安分爲兩個貿易區域，一稱東市，一稱西市，聚集着各種大小商店，售賣各地的貨物。其同類的商店又集中在一處，成爲許多小市，如柳市、酒市、馬市、牛市、羊市等。所謂"九市開場，貨別隧分"①。"長安九市，其六在道西，三在道東"②，便是這種市場。

長安之外，全國又分佈着五個大都市，即洛陽、臨淄、宛（河南南陽）、成都、邯鄲（河北邯鄲）。這些大都市都是交易興盛，人口密集。如臨淄在戰國時人口最多有七萬戶，在秦漢之際因爲戰爭的關係大為減少，但經過漢初數十年間的恢復與發展，已增加到十萬戶，比戰國時代幾增加了百分之五十。除這五大都市以外，尚有陳（河南淮陽）、睢陽（河南商邱）、陶、彭城、壽春（安徽壽縣）、滎陽、陽翟（河南禹縣）、江陵（湖北江陵）、吳（江蘇蘇州）、番禺（廣東廣州）等較大的都市。漢朝政府在各都市設置市令或市長，以管理工商業，並徵收貨稅。就都市分布的情形來看，多數在長江以北，長江以南僅有吳、番禺兩處，可見這時期長江以南的經濟還沒有得到較大的發展。

商人在社會上的地位　在商業日益發展的情況下，"富商大賈，周流天下，交易之物，莫不通得其所欲"③。於是從事商業的人逐漸增多，"大者積貯倍息，小者坐列販賣，操其奇贏，日游都市"④。商人在社會上也就掌握了相當的經濟力量，並有相當的勢力，所謂"千金之家，比一一都之君，巨萬者乃與王者同樂"⑤。但當時商人的買賤賣貴，經營取利，也是靠着剝削農民及奴隸的生產勞動得來的，因而在爭奪對農民和奴隸的勞力剝削上與封建統治者發生了矛盾，並損害了他們的權利。所以漢帝國政府對商人時常採取抑制的政策。公元前199年（高祖8年）劉邦就下令"賈人毋得衣錦、繡、綺、縠、絺、紵、罽，操兵，乘，騎馬"⑥，並加倍徵收商人及奴婢的算賦，以降低商人的社會地位。在惠帝呂后時雖然取

① "後漢書"卷七十"班固傳"。
② 同上書註引"漢宮闕疏。"
③ "史記"卷一二九"貨殖列傳"。
④ "漢書"卷二四"食貨志"。
⑤ "史記"卷一二九"貨殖列傳"。
⑥ "漢書"卷一"高帝紀"。

• 34 •

消了商人衣絲乘車的限制，但仍不許商人及其子孫做官。到了文帝、景帝時，因從事工商業的人益多，抑商的態度也表示得更爲明顯，屢次頒佈重本（農）抑末（工商）的命令。地主階級的政論家賈誼和晁錯也都上疏指斥商人，認爲"背本而趨末"，是天下之"大殘"與"大賊"，並認爲商人勢力的擴展，會造成農民的貧困與流亡，因而他們主張"毆（驅）民而歸之農，皆著於本"，"方今之務，莫若使民務農而已矣"①。然而，這些命令和主張都不能阻止商業的發展，不能對商人的勢力有若何實際有效的制裁與打擊，商人與封建統治者之間的矛盾仍在繼續發展着。

當時的商人在獲得鉅大的財富之後，由於社會條件的限制，還不能運用資本從事擴大再生產，除了儘量講求生活的享受外，便把積聚的錢財用以購買土地和經營高利貸。於是一些富商大賈同時也成了大地主，又從土地的剝削上增殖他們的財富；這就迫使一些自耕農失去土地而成爲佃農、雇農或淪爲奴婢，並有大部分失去土地的農民，**流向城市，變爲末技游食之民**。這樣一方面影響了封建統治者的租稅，並還影響了當時的統治秩序。其次，商人高利貸的經濟力量，不僅深入農村，而且還操縱了部分封建統治者，迫使"列侯封君"有時也不得不"低首仰給"②，藉助於商人的幫助來加強統治。所以商人雖然不能直接做官參政，但可以利用雄厚的資財去和貴族或官吏結交，並進而操縱政治，所以他們的**經濟勢力往往能得到政治上的保護**。而且自惠帝時起便有出資買爵的辦法，商人買爵之後，就可獲得免罪及免除徭役的權利，這樣，雖然身不爲官，也可成爲社會上的特權階層，過着優裕的生活。據晁錯所描寫的商人情況是："衣必文采，食必粱肉，亡（無）農夫之苦，有仟伯之得；因其富厚，交通王侯，力過吏執（勢），以利相傾；千里游遨，冠蓋相望，乘堅策肥，履絲曳縞。"③因而他乃大聲疾呼："今法律賤商人，商人已富貴矣！"④

① "漢書"卷二四"食貨志"。
② "史記"卷一二九"貨殖列傳"："吳楚七國兵起時，長安中列侯封君行從軍旅，齎貸子錢。子錢家以爲侯邑國在關東，關東成敗未決，莫肯與。唯無鹽氏出捐千金貸，其息什之。三月，吳楚平，一歲之中則無鹽氏之息什倍，用此富埒關中。"
③④ "漢書"卷二四"食貨志"。

第三節 中央集權制的樹立

劉邦雖然於公元前 202 年建立了統一的漢帝國，但因他分封了一些王侯，所以並沒有能够完全實行中央集權的政治制度，仍然部分存在着地方割據的勢力；而且地方割據勢力逐漸發展，與中央政權形成了顯著的矛盾，終於在景帝時爆發了公開鬥爭。鬥爭的結果，地方割據勢力失敗了，西漢帝國才樹立了中央集權的制度。

從異姓諸侯王到同姓諸侯王 如本章第一節所述，劉邦在擊滅項羽後，爲了早日結束戰爭，穩定他所建立的政權，不得不承認割據力量的存在，仍然分封韓信、彭越、英布等七人爲王，這便是所謂"異姓諸侯王"。此外，劉邦還陸續封了蕭何、曹參等功臣及貴戚共一百四十三人爲列侯。不過這些列侯只在其封區內享受每戶二百錢的租稅收入，他們或住在京城長安，或在別處爲官，並不過問封區內的政治。

劉邦對於異姓諸侯王的分封既是暫時的妥協政策，自然還要處心積慮地把他們剷除。結果在公元前 202 年到公元前 195 年七年之間，臧荼被虜，韓信、彭越、英布都被殺，韓王信被逼逃入匈奴，張敖被廢爲列侯，繼臧荼之後爲燕王的盧綰也被驅逐，僅剩下一個勢力最小（僅有二萬五千戶）的長沙王吳氏了。隨着異姓諸侯王的被剷除，劉邦在那些地區又封立同姓子弟爲王，如以劉賈爲荆王，劉交爲楚王，劉肥爲齊王，劉長爲淮南王等，共有九國，於是異姓諸侯王除長沙王吳氏外，都被同姓諸侯王代替了。

劉邦在剷除了異姓諸侯王之後，爲什麼不把那些地區收歸中央直接統治，而仍然繼續實行分封呢？這一方面是秦末以來割據殘餘的客觀影響，另一方面是漢統治集團分子的出身成分，絕大部分是小生產者和小土地佔有者，思想意識比較狹隘，劉邦認爲秦朝的迅速滅亡，是由於秦始皇沒有分封子弟爲王，"外無尺土藩翼之衞"①，皇室陷於孤立，以致在遭受各地的反抗時，不能就地鎮壓，所以他"懲戒亡秦孤立之敗"②，分封子弟爲王。並且立下"非劉氏而王，天下共擊之"③的誓約，企圖使後世遵守，以長久維持劉氏的統治。

王國勢力的強大 劉邦所分封的王國，領土很爲廣大，包有數郡數十縣，如齊王劉肥領有六郡七十三縣，代王劉喜領有三郡五十三縣，楚王劉交領有三郡三十六縣，吳王劉濞領有三郡五十三縣等，所有王國的領土合起來就佔去了帝國的大半；而皇帝直接統轄的區域，不過“三河、東郡、潁川、南陽，自江陵以西至蜀，北自雲中至 隴西與內史，凡十五郡。”④

諸侯王不但擁有廣大的領土，而且還掌握封國內的經濟和政治大權。在經濟方面，諸侯王享受封國內的全部租稅，僅向皇帝繳納按封國內人口每人六十三錢的“獻費”。在政治方面，王國的官制和中央政府一樣，有丞相、中尉（如同中央的太尉）、御史大夫以及廷尉、少府、博士等等，除丞相由中央任命外，其他官吏都由諸侯王自行任免。這樣，諸侯王無異是割據一方的小皇帝了。

各王國既然是“夸州兼郡，連城數十，宮室百官，同制京師”⑤，而隨着農業生產的恢復與發展，工商業的繁榮，又都擁有雄厚的經濟力量，於是漸漸驕縱自得，滋長野心，不服從中央政府的命令，且想進一步奪取皇帝的地位。到了文帝時候，這種意圖便完全顯露了。

公元前 177 年（文帝 3 年），濟北王劉興居即乘機舉兵叛變，雖終被消滅，但已開了王國公然武裝反抗中央之端。這時的淮南王劉長也依仗自己的勢力，不聽中央命令，在國內行用皇帝的儀制；而且廢止漢朝的法令，自己另製一套。終於在公元前 174 年（文帝 6 年）公開與中央對抗。又如吳王劉濞，依仗國內的自然資源，大量採銅鑄錢，煑海水爲鹽，蓄積了充裕的財富，因而免除國內的賦稅以收買民心，並招納收容別地逃亡的人，以擴張自己的勢力。文帝時，他的兒子在長安因與皇太子（即景帝）賭博發生爭吵，被皇太子打死，他遂藉此不向文帝朝貢，並準備武裝反抗。其他的諸侯王也多半專權自恣，形成了割據的狀態，與漢朝中央政府的統治發生了日益顯著的矛盾。

---

① “漢書”卷一四“諸侯王表”。

② 同上書。

③ “史記”卷九“呂后本紀”。

④ “史記”卷一七“漢興以來諸侯年表”。

⑤ “漢書”卷一四“諸侯王表”。

中央削弱王國的政策　在上述情況之下，凡是擁護漢朝中央集權的統治的官吏，都感到事態的嚴重，認為應該速謀解決的辦法。如在公元前 174 年（文帝 6 年），為梁王太傅的洛陽儒生賈誼曾給文帝上疏，認為諸侯王的強大難制，是"可為痛哭"的事。他說："天下之執（勢），方病大瘇，一脛之大幾如要（腰），一指之大幾如股。"認為必須及早救治。他建議："欲天下之治安，莫若衆建諸侯而少其力。力少，則易使以義；國小，則無邪心。令海內之勢，如身之使臂，臂之使指，莫不制從。諸侯之君，不敢有異心。"① 即在各王國的領域中再多封幾個諸侯王，使每個諸侯王的封地縮小，其勢力也就減弱。遂主張先把齊、趙、楚幾個大的王國分成若干小國，以分散他們的力量，中央便易於控制了。後來太子（即景帝）家令晁錯又建議把王國的一部分領土收歸中央直接統治，以減削其勢力，尤其對於強橫的吳王劉濞更應削奪其領土。但文帝因為還沒有足够的力量以應付王國的對抗，未能採納他們的建議。

到了公元前 164 年（文帝 16 年），漢朝中央政府的經濟與軍事力量已較前加強，遂乘着齊王劉側死後無子嗣位的機會，把領土最大的齊國分為六國，又把曾經舉行叛變的淮南國分為三國。這是按照賈誼的辦法，第一次執行的削弱王國的措施。

景帝時，晁錯做了御史大夫，又建議削奪王國的土地，收歸中央直接統治。這時吳王劉濞對中央的反抗態度已更明顯。晁錯認為："吳王前有太子之隙，詐稱病不朝，於古法當誅。……不改過自新，迺益驕恣，公即山鑄錢，煮海為鹽，誘天下亡人，謀作亂逆。今削之亦反，不削亦反。削之，其反亟、禍小；不削之，其反遲、禍大。"② 景帝聽從了晁錯的建議，在公元前 155 年（景帝 2 年）先將楚國的一郡、趙國的一郡及膠西國的六縣土地削歸中央，又計議削奪吳王劉濞的領土。這樣一來，中央與王國的矛盾愈加尖銳，臨到武力衝突的時候了。

七國起兵及其失敗　吳王劉濞知道景帝實行削奪王國領土的政策後，便決計進行武力反抗，並聯合膠西王劉卬、楚王劉戊、趙王劉遂、濟南王劉辟光、菑川王劉賢、膠東王劉雄渠，以誅殺晁錯為理由，共同起

① "漢書"卷四八"賈誼列傳"。

② "漢書"卷三五"荆燕吳傳"。

兵。他首先把國內十四歲以上、六十二歲以下的男子二十餘萬人編成軍隊，親自率領渡淮河向長安進攻，並宣稱："寡人節衣食用，積金錢，修兵革，聚糧食，夜以繼日，三十餘年矣，凡皆爲此。"① 楚王劉戊的軍隊與吳軍會合，其他膠西、趙、濟南、菑川、膠東諸國也各就地起兵反抗漢朝中央政府。時在公元前 154 年（景帝 3 年正月）。

七國起兵後，景帝派太尉周亞夫、大將軍竇嬰等分頭率軍應戰；又因不願戰事擴大，遂把晁錯殺死，以緩和七國的聲勢。但七國不過以誅殺晁錯爲藉口，實際的目的是要推翻景帝及其中央政府，所以晁錯雖被殺了，但仍不能使七國的軍事行動停止。然而，七國的起兵除了保全並擴大其割據勢力外，毫無其他意義，這種挑動國內戰爭破壞統一的行爲，不但得不到廣大人民的支持，也不能取得地主階級的同情與援助；而且七國內部之間並不能同心合作，不能有計劃地配合作戰，吳、楚北上進攻，只是孤軍深入。所以七國在政治和軍事上的形勢都是不利的。

周亞夫帶着三十六個將領往擊勢力最大的吳、楚軍，他認淸了對方的缺點，用斷絕糧道的方法使吳王劉濞的軍隊不能持久作戰。吳軍在下邑（今安徽碭山東）打了一個敗仗後，士兵多因饑餓逃散或投降，周亞夫率精兵追擊，吳軍遂潰。吳王劉濞僅與千人左右逃回淮河南岸，到了丹徒（今江蘇丹徒），又想聯合東越兵再戰，但東越却乘便殺了吳王劉濞，拿着他的頭去獻功。吳王劉濞敗死後，楚王劉戊也因軍敗自殺。其餘諸國也因軍事失利，完全破敗，諸王都自殺或被殺。七國自起兵到失敗，不過三個月。

漢景帝平定了七國的叛變後，將吳、梁、齊、趙等較大的王國分成幾個小國；又下令"諸侯王不得復治國"② 。把王國官吏的任免權完全收歸中央，改王國的丞相爲相，廢除王國的御史大夫、廷尉、少府、宗正、博士等官，對大夫以下的其他官吏也予以裁減，以削弱王國的政治勢力。從此諸侯王雖然在名義上是封君，而政權完全被剝奪了，實際上"唯得衣食租稅"而已，王國的領域也等於中央直屬的郡縣了。

漢初分封王國，是與統一帝國的性質不相適合的，也是阻礙全中國

① "漢書"卷三五"荆燕吳傳"

② "漢書"卷一九"百官公卿表"。

社會經濟的發展的，所以也必然使中央與地方發生了日益顯著的矛盾。在文帝初期，由於中央政府還沒有掌握足夠的物質力量以控制王國的勢力，同時還要把主要力量去抵禦匈奴的入侵（詳見下章），雖然已經出現了王國叛亂的事件，文帝仍未能執行削弱王國的政策，對於久懷異圖、稱疾不朝的吳王劉濞，也表示優容。到了公元前 164 年（文帝16年），才乘機分割了原來齊、淮南二國的領土。及景帝即位（公元前 156 年）之後，由於整個社會生產經過了近五十年的恢復與發展，漢朝中央政府已掌握了相當強大的經濟與軍事實力，有可能促進統一的中央集權政治的實現，所以開始執行晁錯所建議的削奪王國領土的辦法；同時，有些王國也在經濟情況愈益充裕之下擴大了政治野心，敢於進行公開的反抗，終於爆發了吳、楚等七國的起兵叛變。七國起兵是代表封建割據勢力反抗統一的中央集權制的行動，這種行動是違反歷史發展的趨勢的，不但得不到廣大人民的支持，即他們相互之間也不能緊密地配合，所以在不到三個月的期間就被代表着社會的統一要求的中央軍隊擊破。在封建割據勢力消滅之後，漢朝才樹立了中央集權制，成爲眞正統一的帝國，因而才能夠集合全中國勞動人民所創造的雄厚的物質力量，使國家和社會得到進一步的發展。

第三章　西漢帝國中央集權的
加強與對外擴張

公元前 140 年——公元前 49 年

經過漢初數十年間生產的恢復與發展，勞動人民給社會上創造了大量的財富，到了漢武帝時（公元前 140 年—前 87 年），漢帝國政府已經掌握了雄厚的經濟力量。據"史記"卷三十"平準書"所載："至今上（武帝）即位數歲，漢興七十餘年之間，國家無事，非遇水旱之災，民則人給家足，都鄙廩庾皆滿，而府庫餘貨財。京師之錢累巨萬，貫朽而不可校。太倉之粟，陳陳相因，充溢露積於外，至腐敗不可食。衆庶街巷有馬，阡陌之間成羣。"已大非昔日"自天子不能具鈞駟，而將相或乘牛車"的情況了。

在漢武帝統治的五十多年（公元前 140 年—前 87 年）中，漢帝國政府憑藉着優越的物質條件，改變了過去"清靜無爲"的政策，對內加強了中央集權的政治制度，對外進行了空前的擴張，對於中國以至亞洲的經濟和文化的發展，都發生了巨大的作用與影響，因而這是一個非常重要的歷史時期。其後昭帝、宣帝統治的三十多年（公元前 86 年—前 49 年）中，也繼續進行了一些有關於社會發展的重要事業。本章所述，就是這九十年左右的歷史情況。

第一節　漢武帝加強中央集權的措施

隨着社會經濟的發展，地主與農民的階級矛盾也日益顯著了。在地主階級方面是："役財驕溢，或至并兼，豪黨之徒以武斷於鄉曲，宗室有土，公卿大夫以下爭于奢侈。"① 在農民階級方面是："或耕豪民之田，見

---

① "漢書"卷二四"食貨志"。

稅什五,故貧民常衣牛馬之衣,而食犬彘之食。"① 漢武帝時地主階級的政治理論家董仲舒已覺察到隱伏的社會危機已日益滋長,即指出這種矛盾發展下去必然會破壞社會秩序,不利於地主階級的統治。他說:"大富則驕,大貧則憂。憂則為盜,驕則為暴。……大人病不足於上,而小民羸瘠於下,則富者愈貪利而不肯為義,貧者日犯禁而不可得止,是世之所以難治也。"② 他認為要維護社會秩序,鞏固封建統治,必須"使富者足以示貴而不致於驕,貧者足以養生而不致於憂"③。也就是說,必須限制貴族及豪強勢力的發展,以緩和階級矛盾。而要實現這個目的,居於最高統治地位的皇帝非具有絕對的政治權力不可。漢武帝加強中央集權的各種措施,便是適應着地主階級統治及當時社會條件的需要而進行的。

尊崇儒術,罷黜百家 在階級矛盾日益顯著的情況下,漢初統治者所奉行的基於道家思想的"清靜無為"政策,已失去其維護封建統治的作用;同時,儒家的忠、孝、禮、義等學說便逐漸被認為是維護封建統治的最有效的工具了。

自漢初以來,儒家就與統治者有着相當的關係。如劉邦做了皇帝後,使儒者叔孫通與弟子百餘人並招攬魯國儒生三十餘人共同制作朝儀,確定了君臣的禮節。並任命叔孫通為九卿之一的奉常。文帝、景帝時期,儒生充任博士的很不少。④ 諸侯王中也有熱心提倡儒術的,如楚元王劉交本是秦時儒生浮丘伯的弟子,封王後即以他的舊同學穆生、白生、申公三人為中大夫。又如河間獻王劉德興修禮樂,徵集儒籍,立"毛詩"及"左氏春秋"博士,言行謹守儒家法規,有很多儒生依隨着他。

漢武帝在即皇帝之位以前,已接受儒家學說思想,他做太子時的少傅就是申公的弟子王臧。即位之後,詔令丞相、御史、列侯及諸侯相舉薦"賢良方正直言極諫之士",羅致儒生對策察問。並以崇信儒術的竇嬰為丞相,田蚡為太尉,趙綰(王臧的同學)為御史大夫,王臧為郎中令。又議

① "漢書"卷二四"食貨志"。
② 董仲舒"春秋繁露"卷八"度制篇"。
③ 同上書。
④ 見"漢書"卷八八"儒林傳"。

立明堂，優禮隆重地把年已八十餘的老儒師申公請到京城來，準備制禮作樂，宣揚儒家的經典。在這時，一向崇奉黃老之術的竇太皇太后（即文帝的竇后）還活着，看見武帝提倡儒術，很為不滿。公元前139年（武帝建元2年）趙綰又建議武帝不要向太皇太后奏事，更激怒了她，遂藉故將趙綰和王臧下獄治罪。連竇嬰和田蚡也被免職。但這並不能阻止武帝尊崇儒術的舉動。到公元前135年（建元6年）竇太皇太后死去，武帝完全沒有顧慮了，遂又詔令"賢良"對策，闡揚儒家學說，提拔儒生，以議定治國大計。

在"前後百數"的"賢良"對策中，以董仲舒的議論最能切合當時統治階級的需要，因而為武帝所重視。

董仲舒，廣川（今河北棗強）人，是精通"公羊春秋"的大儒。景帝時曾充任博士。武帝即位後，他以"賢良"對策，奏上著名的"天人三策"。另外，還著有"春秋繁露"一書。他的政治理論，是依據傳統的儒家思想，並加以陰陽五行的學說，構成了一套維護地主階級的統治利益的思想體系。他認為皇帝應有絕對的權力，把皇帝看作是代表上天的意志的，所謂"唯天子受命於天，天下受命於天子"①。人民服從皇帝，也就是服從天道。而在天道之下，君臣、父子、夫婦、兄弟之間必須嚴格遵守上下尊卑的禮節，使"貴賤有等，衣服有別，朝廷有位，鄉黨有序，則民有所讓，而民不敢爭"②，以保持永恆的社會秩序。他極力推崇孔子，宣稱孔子是奉天命而作"春秋"的。認為孔子的學說是鞏固封建統治的唯一準則，所以他在對策中建議獨尊儒術，廢除其他各家的學說。他說："'春秋'大一統者，天地之常經，古今之通誼也。今師異道，人異論，百家殊方，指意不同，是以上無以持一統；法制數變，下不知所守。臣愚以為諸不在六藝之科、孔子之術者，皆絕其道，勿使並進。邪辟之說滅息，然後統紀可一，而法度可明，民知所從矣"③。他又建議設立太學，以培養為地主階級服務的儒生，說："夫不素養士而欲求賢，譬猶不琢玉而求文采也。故養士之大者，莫大乎太學。太學者，賢士之所關也，教化之本原也。今以一郡一

① "春秋繁露"卷一一"為人者天地篇"。

② "春秋繁露"卷八"度制篇"。

③ "漢書"卷五六"董仲舒傳"。

國之衆,對亡(無)應書者,是王道往往而絕也。臣願陛下興太學,置明師,以養天下之士,數考問以盡其材,則英俊宜可得矣"①。

董仲舒的政治理論,從"春秋大一統"的原則出發,擁護皇帝的至高無上的權力,利用儒家的思想學說以維持封建社會的秩序、鞏固地主階級的統治,這是適合於當時地主經濟發展的要求,對於加強中央集權是起了積極的作用的,所以他的建議也為武帝所採納。公元前136年(建元5年)武帝設置"詩"、"書"、"易"、"禮"、"春秋"五經博士,其他各家的博士都被撤免。公元前124年(武帝元朔5年)又為五經博士置弟子員五十人,並規定每年考試弟子員的學業,能通一經以上的就可補文學掌故的缺,成績優良的可以提拔為郎中。從此以後,只有學習儒家學說的人才能有參加政治的機會。博士弟子員的名額不斷增加,②儒家典籍也因之大為流行。"漢書"卷八十八"儒林傳贊"說:"自武帝立五經博士,開弟子員,設科射策,勸以官祿,迄於(平帝)元始,百有餘年,傳業者寖(漸)盛,支葉蕃滋,一經說至百餘萬言,大師衆至千餘人,蓋祿利之路然也。"儒家思想就這樣藉着政治的力量得到廣泛地傳播,取得統治地位,而成為封建正統思想了。

察舉制度的建立　由於中央集權制的樹立,漢朝政府需要更多的而且具有一定能力的官吏,以執行政令。但在漢武帝以前,選用官吏的範圍是很狹窄的,如任命二千石以上的官吏的子弟為官,納賞可以為官,總不出少數的高級官吏及豪富地主之家,而且這些人是否有維護地主階級統治的能力,也很成問題。所以董仲舒在對策中說:"夫長吏多出於郎中中郎吏二千石子弟,選郎吏又以富訾,未必賢也。"③而一般中下層地主分子,則只能充任郡縣小吏,很難爬上較高的政治地位,皇帝也就不能充分利用"賢材"以加強統治力量。為了比較廣泛地從中下層地主分子中選拔官吏,董仲舒建議:"使諸列侯郡守二千石各擇其吏民之賢者,歲貢各二人,以給宿衞,且以觀大臣之能。所貢賢者有賞,所貢不肖

---

① "漢書"卷五六"董仲舒傳"。

② 博士弟子員的名額,昭帝時增至一百人,宣帝時增至二百人,元帝時增至一千人,成帝時增至三千人。

③ "漢書"卷五六"董仲舒傳"。

者有罰。夫如是，諸侯吏二千石皆盡心於求賢，天下之士可得而官使也。"① 這種由各地方政府察求"賢材"、舉為官吏的辦法，便是所謂"察舉"。

在武帝以前，也曾有過詔令地方舉薦"賢材"的事，如在公元前 196 年（高祖 11 年）劉邦下詔郡國徵求"賢士大夫"②，公元前 191 年（惠帝 4 年）惠帝下詔徵求"孝弟力田者"③，公元前 178 年（文帝 2 年）及公元前 165 年（文帝 15 年）文帝兩次下詔郡國舉薦"賢良能直言極諫者"④，但只是偶而為之，尚未形成為經常的制度，也遠不能滿足中下層地主分子的政治要求，只可說是察舉制度的先聲。

公元前 134 年（武帝元光元年），武帝採納了董仲舒的建議，"初令郡國舉孝、廉各一人"。（孝是孝子，廉是廉吏。）公元前130年（元光 5 年）又下令郡國"徵吏、民有明當世之務，習先聖之術者"，每年遣送到京師，以便錄用為官。然而各郡國在奉詔後未能都實行舉薦，"或至闔郡而不薦一人"，所以公元前 128 年（元朔元年）又下令郡國必須舉人，如"不舉孝，不奉詔，當以不敬論；不察廉，不勝任也，當免"⑤。從此察舉遂成為定制。以後關於察舉的詔令漸多，凡在政治、軍事、外交、文學等方面有特殊才幹或專門知識的人，都可以應詔上書。當然，被舉薦的仍是地主階級的分子，但在過去，地主階級的中下層分子參與政治的機會是不多的；自從察舉制度建立後，地主階級中的一些中下層分子便比較容易得到做官的機會，因而在中央和地方的行政機構中都增加了新進的官吏。有的被任為"郎"或"博士"，其特被寵幸的還可以被提拔到卿、相的地位，如公孫弘便是由"布衣"而為丞相的第一人。這樣，漢朝政府便比較廣泛地吸收了地主階級的分子參加政治，擴大了封建統治的基礎，加強了中央集權的力量，因而對於抵禦外族的入侵及帝國的擴張提供了有利的條件。所以，在當時的歷史情況下，察舉制度是在政治上起了進步

① "漢書"卷五六"董仲舒傳"。

② "漢書"卷一"高帝紀"。

③ "漢書"卷二"惠帝紀"。

④ "漢書"卷四"文帝紀"。

⑤ "漢書"卷六"武帝紀"。

作用的。

　　然而,察舉制度終究是封建統治階級維持其自身利益的工具,而掌握察舉之權的地方官也必然與高級官吏和豪強地主相勾結,被察舉的人仍以出身於權貴豪富之門者爲多,中小地主分子便逐漸遭受排擠,察舉的範圍逐漸縮小,政治地位又爲少數人把持操縱,而失去其原來的意義了。

　　丞相權力的降落　漢初以來丞相的權力很大,輔助皇帝總管政事,督促百官盡其職守,一切重要政策的決定,法令的製訂,無不參與,且有斬殺其他官吏的權柄。尤其是景帝以前的丞相,都是開國功臣,如蕭何、曹參、陳平等,連皇帝都對他們非常尊敬,其他官吏更是恭謹從命。而且那時的丞相除非有大過絕不輕易更換,所以多半久居其職,蕭何、曹參、陳平、灌嬰、申屠嘉等都是終老在相位上的。

　　漢武帝即位後,親自過問一切政務,獨攬大權,九卿常常不通過丞相而直接向他奏事,丞相的權力大爲減弱。他對丞相也不像以前那樣尊重了,常當面譴責,藉故黜免,甚而治罪處死。在武帝時期的十二個丞相,只有三人(田蚡、公孫弘、石慶)善終於相位。有四人(衛綰、竇嬰、許昌、薛澤)被免職,二人(李蔡、嚴青翟)因獲罪而自殺,三人(趙周、公孫賀、劉屈氂)下獄處死。使得一向位高權重的丞相到這時無人願意擔任了,如公孫賀被任命爲丞相時,堅辭不受印綬,至於頓首涕泣。

　　武帝減弱了丞相的權力。一切文書奏章政令都由內廷的尚書、侍中、中書等官來掌管,並與他們商議政事。此後,尚書因代皇帝書寫詔命,且有彈劾大臣、銓衡二千石的權力,而丞相只有承旨順命,不起什麼作用了。

　　繼續削弱王侯勢力　漢景帝時期雖然已經剝奪了諸侯王的政治權利,樹立了中央集權制,但王國的領土還是很廣大,諸侯王掌握着相當雄厚的經濟力量,仍有與中央對抗的可能。

　　公元前127年(元朔2年),主父偃向武帝建議,說:"古者諸侯地不過百里,彊(強)弱之形易制。今諸侯或連城數十,地方千里,緩則驕奢,易爲淫亂;急則阻其強而合從,以逆京師。今以法割削,則逆節萌起,前日晁錯是也。今諸侯子弟或十數,而適(嫡)嗣代立,餘雖骨肉,無尺土之封,則仁孝之道不宣。願陛下令諸侯得推恩分子弟以地侯之,彼人人喜得所願;上以德施,實分其國,必稍自銷弱矣。"①武帝聽從了這個建議,乃頒下"推恩之令",使各諸侯王在國內分封其子弟爲侯,由皇帝定其名號。就在這種讓諸侯王的子弟都能得到封爵的"恩典"之下,分散了王國的領土,削弱了諸侯王的勢力。

按漢朝的制度,皇帝每年在八月舉行宗廟大祭,叫做"飲酎"。這時所有的王侯都要奉獻助祭的黃金,謂之"酎金"。武帝就利用這個機會,以王侯所獻酎金的成色不好或斤兩不夠爲理由,把他們的領地削減,或免除其爵位。在公元前112年(武帝元鼎5年),因酎金不合規定而失去爵位的就有一百零六人之多。

漢武帝的繼續削弱王侯勢力,不僅進一步加強了中央集權政治,也增多了中央政府的賦稅收入,漢帝國的統一也因而更爲鞏固了。

鎮壓地方豪強 漢初數十年間封建經濟發展的結果,地主階級獲得了很多的利益,尤以一些豪強地主,在不斷地兼併土地、剝削農民的過程之中,擴大了經濟力量;又藉着買爵免役、納貲爲官的門路攫取了政治特權,因而驕縱自恣,"武斷於鄉曲",不服從地方官吏的管理,甚而招攬游俠,收養死士,"權行州域,力折公侯",成爲漢朝政府推行統一政令的嚴重障礙。在景帝時,已開始對一些勢力較大的豪強加以鎮壓。如濟南郡瞷氏宗族三百餘家,聚結爲把持地方的豪強大集團,郡守不能控制,景帝派中郎將郅都爲濟南郡守,殺掉了瞷氏豪強集團的首領,其餘的人乃畏懼屈服。還有在長安附近的一些宗室,依仗勢力,橫行霸道,不遵守漢朝的法令,景帝也派官予以懲治。

到了武帝時,在加強中央集權的政策下,對於地方豪強的鎮壓更爲嚴厲。如派義縱爲河內(河南武陟一帶)都尉,把河內的豪強穰氏等滅族。其後義縱爲南陽太守,又懲治了南陽(河南南陽一帶)的豪強寧氏、孔氏、暴氏等。王溫舒爲河內太守,拘捕郡中豪強千餘家,將其罪大者滅族,罪小者處死,至於流血十餘里。又於公元前127年(元朔2年)及公元前96年(太始元年)把各地勢力較大的豪強與財產在三百萬錢以上的富戶遷徙到京城附近,以便監視。此後在昭帝、宣帝時期,仍有鎮

① "漢書"卷六四上"主父偃傳"。

壓豪強的舉動。可見地方豪強勢力的發展是與中央集權的政治制度相矛盾的，而地方豪強的受到鎮壓，也顯示了中央集權的統治力量的強大。

十三部刺史的設置 漢武帝爲了加強中央對於地方行政的控制，於公元前 106 年(武帝元封 5 年)把帝國劃分爲十三州①，每州設置刺史，以考察各地的政治情況，所謂"周行郡國，省察治政，黜陟能否，斷理冤獄"。其具體的考察範圍有六條："一條：強宗豪右，田宅踰制，以強陵弱，以衆暴寡。二條：二千石不奉詔書，遵承典制，倍公向私，旁詔守利，侵漁百姓，聚歛爲姦。三條：二千石不卹疑獄，風厲殺人，怒則任刑，喜則任賞，煩擾苛暴，剝戮黎元，爲百姓所疾，山崩石裂，妖祥訛言。四條：二千石選署不平，苟阿所愛，蔽賢寵頑。五條：二千石子弟怙恃榮勢，請託所監。六條：二千石違公下比，阿附豪強，通行貨賂，割損政令。"② 刺史於每年秋天巡行郡國考察之後，於年終到京師報告。

刺史的制度起源於秦朝各郡的監御史，漢初把監御史一官省掉，有時丞相遣使巡察郡國，但不常置。漢武帝所置刺史的性質略同於秦朝的監御史，祇是所監的區域由郡擴大爲州了。不過，漢朝的地方行政機構並無"州"這一級，"州"只是區域的名稱。刺史在這時並非在郡太守之上的地方官，而是中央所派的考察官，按其職務的性質則爲"部"，所以稱爲"部刺史"。若所部郡太守違法失職，也只能向中央報告而不能直接處治。

第二節　漢武帝時期的對外擴張

漢武帝即位以後，憑藉着漢帝國經過六七十年發展起來的強大的經濟力量與政治力量，不僅鞏固了對於國內的統治，而且長期進行了對外各方面的擴張，形成了空前強盛的封建大帝國。茲將其對外擴張的情況分別敘述如下：

一　伐匈奴

秦末以來匈奴的強大 匈奴自於公元前 215 年(秦始皇 32 年)被秦將蒙恬逐出河套以外之後，數年間無力再向中國侵犯。同時，在它東鄰的東胡和西鄰的月氏都很強盛，也沒有另外伸張勢力的機會。及至秦末農民戰爭爆發（公元前 209 年即秦二世元年，爆發了陳勝、吳廣領導的農民大起義）後，匈奴的單于頭曼乘着中國撤去邊防之際，又侵入黃河以南。

這時，頭曼的兒子冒頓，強悍善戰，依仗着親自訓練出來的一支精銳的騎兵，殺死頭曼，自立爲單于，統治了全部匈奴族。接着又積極準備武力，向四鄰進攻：東邊攻滅了東胡，佔有今內蒙古自治區東部；西邊擊走了月氏，勢力伸入西域；西北征服了烏孫（在今新疆天山北路及中亞東部）、呼揭及其旁二十六國；北邊征服了渾庾、屈射、丁零、鬲昆、薪犂諸部落；南邊又併滅了樓煩王、白羊王，侵入中國的河套一帶，並進犯燕、代（今河北及山西北部）。當時中國正是劉邦與項羽相爭的期間，無暇北顧，而冒頓擁有"控弦之士三十餘萬"③，四面擴張領土，控制着廣大的地區，勢力空前強盛起來了。

匈奴人長期過着"逐水草遷徙"的畜牧生活，其畜牧業有很大的發展，除了大量的馬、牛、羊外，還有橐駞（駱駝）、驢、鸁（騾）、駃騠、騊駼、驒騱等奇畜。從冒頓單于時期起，又開始有了農業生產。④而且能以"穿井、築城、治樓以藏穀"⑤。他們所使用的武器，有弓、矢、刀、鋋（鐵柄小矛）、鐵劍、銅鏃、金甲等，⑥可見手工業也相當發展了。這都說明從公元前三世紀到二世紀間，匈奴的社會生產力有了進一步的提高，匈奴人的經濟生活有了顯著的改變，而尤其重要的是私有財產制度的發展。

在頭曼單于以前，匈奴雖然基本上長期處於原始公社制末期的階

---

① 十三州是：豫、冀、兗、徐、青、荊、揚、益、涼、并、幽、朔方、交阯。

② "後漢書"卷三八"百官志"註引蔡質"漢儀"。"漢書"卷一九"百官公卿表"註引"漢官典職儀"略同。

③ "史記"卷一一〇"匈奴列傳"。

④ "史記"卷一一一"衛將軍驃騎列傳"載，衛青於元狩四年（公元前 119 年）進攻匈奴，"至窴顏山趙信城，得匈奴積粟，食軍。軍留一日而還，悉燒其城餘粟以歸"。又"漢書"卷九四"匈奴傳"載，匈奴於征和三年（公元前 90 年）"連雨雪數月，畜產死，人民疫病，穀稼不熟。"顏師古注云："北方早寒，雖不宜禾稷，匈奴中亦有黍穄。"

⑤ "漢書"卷九四"匈奴傳"。

⑥ 同上書。

段，所謂"自淳維以至頭曼千有餘歲，時大時小，別散分離"③，但隨着畜牧業的發展，私有財產已逐漸出現，如"父死，妻其後母；兄弟死，盡取其妻妻之"②的婚姻習慣，便是維護自己家族財產的表現。而自冒頓單于以後，更發生了由氏族公社制度的逐漸解體到奴隸制度形成的重大變革。當時已有明顯的階級區分。其居於統治地位的貴族，除單于攣鞮氏外，尚有呼衍氏、蘭氏及須卜氏。他們之間互通婚姻。貴族死後下葬時，"近幸臣妾從死者，多至數千百人"③。他們用奴婢進行畜牧、農業、手工業等生產，稱奴婢為"貲"④，視為財產的一部分。在進行戰爭時，除掠奪財物之外，還要掠奪勞動力，所謂"斬首虜，賜一卮酒，而所得鹵獲，因以予之，得人以為奴婢"⑤。對於被他們征服的部落，則施行奴役和剝削，如"烏桓自為冒頓所破，眾遂孤弱。常臣服匈奴，歲輸牛、馬、羊、皮。過時不具，輒沒其妻子"⑥。又如："西域諸國，大率土著，有城郭田畜，與匈奴、烏孫異俗，故皆役屬匈奴。匈奴西邊日逐王置僮僕都尉，使領西域，常居焉耆、危須、尉犁間，賦稅諸國，取富給焉。"⑦所以匈奴的貴族和在其統治下的國內及國外人民的關係，都是奴隸主和奴隸的關係。

隨着奴隸制的形成，匈奴的國家機構也建立起來。最高的首領單于之下，有左、右屠耆王（漢朝稱為左、右賢王，因匈奴語"屠耆"即是"賢"的意思），分統國土。單于直統中部，左屠耆王統東部，右屠耆王統西部。因匈奴以左為上位，所以左屠耆王常以太子充任。再下有左、右谷蠡王，左、右大將，左、右大都尉，左、右大當戶，左、右骨都侯等。大官都是世襲的。匈奴的軍隊全是騎兵，由二十四長分別率領，大者萬騎，小者數千騎，二十四長又各自置千長、百長、什長、裨小王、相、封部尉、當戶、且渠等官職。匈奴也有刑法及監獄，如用武器刺人深達一尺的即處死，像盜

---

② "史記"卷一一〇"匈奴列傳"。

② 同上書。

③ 同上書。"數千百人""漢書"卷九四"匈奴傳"作"數十百人"，顏師古注云："或數十人，或百人。"

④ "三國志""魏志"卷三十注引魚豢"魏略"："匈奴名奴婢為貲。"

⑤ "史記"卷一一〇"匈奴列傳"。

⑥ "後漢書"卷一二〇"烏桓傳"。

⑦ "漢書"卷九六"西域傳"。

的沒收其財產。一般的是小罪處以軋骨的刑罰,大罪則處死;但罪人入獄最多不過十天即釋放,一國之囚不過數人,大概是由於人口稀少,若獄囚太多或太久則影響生產及作戰,而且在"逐水草移徙"的情況下設置監獄也是很困難的。

從以上的情況看來,匈奴在公元前三世紀到二世紀中已從氏族公社制逐漸進入奴隸制的社會了。而這種轉變,使匈奴奴隸主貴族掠奪財富及人口的慾望更為強烈,時常侵入中國,發動殘暴的掠奪性戰爭,成為中國最兇惡的敵人。

漢初匈奴對中國的侵略 公元前201年,匈奴冒頓單于率軍進攻韓王信的都城馬邑(今山西朔縣),韓王信被圍投降,匈奴兵又南下到了晉陽(今山西太原)。劉邦於公元前200年(高祖7年)親自率領步兵三十二萬迎擊,冒頓退兵引誘漢軍深入;劉邦追至平城白登山(今山西大同東南),突被匈奴騎兵四十萬四面圍住,受困七日七夜,才設法逃回。劉邦因中國在戰亂之後,實力不足抵抗匈奴的侵略,遂採取了婁敬所建議的和親政策,以宗室女嫁給匈奴單于,每年奉送很多的絮、繒、酒及食物,並與匈奴約為兄弟。此後經過惠帝、呂后、文帝、景帝,直到武帝初年,漢朝政府屢次採取和親政策,並在邊界"通關市",准許兩國間的貿易來往,匈奴以其出產的牛、馬、羊、駝來換取中國的繒、帛、酒、秫等物。但匈奴的統治者並不以此為滿足,仍然時常發動大批的騎兵竄入中國境內侵擾。如在呂后時曾三次侵入隴西(今甘肅臨洮東北),大肆掠奪;公元前177年(文帝3年)匈奴右賢王侵入河套以南,捕殺吏卒,擾害人民;公元前166年(文帝14年)匈奴稽粥單于率騎兵十四萬侵入朝那(甘肅平涼縣西北)、蕭關(今甘肅固原南),殺死北地都尉,虜去人民、牲畜及物資很多,並進至彭陽(今甘肅鎮原),在前面的"候騎"曾竄入雍縣(今陝西鳳翔南)窺探。以後連年侵略邊地,殺掠人民。每次侵入時,一郡中受害的多至萬餘人;公元前158年(文帝後6年),又侵入上郡(郡城在今陝西綏德)、雲中郡(郡城在今內蒙古自治區托克托縣),二郡各侵入三萬騎,大肆殺掠。漢朝派兵在北地(今甘肅環縣一帶)、句注(今山西代縣西北)、飛狐口(今河北蔚縣南)等地防禦,緣邊亦置守備。這次侵擾連京城長安都受到威脅。除了這幾次大規模的侵略外,在各地的零星擾害更不計其數。總之，匈奴雖然得到和親的利益，但不受和親的約束，中國西北沿邊諸郡備遭蹂躪，農業生產遭受了嚴重的破壞。

漢武帝時期對匈奴的戰爭 漢武帝時期，由於中國的經濟、政治及軍事力量的強大，在對付匈奴方面，也具備了改變以前的委曲求全的和親政策、進而採取積極主動打擊敵人的策略的物質基礎。

然而，要對付匈奴是不容易的。因為匈奴有精壯的騎兵可以到處奔馳，從中國的遼東（今遼寧省一帶）到隴西，他們都能乘機侵入。晁錯曾經對漢文帝說過："今匈奴地形技藝與中國異，上下山阪，出入溪澗，中國之馬弗與（如）也；險道傾仄，且馳且射，中國之騎弗與也；風雨罷（疲）勞，飢渴不困，中國之人弗與也。此匈奴之長技也。"① 而且匈奴人"往來轉徙，時至時去。……或當燕、代，或當上郡、北地、隴西，以候備塞之卒，卒少則入。陛下不救，則邊民絕望，而有降敵之心；救之，少發則不足，多發、遠縣纔至，則胡又已去。聚而不罷，為費甚大；罷之，則胡復入。如此連年，則中國貧苦而民不安矣"②。從這段話我們可以看出，僅靠被動的防禦，是不能阻止匈奴的侵略的；而且對這樣的敵人作戰，步兵是無能為力的，必須訓練眾多而精強的騎兵，才能主動地打擊敵人。所以一定需要相當時期的準備。

漢朝自文帝時獎勵民間養馬，並在西部及北部邊境關置了三十六個牧所，用官奴婢三萬人從事牧養，到景帝時已有三十萬匹。武帝即位後，對於養馬更為注意，同時也積極訓練騎兵。雖然在最初幾年仍繼續與匈奴和親，而且贈送的物品更加優厚，關市也儘量給予匈奴人以物資的便利，但出擊匈奴的計劃已經決定，只等準備充分之後，就要發動攻勢了。

公元前 133 年（元光 2 年，武帝即位後的第 8 年），武帝派遣韓安國、李廣、公孫賀、王恢、李息等五將軍分率兵三十萬，埋伏在馬邑城（山西朔縣）附近；又使馬邑人聶壹出塞宣稱要出賣馬邑城，擬引誘匈奴兵到來，用伏兵出擊，以殲滅其主力。匈奴單于因貪得馬邑城中的財物，遂親率十萬騎兵進入武州邊塞（今山西左雲），但未到馬邑時已發覺漢朝的計謀，乃引兵退去。自此之後，漢朝與匈奴的和親關係完全斷絕，匈奴更

---

① "漢書"卷四九"晁錯傳"。

② 同上書。

不時侵入中國邊境,到處擾害。

公元前 129 年(元光 6 年),武帝派衛青、公孫賀、公孫敖、李廣等四將軍各率萬騎出擊匈奴,除衛青略獲小勝外,公孫賀無勝敗,公孫敖及李廣都被匈奴打敗。但從此雙方開始了激烈的戰鬥。匈奴大舉入侵,漢朝積極迎戰,直到公元前 119 年(元狩 4 年),較大的戰爭有十餘次,其中漢軍出塞進擊九次,而對於整個戰爭局勢關係最大的有三次。現在把這三次關係最大的戰爭略述如下:

(一)公元前 127 年(元朔 2 年),匈奴侵入上谷(郡城在今河北懷來縣)漁陽(郡城在今河北密雲縣),殺擄吏民千餘人。漢將衛青、李息出兵雲中(今山西長城外一帶)以西,在河套大破匈奴樓煩王白羊王的軍隊,俘擄數千人,得羊百餘萬頭,遂把從秦朝末年又淪陷於匈奴的河套一帶完全收復,並設置朔方郡(郡城在今內蒙古自治區杭錦旗),又修復了以前蒙恬沿黃河所築的軍事要塞。從此,黃河以南的防勢鞏固,京師長安附近解除了威脅,奠立了主動地抗擊匈奴的基礎,漢朝開始轉入有利的局面。

(二)公元前 121 年(元狩 2 年),漢將霍去病率萬騎出隴西塞外,過焉支山(今甘肅山丹縣東南)千餘里,殺擄匈奴兵八千多人;又與公孫敖出北地(甘肅環縣一帶)塞外二千里,深入匈奴境內,攻至祁連山(今甘肅張掖縣西南),殺擄匈奴三萬餘人。匈奴大敗之後,單于要把守禦西方的昆邪王和休屠王治以死罪,二王恐懼,謀投降漢朝,霍去病前去迎接,休屠王又後悔,昆邪王遂殺了休屠王,率其屬下四萬餘人降漢。漢朝就其地置武威郡及酒泉郡。後又分武威為武威(今甘肅武威,原為匈奴休屠王地)、張掖(今甘肅張掖,原為匈奴昆邪王地)二郡,分酒泉為酒泉(今甘肅酒泉)、敦煌(今甘肅敦煌)二郡,是為河西(黃河以西)四郡。從此不但隴西、北地及河西一帶消滅了匈奴之患,而且斷絕了匈奴與西羌(在今青海境)的聯絡,開通了漢朝與西域來往的道路,削弱了匈奴在西北多年盤據的勢力。

(三)公元前 119 年(元狩 4 年)對匈奴的戰爭,是規模最大的,也是漢朝出兵最遠的一次。這年春天,匈奴侵入右北平(今河北平泉一帶)及定襄(今內蒙古自治區和林格爾一帶)二郡,各數萬騎,殺擄千餘人。匈奴單于又設計聚集精兵於沙漠以北，引誘漢兵深入，想乘漢兵遠征疲勞而取得大勝。漢朝雖已知其計，仍令衛青和霍去病率大軍分道遠征。衛青自定襄出兵，霍去病自代郡（今河北蔚縣一帶）出兵，約期到沙漠以北大戰。匈奴單于親率精兵待陣，正遇上衛青之軍，交戰結果，匈奴兵敗，單于被圍，僅與數百騎兵突圍逃走。衛青乘勝向北追擊，斬捕敵人一萬九千，一直追到闐顏山（今蒙古人民共和國訥拉特山）下才回軍。霍去病出代郡二千餘里，深入匈奴西部，與左賢王交戰，也獲得大勝。左賢王及其將領棄軍逃走。漢軍殺虜匈奴兵七萬餘人，直追到狼居胥山（今蒙古人民共和國德爾山）後才退回。經過這次大戰，匈奴兵損失九萬多，不敢再來侵犯；而漢軍也死了萬餘人，戰馬死了十餘萬匹，無力再行遠征。直至公元前 103 年（武帝太初 2 年），十七年間，雙方沒有什麼戰爭。

公元前 102 年（太初 3 年）秋天，匈奴又南下侵入雲中（郡城在今內蒙古自治區托克托縣）、定襄（郡城在今內蒙古自治區和林格爾縣）、五原（郡城在今內蒙古自治區五原縣）、朔方（郡城在今內蒙古自治區杭錦旗）諸郡。此後戰事繼起，武帝雖數次遣軍出擊，但多失利。不過，匈奴這時已不似以前那樣強盛，在武帝時期的最後十五六年（公元前 102—前 87 年）中，已不算中國的大患了。

漢武帝時期對匈奴戰爭的性質　自秦末漢初以來，匈奴對中國不斷地進行侵略，數十年的殘殺掠奪，使中國人民遭受了巨大的損失，農業生產受了嚴重的破壞。所以，抵抗匈奴的侵略，以保衛邊疆的安全，乃是當時中國人民共同的要求。漢武帝時期，漢朝政府集中全國的經濟力量與軍事力量，進行抗擊匈奴的戰爭，是完全符合人民的要求與利益的，是維護中國的獨立與完整的必要措施，因而也是反抗侵略的、正義的行動。

但是過去曾有人認為：漢武帝對匈奴的戰爭，最初是防禦的性質；但後來出塞進擊匈奴，就變成侵略的性質了。這種說法是不對的。因為（一）我們根據匈奴一貫侵略中國的事實及當時的具體情況來看，僅在沿邊把守，是不能達到防止匈奴侵略的目的，而且會遭受更大的人力及財力的損失的。只有消滅匈奴的侵略力量，才能保得住邊疆的安全。所以漢朝的軍隊雖然追擊匈奴，深入其地，仍是為了防禦匈奴的入侵而採取的必要行動。而且事實上漢朝擊破匈奴的侵略軍後，即班師回國，並未佔有其地。(二)我們對於歷史上尤其是封建社會時代各族之間的戰爭，不能抽象地孤立地討論侵略或自衞的問題，不能單純從越過國界與否來判斷戰爭的性質，而必須從當時社會發展的總利益上來考察。正如"學習雜誌"編輯部在"關於歷史人物的評價問題"一文中所說："如果我們竟自命爲這樣的歷史評判員，以爲可以對歷史上各族活動的區域劃好固定的界綫，誰如果越過這條界綫，就判定誰犯了錯誤和罪惡，那我們就使自己成爲幼稚可笑的歷史研究者，這和馬克思主義的立場觀點是毫無相似之處的。"① 我們再根據當時的具體情況來看，便知道漢軍的出塞與匈奴的入邊，其性質是完全不同的，所以也就不能因爲漢軍進入匈奴境內便視爲侵略戰爭了。

二　通西域

西域概況　漢時所謂西域，最初僅指玉門關（在今甘肅敦煌縣西）及陽關（在今甘肅敦煌縣西南）以西至葱嶺以東之地；其後因交通益廣，在葱嶺以西、今中亞細亞一帶也都概稱西域。

西域共有三十六個國家（到西漢末年分爲五十幾國），多在今新疆天山南路（塔里木盆地周圍）及蘇聯中亞一帶，即當時匈奴的西面，烏孫（在今新疆天山北路及中亞東部）的南面。在葱嶺以西的領土較大，人口也較多，如大月氏（在今蘇聯中亞東南部）人口四十萬；康居（在今蘇聯中亞北部鹹海沿岸錫爾河下流）人口六十萬；大宛（在今蘇聯中亞東部，其都城貴山即今之霍占）人口三十萬；烏孫（其都城赤谷城在今錫爾河上流納林河岸）人口六十三萬。在葱嶺以東的領土較小，人口也少，如樓蘭（在今羅布泊南，後更名鄯善）人口一萬四千；拘彌（在今戈壁中）人口二萬；于闐（在今新疆和闐南）人口一萬九千；西夜（在今新疆葉城南）人口四千；沙車（今新疆莎車）人口一萬六千；難兜（在今新疆巴達克山西）人口三千；疏勒（今新疆疏勒）人口一萬八千；姑墨（今新疆阿克蘇）人口二萬四千；龜兹（今新疆庫車）人口八萬一千；焉耆（今新疆焉耆）人口三萬二千。還有更小的國家，人口不到一千，甚而只有二百人的。這些國家

---

① "學習"第四卷第十二期，1951 年 10 月 1 日出版。

多在山谷之間，或沙漠中的泉地。人民也多從事耕種，有城郭家室。在種族上，大體可分為氐、羌、塞三類。但他們組織渙散，力量微弱，當秦末漢初時匈奴的冒頓單于侵入西域後，其中大部分國家都服屬於匈奴。匈奴在西域設置"僮僕都尉"以統治他們，並向各國徵收賦稅。各國的賦稅成為匈奴的重要經濟來源。

當時由中國到西域有兩條道路：一條是南道，出了玉門關及陽關經鄯善而至莎車，再西過葱嶺，可達大月氏、安息(今伊朗)；一條是北道，出了玉門關及陽關經車師前國(今新疆吐魯番縣西)而至疏勒，再西過葱嶺，可達大宛、康居、奄蔡(今蘇聯高加索)。

張騫出使西域　秦末漢初匈奴西鄰的月氏國被匈奴擊破之後，大部分月氏人往西逃亡，並攻佔了塞國(今新疆伊犂附近)，驅逐其國王，稱為大月氏(留居故地被匈奴役屬的為小月氏)，對於匈奴則懷着報復之心。

公元前139年(建元2年)，漢武帝從匈奴降人的口中得到這個消息，便想聯絡大月氏來共擊匈奴。乃下令徵募有胆量的人出使大月氏，當時在朝中為郎的漢中城固人張騫應募而往。

因西域是在匈奴的掌握之中，張騫出行後就為匈奴人發現捕獲，送交單于。張騫在匈奴被拘留了十年多才得機會逃出，又往西行。但在這期間，月氏又被烏孫驅逐，逃至大夏(今阿富汗北部)，據有其地。張騫輾轉西行，經大宛、康居，終於到了大夏。然而這時大月氏人因大夏土地肥沃，物產富饒，生活很為舒適，已不想東歸向匈奴報仇了。所以張騫住了一年多，不得要領，祇得回國。在歸途中又被匈奴拘留了一年多，於公元前126年(元朔3年)才回到長安。張騫從應募出使到回國共歷十三年，出國時同行的有一百多人，回來時只有一個同伴了。這是張騫的第一次出使。

張騫這一次出使雖然沒有達到聯絡大月氏的目的，但歷經大宛、大夏、康居諸國，了解到西域一些國家的地理、風俗、物產、政治、軍事等情況。他將這些情況報告給武帝，使漢朝政府對於西域有了比較清楚的了解，為以後溝通西域做了初步的準備。另外還有一項意外的收穫，就是張騫在大夏曾見到中國的邛竹杖和蜀布。他詢問大夏人，知道是從身毒國販運去的,並知道身毒在大夏東南數千里。身毒即今印度,從此漢朝也了解印度的簡單情況了。

公元前119年(元狩4年),張騫又奉命第二次出使。這次出使是在霍去病大破匈奴於祁連山(今甘肅張掖縣西南)及昆邪王降漢之後,張騫建議用厚賂招誘烏孫,使東歸敦煌(甘肅敦煌)與祁連山間舊地(烏孫本居此,因被大月氏所奪,逃入匈奴,後又擊破大月氏,居塞國之地),並嫁給公主,結為兄弟,以"斷匈奴右臂"。如與烏孫連好,則在其西的大夏等國都可歸附。武帝遂派張騫帶着大量的金、帛及牛羊,並偕同許多副使、將士等共三百餘人前往。到了烏孫,張騫又分遣副使到大宛、康居、大夏、安息等國聯絡。

烏孫對於中國的情形很隔膜。張騫把結親連好的意思說明以後,烏孫因不知漢是大國還是小國,又因服屬匈奴已久,所以猶豫不決,想先派人來看看再說。公元前115年(元鼎2年),張騫回國,烏孫派了數十人一塊來中國察看情況。這是西域人第一次來到中國。烏孫使者回去後,盛讚中國的廣大與富庶,烏孫才開始重視。但仍不肯東遷,只於公元前110年(元封元年)以後與漢朝結親通好。

張騫自烏孫回國後,過了一年多就死了。在他死後不久,他所派往大夏等國的副使,也陸續領着那些國家的使者來到長安。武帝出巡時,讓各國的使者也跟隨前去。這樣,他們更進一步了解了中國的情況,回國後宣傳所見所聞,因此各國都願意和中國來往。

從此以後,西域的許多國家已和中國建立了關係,"通西域"便在這時正式開始了。武帝又繼續派出了許多使者到西域各國,每年多則十幾次,少則五六次。每次多達百餘人以至數百人。比較遠的如安息、奄蔡、條枝諸國,都有中國使者的足跡。

漢朝對西域的戰爭　漢朝對西域的國家也發生過戰爭,一是對姑師(即車師)和樓蘭(即鄯善),一是對大宛。

姑師和樓蘭兩國正當漢朝通西域的要道,漢朝的使者每年都要經過這裏,有時要走十餘次。他們常向兩國索取物品,兩國不勝其煩,於是勾通匈奴,劫殺漢使。漢武帝於公元前108年(元封3年)派趙破奴與王恢領兵數萬攻伐兩國,結果樓蘭王被擒,樓蘭成為漢朝的藩屬;姑師也兵敗國破,於公元前89年(征和4年)完全被漢朝征服。

大宛出產良馬,汗血馬特別有名。漢武帝派人拿着黃金及金馬去換取汗血馬,大宛不肯給,漢使發怒詈罵,遂被大宛殺死。武帝於公元前104年(太初元年)派李廣利率兵征伐大宛,大宛堅決抵抗,經過四年的苦戰,漢朝前後發兵十餘萬,於公元前101年(太初4年)圍困了大宛的都城, 大宛貴族殺其國王投降。漢朝得到善馬數十匹,中馬以下三千餘匹。

漢朝自征服大宛以後,聲威振動西域。在大宛以東的各國,紛紛派遣子弟隨着漢軍到中國來朝貢,並留以為質。因為與漢朝發生關係的國家越來越多,漢朝政府遂在敦煌至羅布泊之間沿路設置驛站,又在渠犂國(在今新疆中部庫車、焉耆間)駐屯田兵數百人,以便利來往的使者。

漢武帝對樓蘭、姑師及大宛的用兵,就其動機來說,當然不是正義的,但其結果却出乎封建統治者的意圖之外。因為從此中國與西域的交通更加開展,各族之間的來往更加密切,加速了經濟和文化的交流,在"通西域"的總成果中還是起了積極作用的。

通西域的作用 漢武帝時期中國與西域的溝通,是歷史上重大的事蹟。雖然漢武帝通西域的動機,不過是為了削弱匈奴的勢力及擴大漢朝的封建統治, 但其後果則對中國與西域各國的經濟與文化的發展起了很大的推進作用,豐富了各族人民的物質和精神生活。發生的作用,主要有以下幾方面:

(一)生產技術的傳播:漢朝政府在渠犂國派駐屯田兵數百人,中國的農業生產技術遂傳入西域。此外,中國的鑄鐵術傳入安息,[1] 鑿井術傳入大宛,[2] 而大宛的釀葡萄酒法也傳入中國。

(二)物產的輸入:西域的物產如蠶豆、黃瓜、大蒜、胡蘿蔔、胡桃、葡萄、苜蓿、西瓜、石榴等植物,及駱駝、驢、汗血馬等動物,都在此時或以後輸入中國,豐富了中國的物產,至今尚成為人民生活中所需要的東

---

[1] "漢書"卷九六"西域傳":"自(大)宛以西,至安息國。……其地皆絲漆,不知鑄鐵器,及漢使亡卒降,教鑄作它兵器。"

[2] "漢書"卷六一"李廣利傳":"貳師(即李廣利)開宛城中新得漢人,知穿井。"

西;自中國輸入西域的物產也有絲、邛竹杖①、桃、李、黃蓮、土茯苓等。

（三）文化的交流：通西域後，因中國使者衆多，中國的文化當然逐漸西傳；而西域及西域以外各國的文化也逐漸傳入中國。如西方的樂曲（"摩訶"、"兜勒"等曲調）、戲劇（胡戲）、舞蹈、樂器（琵琶、笛、橫吹、箜篌等）、服裝（胡服）、日用器具（胡床）等，都傳入中國，日益流行。後來，印度的佛敎也由西域傳入中國。隨着佛敎的傳入，印度的語言、文學、藝術（雕塑、建築）等也通過西域輸入中國，對中國文化發生了一定的影響。

（四）商路的開闢：在通西域之前，中國的商品雖已遠至印度及西域，如張騫第一次出使到大夏時即見到從印度販運去的蜀布及邛竹杖，但因商路艱難，還不能有經常的貿易往來。通西域以後，商路正式開闢，中國的貨物始能大量向西方運售。輸出的主要商品是絲織品，後來甚至經安息到羅馬。中國因而得到"絲國"之名。

三　征服衛氏朝鮮

朝鮮半島與中國接境，很早就同中國發生了關係。周武王滅殷後，殷紂王的叔父箕子率領着五千多殷民逃到朝鮮半島的北部，建立政權，並敎給當地人民種田、養蠶、織布等生產技術，把殷文化帶到那裏。此後中國與朝鮮的往來漸多，到了戰國時代，齊國和燕國都與朝鮮有密切的交通及商業關係，如在齊國有從朝鮮運來的"虎豹之皮"，燕國的鐵器與貨幣"明刀"都輸入朝鮮。秦漢之際，齊、燕兩地的人因爲避戰爭而移居朝鮮的很多。

劉邦做皇帝後，封立燕國，以浿水（今鴨綠江）與朝鮮爲界。公元前195 年（高祖 12 年），燕王盧綰逃入匈奴。燕人衛滿率領一千餘人渡過浿水，投依朝鮮王箕準。後來衛滿驅逐了箕準，自爲朝鮮王，都於王險城（今朝鮮民主主義共和國平壤）。

衛滿統治朝鮮後，對漢朝皇帝稱臣。漢朝與他約定：要爲漢朝保衛邊界；不得阻止半島上其他小國的君長朝見漢朝皇帝。到了衛滿的孫子衛右渠爲朝鮮王時，違反前約：一面招誘齊、燕兩地的人移入朝鮮；一面阻止半島上其他小國與漢朝往來。這時正當漢武帝擊破匈奴之後，發現

① 邛（今四川邛崍）產的竹很好，習稱邛竹杖。

衛右渠不服從統治，遂於公元前109年(元封2年)派使臣涉何到朝鮮告諭遵守前約。右渠不聽。涉何因出使無結果，便於歸來時在浿水殺死了伴送他出境的朝鮮官吏。向武帝報"殺朝鮮將"之功。武帝竟因此任命他為遼東東部都尉。衛右渠憤恨涉何殺害朝鮮官吏，於是派兵進攻遼東，把涉何殺了。

涉何被殺後，漢武帝發兵五萬人，分兩路進攻朝鮮。一路由樓船將軍楊僕率領，從齊地(今山東半島)渡渤海前往；一路由左將軍荀彘率領，從遼東南下。兩路進入朝鮮後，將王險城包圍。一面攻城，一面勸降。結果在公元前108年(元封3年)夏天，朝鮮的大臣殺了衛右渠，投降漢朝。

漢武帝征服衛氏朝鮮後，在其地設置四郡。即真番郡(鴨綠江上游，今遼寧東南境)，臨屯郡(朝鮮半島東中部)，樂浪郡(朝鮮半島中部)及玄菟郡(朝鮮半島北部及東北部)。漢武帝這樣做，當然是擴大其封建統治的範圍，伸張漢帝國勢力的表現。不過，從此以後，中國與朝鮮半島在經濟及文化上的聯系更加密切了，對於農業生產力的提高與工商業的發展都發生了顯著的推動作用。而且自朝鮮又開展了對日本的交通。"後漢書"卷一一五"東夷列傳"說："倭(即日本)在韓東南大海中，依山島為居，凡百餘國。自武帝滅朝鮮，使驛通於漢者，三十許國。"中國與日本也開始有了往來了。

四　閩越及南越的內屬

閩越與東甌政權的消滅　閩越(今浙江、福建地)本為秦朝的閩中郡(郡城在今福建閩侯縣)。在秦末農民起義時期，當地的舊貴族無諸和搖(都是越王勾踐的後裔)，曾參加反抗秦朝的戰爭。秦朝滅亡後，又助劉邦攻打項羽。劉邦統一中國，遂封無諸為閩越王，統治閩中郡故地，都於冶(今福建閩侯)。公元前192年(惠帝3年)，惠帝又封搖為東海王，都於東甌(今浙江永嘉)，世稱為東甌王。但他們僅為漢朝政府的藩屬，不受直接統治。

景帝時七國起兵，東甌本來是幫助七國反對中央集權勢力的，後來因受漢朝政府的拉攏，又殺死吳王劉濞。劉濞的兒子劉駒逃亡到閩越，常勸閩越王攻擊東甌，以報其私仇。公元前138年（武帝建元3年），閩越果然發兵圍攻東甌。東甌向漢朝政府求救。武帝派嚴助發會稽郡（郡城在今浙江紹興縣）兵從海道前往。漢兵還未到，而閩越兵已退。東甌王為了避免閩越再來攻擊，遂率領當地四萬餘人遷徙於江淮之間（今安徽廬江一帶），直接受漢朝統治，東甌政權廢絕。

公元前135年（建元6年），閩越王郢又發兵攻擊南越，南越也向漢朝求救，武帝派王恢及韓安國率兵伐閩越。閩越王郢的弟弟餘善因閩越地小，不能抵抗漢朝，遂殺郢降漢。武帝乃封立前閩越王無諸的孫子丑為越繇王，又封餘善為東越王，共同統治其地。

公元前111年（元鼎6年），餘善又發兵抗拒漢朝。武帝派韓說及楊僕等率兵四路往擊，攻入其地。餘善為越繇王居服等所殺。武帝遂廢除閩越政權，並遷徙當地居民於江淮之間。

南越政權的消滅　南越本為秦朝的南海（在今廣東）、桂林（在今廣西）、象（在今越南民主共和國北部）三郡之地。秦二世時，南海郡尉任囂病死。龍川（今廣東龍川）令真定（今河北正定）人趙佗繼任南海郡尉。秦亡後，趙佗兼併桂林及象二郡，自稱南越武王。劉邦統一中國後，於公元前196年（高祖11年）封立趙佗為南越王，使為漢朝的藩屬。呂后時，因禁止把鐵器賣給南越，趙佗遂與漢朝斷絕藩屬的關係，自稱南武帝。並發兵進攻長沙王所屬的數縣。文帝時，對南越採取撫慰政策。先對趙佗表示親善之意：派人在真定守護他的祖墳，按時祭祀；並叫他的近族兄弟做官，還賞給他們財物。又遣陸賈到南越，勸告趙佗恢復與漢朝的藩屬關係，趙佗遂答應稱臣朝貢。

公元前113年（元鼎4年），武帝想把南越收歸自己直接統治，遂派人赴南越宣示此意。並令南越王趙興（趙佗的五世孫）及王太后到長安入朝。趙興及王太后都表示同意，但其丞相呂嘉不允。呂嘉在南越為相日久，權勢極大，威信超過趙興。王太后擬殺除呂嘉，但呂嘉先把王太后、趙興以及漢朝的使者都殺死。武帝見自己的目的沒有達到，於是發兵十萬，由路博德及楊僕等率領，分數路征伐南越。

公元前111年（元鼎6年），路博德及楊僕攻破南越都城番禺（今廣東廣州）。呂嘉等逃入海中，後仍被捕獲。南越政權至此完全消滅。漢朝政府以其地分置爲儋耳(今廣東儋縣)、珠崖(今廣東瓊山)、南海(今廣東廣州)、合浦(今廣東海康)、蒼梧(今廣西蒼梧)、鬱林(今廣西貴縣)、交趾(今越南民主共和國河內)、九眞(今越南民主共和國淸華)、日南(今越南民主共和國乂安)等九郡。

閩越及南越地區，在秦朝時本已爲中國領土的一部分。漢朝建立後，兩地又游離於漢統一帝國之外，歷經九十年。漢武帝消滅了兩地的割據政權，恢復爲直屬的郡縣，對於日後中國經濟、文化及中華民族的發展，都是有利的。而南越內屬之後，更有利於中國與南洋、印度之間的海上交通及貿易的發展。"漢書"卷二十八"地理志"記載："自日南障塞徐聞、合浦船行可五月，有都元國；又船行可四月，有邑盧沒國；又船行可二十餘日，有諶離國；步行可十餘日，有夫甘都盧國。自夫甘都盧國船行可二月餘，有黃支國，民俗略與珠崖相類，其州廣大，戶口多，多異物。自武帝以來皆獻見。有譯長屬黃門，與應募者俱入海市明珠、璧流離、奇石、異物。齎黃金雜繒而往，所至國皆稟食爲耦。蠻夷賈船轉送致之，亦利交易剽殺人；又苦逢風波溺死，不者數年來還。大珠至圍二寸以下。平帝元始中，王莽輔政，欲耀威德，厚遺黃支王，令遣使獻生犀牛。自黃支船行可八月，到皮宗；船行可二月，到日南、象林界云。黃支之南，有已程不國，漢之譯使，自此還矣。"據過去考證，都元國在馬來半島，邑盧沒國及諶離國都在緬甸沿岸，夫甘都盧國爲緬甸蒲甘城，黃支國爲印度的建志補羅，皮宗爲馬來半島附近的一島。① 可見西漢時代在海外活動範圍的廣闊了。

五　西南地區的開通

西南地區指今雲南、貴州及四川南部一帶。這一帶在戰國以前與中國內部隔絕。戰國時楚將莊蹻始由黔中(今湖南西部)西至滇池(在今雲南昆明)，征服其地，使屬楚國。但在這時秦國奪取了黔中，莊蹻返回楚國的道路被切斷，不能回報，遂在滇稱王。秦統一全中國以後雖試圖開闢這一帶的交通，但沒有多大效果。從秦末以至漢初數十年間，這一地

---

① 參閱馮承鈞"中國南洋交通史"上編"漢代與南海之交通"一章。

區與中國內部沒有政治上的關係。

這一地區包括許多的氏族和部落，當時統被稱爲"西南夷"。在南部的，以夜郎(今貴州桐梓一帶)爲最大。其西以滇(今雲南昆明)爲最大。在滇北以邛(今四川西昌)爲最大。這一帶的人民從事農業生產，過着定居的生活，多屬濮族。再往西的地方稱爲嶲、昆明(今雲南大理)，那裏的人民都過着游牧生活，多屬羌族。在嶲之東北的一些部落中，以徙(今四川天全)、莋(今四川漢源)、冉駹(今四川茂縣)、白馬(今甘肅成縣)等爲最大，那裏的人民或定居、或游牧，多屬氐族或羌族。這些部落在漢初雖然與中國沒有政治關係，却與巴蜀一帶的人民有着經濟上的交換活動。從"巴蜀民或竊出商買，取其莋馬、僰僮、髦牛，以此巴蜀殷富"① 的記載看來，交換的數量已很不少了。

公元前135年(建元6年)，漢武帝派王恢等進擊閩越時，王恢曾使番陽(今江西鄱陽)令唐蒙到南越去。他在南越吃到蜀地的"枸醬"。詢問之後，知道是從西北的牂牁江(今北盤江上游)運去的。他回到長安，又問蜀地的商人，商人告訴他：蜀地出產的"枸醬"，多賣給夜郎國，夜郎臨近牂牁江，南越的"枸醬"即是從夜郎運去的。公元前130年(元光5年)武帝派唐蒙率領一千人前往夜郎。他到了那裏，厚送財物，勸其歸附漢朝。夜郎及其近旁的城邑以爲有利可圖，都願意歸附，於是漢朝便在這裏設置了犍爲郡(郡城在今四川宜賓縣西南)。又派司馬相如通使邛、莋一帶。這些地區也和夜郎一樣，願意歸附漢朝。漢武帝遂在那裏設置了十餘縣，屬於蜀郡(郡城在今四川成都)。後來因爲北邊和匈奴的戰爭緊張，無力經營西南，夜郎、邛、莋與漢朝的關係又逐漸斷絕。

公元前111年(元鼎6年)漢朝攻破南越後，夜郎入朝。武帝又致力於西南的開通工作。結果邛、莋、冉駹、白馬都先後歸屬。武帝遂以邛爲越嶲郡(四川西昌一帶)，莋爲沈黎郡(四川雅安、漢源一帶)，冉駹爲汶山郡(四川茂縣一帶)，白馬爲武都郡(甘肅成縣一帶)。還置了牂牁郡(今貴州遵義一帶)。公元前109年(元封2年)，武帝發兵深入西南，滇國降附。武帝以滇爲益州郡(雲南昆明、晉寧一帶)。從此西南地區的大部分都歸入中國的版圖，這一帶的各族人民與漢族人民的關係逐漸密切了。

① "史記"卷一一六"西南夷列傳"。

六　對外擴張的歷史意義

漢武帝時期的對外擴張，在歷史上有極重大的意義，對於國內外經濟和文化的發展起了積極的推進作用，主要的有以下幾方面：

（一）擴大了中國的疆域——如上所述，漢武帝時期的對外擴張，不僅保衞了邊境的安全，而且使中國的疆域空前擴大了。自此以後，歷代的疆域雖有局部的變化，但大體上是漢武帝時期對外擴張之後的範圍，因而奠定了現代中國地大物博的基礎。

（二）增強了中國各族人民共同建設祖國的力量——隨着疆域的擴大，漢族以外的各族人民，更多地加入了中國大家庭，共同創造祖國的經濟與文化，推動了祖國歷史的發展，因而逐漸形成了現代中國"由多數民族結合而成的擁有廣大人口的國家"[①]。

（三）開展了國內外的交通——經過這次的對外擴張，開展了今新疆及西南一帶的交通以及中國與中亞、南洋、歐洲、日本等地的陸路和海路交通，豐富了中國人民的地理知識，擴大了國內外人民的活動範圍，使各國及各族人民之間的來往日益密切；從而大大促進了中外文化的交流，豐富了中國及國外各族人民的物質的和精神的生活，推動了中國、亞洲以至歐洲的社會經濟和文化的發展。

漢武帝時期的對外擴張能以有這樣偉大的成就，是我國古代人民羣衆發揮了高度的勤勞和智慧創造出來的。由於勞動人民創造了雄厚的社會經濟條件，對外擴張的事業才有進行的物質基礎；並且在對外擴張的過程中，勞動人民貢獻了偉大的力量，付出了巨大的代價，才取得了上述的具有重大歷史意義的輝煌成果。其次，封建統治階級中的人物，如衞青、霍去病在指揮抗擊匈奴侵略的戰爭中表現出卓越的軍事才能，取得了決定性的勝利；張騫兩次出使西域，在極度艱險困難的環境中，完成了溝通西域的任務，在這一歷史進程中起了積極的推動作用；尤其是漢武帝，適應了社會發展的要求，主持了全部的對外擴張事業，在政治、軍事、外交各方面都是實際的決策者，所以漢武帝確是中國歷史上傑出的人物。

---

① "毛澤東選集" 1952 年人民出版社第二版第二卷第六一六頁。

第三節　對外擴張時期的經濟情況與階級矛盾

一　漢武帝的財政經濟政策

漢武帝在對外擴張的戰爭中,消耗了大量的財物。漢帝國過去數十年的積蓄快要用盡了。尤其是自公元前 119 年衛青、霍去病遠征匈奴之後,國庫空虛,"戰士頗不得祿矣"①,因而製定了增加政府收入的財政經濟政策,以滿足對外擴張的需要。

漢武帝的財政經濟政策,主要是加強專制統治的經濟力量,收奪大工商業者的營業,使過去大工商業者的利益都歸漢朝政府掌握。

鹽、鐵、酒的專賣　公元前 120 年(元狩 3 年),武帝任用齊地的大鹽商東郭咸陽和南陽的大鐵商孔僅為大農丞,領管鹽鐵事。次年(公元前 119 年,元狩 4 年),二人奏請把煑鹽、冶鐵及其販賣的營業全歸官府經辦,官辦以後,如有私自煑鹽、冶鐵的,處以"鈦左趾"的刑罰,並沒收其器物;關於鹽、鐵的行政事務,由各地的鹽官和鐵官分別管理。即在不出鐵的郡縣中,也增置小鐵官。武帝採納了這個建議,並立即執行。令東郭咸陽和孔僅到各地督促辦理,並引用過去經營鹽、鐵業的商人充任管理鹽、鐵的官吏。從此,獲利最厚的鹽、鐵業全歸官府經營,成為政府重要的財政來源。公元前 110 年(元封元年),出身於洛陽商人之家的桑弘羊又以搜粟都尉領大司農,繼任掌管全國鹽鐵事業的職務。

鹽、鐵是當時社會上最大的工商業,與人民的生產及生活都有最密切的關係,自從收歸官辦後,由於漢朝政府祇是為了增加收入,毫無改進生產技術和提高生產質量的打算;而從事鹽、鐵生產的勞動者主要是刑徒和奴隸,受着殘酷的壓迫,生產情緒極為低落,以致鹽、鐵成品的質量很壞,價錢還很高,影響了人民的生活和生產。"鹽鐵論""禁耕篇"說:"鐵器者,農夫之死生也。……夫秦、楚、燕、齊,土力不同,剛柔異勢,巨小之用,居局之宜,黨殊俗易,各有所便。縣官籠而一之,則鐵器失其宜,而農民失其便。器用不便,則農夫罷於野,而草萊不辟;草萊不辟,則民困乏。"所以鹽、鐵的專賣雖然解決了漢朝政府的財政問題,而對於當時

① "漢書"卷二四"食貨志"。

的社會生產及人民生活却是有害無利的。

公元前98年(武帝天漢3年),武帝下令將釀酒賣酒的營業也收歸官辦,由各地方官吏管理,禁止民間自行釀賣。於是漢朝政府又增加了一項收入。

漢武帝死後的第六年,即公元前81年(昭帝始元6年),各郡國所舉的"賢良文學"集議廢除鹽、鐵、酒的專賣。這時桑弘羊已升官爲御史大夫,他仍堅持專賣制度,因而與"賢良文學"們展開了熱烈的辯論。結果酒的專賣在這年廢止了,而鹽、鐵的專賣仍繼續實行(僅暫罷關內鐵官)。其後在元帝時雖曾一度"罷鹽鐵官"①,但不過三年就又恢復了。

桑弘羊與"賢良文學"們對於鹽鐵問題的辯論的記錄,就是後來宣帝時桓寬所著的"鹽鐵論",這是流傳至今的一部有價值的社會經濟史料。

工商資產稅的徵收 在公元前129年(元光6年),即有徵收商人車、船稅的規定。② 到了公元前119年(元狩4年),武帝因歷年對外戰爭,國庫空虛,又下令徵收工商業者的資產稅,連同車、船稅一併徵收,即所謂"算緡錢",規定:(一)凡商人經營買賣、放高利貸及囤積貨物者,都按其錢財及貨物價值的百分之六抽稅,即每值二千錢抽稅一算(一百二十錢);(二)凡製作手工業品出賣者,都按其價值的百分之三抽稅,即每值四千錢抽稅一算;(三)一般人的軺車(乘坐的小車),每車抽稅一算;商人的軺車,每車抽稅二算;(四)船長五丈以上的,抽稅一算。所有上述規定的資產,都由納稅人自己向官府報告。如有隱匿不報,或報告不實的,即予以戍邊一年的處罰,並沒收其全部的資產。爲了防止商人把錢財轉移,又下令凡商人及其家屬都不得購買田地,如有違犯,即連田地與貨物一齊充公。

這種辦法規定之後,商人們因感覺抽稅太多,大都隱匿資產的數目。於是漢朝政府又於公元前114年(元鼎3年)定出制裁的辦法,稱爲"告緡"。凡有人告發商人隱匿資產不報或報告不實者,即給與所沒收資

---

① "漢書"卷二四"食貨志"。

② "漢書"卷六"武帝紀":"元光6年冬,初算商車。"註曰:"李奇曰:始稅商賈車船,令出算。"

產的一半，以爲獎賞。此法一行，各地爭相告緡，許多大商人都因而破產，未破產的也不敢再經營商業了，而漢朝政府却增加了大量的收入，如"史記"卷三十"平準書"所說："楊可告緡徧天下，中家以上大抵皆遇告。杜周(時爲廷尉)治之，獄少反者。迺分遣御史、廷尉正監(廷尉的屬官)分曹往即治郡國緡錢，得民財物以億計，奴婢以千萬數，田，大縣數百頃，小縣百餘頃，宅亦如之。於是商賈中家以上大率破，民偸甘食好衣，不事畜藏之產業。"這個告緡的辦法行了四年，到公元前 110 年(元封元年)才停止。

"均輸"、"平準"的實施　均輸、平準兩種辦法，是桑弘羊於公元前 110 年(元封元年)爲大司農之後建議執行的，其目的也在於奪取商人的利益，以增加政府的收入。

均輸是行之於各郡國的。以前郡國每年要給中央政府貢獻當地出產的物品，並運到京師。但這些物品不見得合乎中央的需要，而且距離京師較遠的地方所付出的運費比物品的價值還要多，很不合算。因此規定這些貢品除一部分供給中央政府的需要外，在遠方的不再送京師，而運輸到行市最高的地方去賣掉，把賣得的錢交給中央政府。這樣既減除遠方運輸的不便，而中央政府又可得到較多的錢財。由大司農在郡國中設置均輸官，管理這種事情。

平準是行之於京師的。在長安設置平準官，專管收羅各地的貨物。某種貨物便宜時，政府儘量收買，等到價格昂貴時即行賣出。當時實行這種辦法，名義上是要平抑物價，而實際上是一種抑制大商人的政策，要使"富商大賈亡(無)所牟大利"[1]，而把"大利"歸諸政府，以充實財政。

五銖錢的鑄行　漢武帝時，又把鑄造錢幣的權利完全收歸中央政府掌握，杜絕了漢初以來私鑄錢幣及幣制紊亂的現象。

漢初因爲秦朝的半兩錢太重，不便使用，乃另鑄一種輕而小的"莢錢"。最初允許私自鑄造，但私鑄的結果，錢幣愈輕，價值貶落，一石米值到一萬錢，一匹馬值到一百萬錢，於是在高帝末年才禁止私鑄，全由政府鑄造。公元前 186 年(呂后 2 年)因爲莢錢太輕，又鑄行八銖錢。但八銖錢用了四年又嫌太重，於公元前 182 年(呂后 6 年)仍改用莢錢。到了

---

① "漢書"卷二四"食貨志"。

文帝時，社會上流通的莢錢太多，價值太低，遂於公元前 175 年（文帝 5 年）另鑄四銖錢，並允許私鑄。四銖錢行用了四十多年，因私鑄的數目太多，甚至有人磨掉已鑄成的錢面上的銅屑，再用以鑄錢，結果又是"錢益輕薄而物貴"①。武帝即位後，乃於公元前 140 年（建元元年）廢止四銖錢，另鑄三銖錢，並嚴格禁止私鑄，犯者處死。公元前 136 年（建元 5 年）又廢三銖錢，改鑄半兩錢。公元前 118 年（元狩 5 年）又廢半兩錢，另鑄五銖錢。這時雖然禁止私人鑄錢，但各地方政府仍可鑄造。地方政府的官吏舞弊取利，所鑄錢幣不夠分量；而各地豪富又勾結地方政府偷鑄，所以幣制始終不能穩定。公元前 113 年（元鼎 4 年），武帝下令各地方政府，以後都不得鑄錢，將鑄錢之權完全交給中央政府的"上林三官"。並規定只行用"上林三官"所鑄的五銖錢，其他各種錢幣一概廢除。從此以後，幣制才統一、穩定了。

為什麼專由"上林三官"鑄行五銖錢後幣制才能統一、穩定呢？因為禁止各地方政府及私人鑄錢，可使銅料完全集中在中央政府，所鑄的錢，銅質既好，分量又足，如果有人想仿造私鑄，則所費工本太高，無利可圖，於是過去雖嚴刑峻法而不能防止的私鑄行為，到這時才得以消滅了。

漢武帝的財政經濟政策，在增加政府的收入上，確是收到了很大的效果。我們從史籍的記載中，知道自公元前 119 年（元狩 4 年）至公元前 110 年（元封元年）的十年之中，由於上述各種措施的次第執行，漢朝政府的財政情況已大為富裕。如在公元前 110 年，武帝"北至朔方，東封泰山，巡海上，旁北邊以歸。所過賞賜，用帛百餘萬匹，錢、金以鉅萬計，皆取足大農"。而且"太倉、甘泉倉滿，邊餘穀、諸均輸帛五百萬匹"。②但是，在這期間，六工商業者受到嚴重的打擊而破產，一般商人的活動也受到很大的限制；而封建官府所經辦的營業又只在增加收入，並不能滿足社會生產及人民生活的需要，如鹽、鐵器的質量低劣，價錢高昂，又強制人民購買；"而船有算，商者少，物貴"③，對於漢初數十年來正在蓬勃

① "漢書"卷二四"食貨志"。

② 同上書。

③ "漢書"卷九九"王莽傳"。

發展的工商業，確有相當的損害，而減低了市場的繁榮。

二　水利建設與農業生產技術的進步

治理黃河　漢文帝時(公元前168年，文帝12年)，黃河曾在東郡(今河南濮陽與山東鄄城一帶)決水，當時徵發了大量的人力才把決口塞住。

武帝時，黃河又於公元前132年(元光3年)在東郡瓠子堤(河南濮陽縣南)決水，十六郡之地都遭受水災，雖然徵用了十萬人去堵塞，仍未完全治好，以致在此後的二十多年中，黃河下游一帶的農產品常常不得收穫。公元前109年(元封2年)，武帝又徵發數萬人修築東郡的瓠子堤，並親自到過去的決口處去視察，令隨從的官員也參加揹負木料的勞役。這時東郡的木料不够用，又把京師的園囿裏所種植的竹子運來，用以堵塞決口，終於把決口修好了。不久黃河又在館陶(今山東館陶)決水，這次不再築堤塞堵，而是順着水勢開鑿了一條與黃河寬深相等的屯氏河，自館陶向東北流入海中，因而解除了水患。直到公元前39年(元帝永光5年)，七十年之間，黃河下游沒有再遭受大的水災。

修渠溉田　開鑿水渠以灌溉農田的事業，在戰國時代已有很大的發展，著名的如魏國的史起爲鄴(河北臨漳)令時，引漳水溉田；秦國所修的鄭國渠，溉田四萬餘頃，對於促進農業生產起了顯著的作用。漢武帝時期，水利事業的發展益爲普遍，在關中及其他各地所興修的河渠更多，所灌溉的農田面積也更廣。

公元前129年(元光6年)，漢帝國政府首先在關中穿引渭水修成了一道漕渠，旣便利漕運，又可灌溉田地一萬餘頃。其後又曾穿引汾水、黃河、褒水、斜水、洛水等修渠，雖因地勢不好，或因水流湍急，沒有得到預期的成功，但在水利工程上却取得了不少的經驗。

公元前111年(元鼎6年)，由於左內史兒寬的建議，在關中原有的鄭國渠上流南岸，增修了六道小渠，以輔助灌溉鄭國渠附近地勢較高的農田，稱爲六輔渠，當地人也稱爲六渠或輔渠。自公元前109年(元封2年)修治黃河決口成功之後，各地又大興水利，僅在關中就開鑿了靈軹渠、成國渠和湋渠。又在今甘肅境內引黃河及山谷間的水流修渠溉田，在今安徽境內引淮水修渠溉田，在今山東境內泰山周圍引汶水修渠溉

· 69 ·

73

田。此外較小的河渠更多得不可勝數。

公元前95年(太始2年)，根據趙中大夫白公的建議，穿引涇水修渠，首起谷口(今陝西涇陽西北)，尾入櫟陽(今陝西臨潼東北)，注於渭水之中，連接了涇水和渭水，長達二百里，稱爲白渠。白渠修成後，溉田四千五百餘頃。關中的農產收穫更加豐饒。當時有一首歌謠來歌頌白渠，說："田於何所？池陽谷口。鄭國(渠)在前，白渠起後。舉臿爲雲，決渠爲雨，涇水一石，其泥數斗。且溉且糞，長我禾黍。衣食京師，億萬之口。"① 可見不但渠水可以灌溉，而渠中的淤泥還可充作肥料了。

趙過的代田法與新農具的發明　在漢武帝末年，搜粟都尉趙過根據農民長期積累的生產經驗，發明代田法與新的農具，提高了生產技術，促進了農業的發展。

過去農民種田，是採取休耕的辦法，即今年耕種的一塊田地，明年停止耕種，以休養地力，後年再行耕種。地力瘠薄的還要休耕兩年。代田法是在一畝田內輪耕，即把一畝田分爲六份，三份爲畎，三份爲壟，畎與壟間格排列。畎是低的，壟是高的，畎與壟都廣一尺，而畎比壟深一尺。春天耕種時播種於畎中，發苗後，將壟邊的雜草除去，並翻鬆泥土用以埋蓋畎中的苗根。到了夏天，壟土削平而苗根已深，可增強經耐風吹和乾旱的能力。今年播種的畎，明年便調換爲壟，這樣每年畎壟互相調換輪種，即不必把整個一塊田地完全休耕。而且因爲土地常翻，土鬆，耕地時犁頭入土較深，有利於穀物的生長。代田法試行之後，每畝的收穫量比過去增多了一斛甚至二斛以上。後來又推廣到西北邊郡及河東、弘農等郡，結果都是"用力少而得穀多"② ，於是各地遂逐漸普遍採用了。

趙過又根據農民生產的經驗，改進了使用農業生產工具的方法，發明了新的農具，解決了耕犁或耕牛不足的困難。如以合作的方式，三人共用二犁二牛，既節省用具，而耕田面積並不減少；在無牛或少牛的地區，農民常不能及時耕田下種，遂採取互相借用人力牽犁的辦法，以免影響農事。後人相傳趙過發明一種新的播種工具，名爲耬斗(或稱耬車)。它的構造和使用方法是：在耕犁上裝置一個耬斗，內盛穀種，耬斗的兩足

---

①　"漢書"卷二九"溝洫志"。

②　"漢書"卷二四"食貨志"。

中空,通至地下,播種時搖動耬斗,種子即經由兩足落於耕過的田土中。這比起用雙手來撒種,當然要快得多,實為農業生產技術的一大進步。

三 長期戰爭中階級矛盾的加劇

在漢武帝統治的五十四年中,幾乎進行了四十年的四面擴張的戰爭,所耗損的人力與財力是非常鉅大的。每次出兵攻伐,動輒數萬、十餘萬以至數十萬人。① 而用於戰爭的錢財、器械、糧食、馬匹等更無法估計。除了直接在戰爭中的消耗外,如在邊境上修築工事、開鑿道路、給養降卒、犒賞將士等,都需要大量的人力與財物。僅公元前124年(元朔5年)及公元前123年(元朔6年)因戰勝匈奴而頒發的兩次酬賞就用去黃金二十餘萬斤。而漢武帝因武力擴張勝利,又大肆揮霍,以炫耀威勢。如在公元前110年(元封元年)親率十八萬騎出長城示威,並登封泰山,所過賞賜,用帛百餘萬疋,錢數萬萬。所有這些人力和財力的耗費,當然都是出在廣大的勞動人民身上。武帝為了徵斂錢財方便起見,雖儘量從豪富及商人的財產中想辦法,但豪富及商人自然要把這些負擔轉加於勞動人民,所以在表面上好像是“民不益賦,而天下用饒”②,而實際上勞動人民所受的剝削愈益深重。武帝又定出買爵的辦法,設武功爵十七級,買到第五級就可以補官,買到第七級可以免徭役,這樣,更使一般地主階級加緊對農民的剝削,以換取官職爵位,享受特殊的權利;而各地官吏也競相苛徵暴斂,魚肉人民,以求爬到更高的職位。

漢武帝時期長期用兵的結果,是“海內虛耗,戶口減半”③;而地主、

① 公元前133年(元光2年)出兵馬邑,誘擊匈奴,三十萬人;公元前124年(元朔5年)衛青出朔方高闕擊匈奴,十餘萬人;公元前123年(元朔6年)衛青出定襄擊匈奴,十餘萬;公元前119年(元狩4年)衛青與霍去病出兵幕北分擊匈奴,騎兵十萬,步兵數十萬人;公元前112年(元鼎5年)征南越,十萬人;公元前109年(元封2年)征朝鮮,五萬人以上;公元前104年(太初元年)至公元前101年(太初4年)李廣利征大宛,十餘萬人;公元前99年(天漢2年)李廣利與李陵擊匈奴,三萬五千人以上;公元前97年(天漢4年)李廣利與公孫敖等擊匈奴,二十一萬餘人;公元前90年(征和3年)李廣利等擊匈奴,十三萬人。僅僅這幾次就發動兵力近二百萬人。
② “漢書”卷二四“食貨志”。
③ “漢書”卷七“昭帝紀贊”。

官吏的加緊剝削，促使農民破產流離，不得不起來向統治階級進行武力反抗，因而在許多地區都爆發了農民起義。據史籍所載："南陽有梅免、百政，楚有段中、杜少，齊有徐勃，燕趙之間有堅盧、范主之屬。大羣至數千人，擅自號，攻城邑，取庫兵，釋死罪，縛辱郡守、都尉，殺二千石，爲檄告縣趣具食；小羣以百數，掠鹵鄉里者不可稱數。於是上（武帝）始使御史中丞、丞相長史使督之，猶弗能禁。"① 其具體情況，由於史籍記述簡略，我們不能詳知，僅知道徐勃是於公元前 99 年（天漢 2 年）在泰山、琅邪一帶（今山東南部及東南部）領導農民起義，"阻山攻城，道路不通"②，武帝雖派人徵調軍隊施行殘暴的鎮壓，並在各關隘搜捕人，但終不能抑制人民的反抗。農民所進行的武裝鬥爭，已震撼了這位"雄才大略"的皇帝的統治，迫使他不得不"悔征伐之事"，停止了對外的軍事行動，以減輕人民的負擔，並下詔說"方今之務，在於力農"③，以重視農業生產，向廣大的農民表示讓步。

第四節　漢昭帝、宣帝時期的政治

昭帝、宣帝時期緩和階級矛盾的政策　公元前 87 年（後元二年），漢武帝死。他的最小的年僅八歲的兒子昭帝繼位，由大司馬大將軍領尙書事霍光輔政。一切政事都由霍光決定。

霍光是霍去病的異母弟，自十餘歲爲郎，後又爲侍中、奉車都尉，侍衛武帝二十餘年，因"小心謹愼，未嘗有過，甚見親信"④，所以武帝臨死前付以輔政大權。霍光接受了武帝末年各地農民起義的教訓，知道必須減輕農民的負擔，讓農民安心從事生產，才能繼續維持漢朝的統治，因而"輕繇薄賦，與民休息"⑤，以緩和社會的階級矛盾。公元前 74 年（元平元年）昭帝死，宣帝繼位。仍由霍光輔政。公元前 68 年（宣帝地節 2 年），霍光死，宣帝親政後，還是繼續執行緩和階級矛盾的政策。

---

① "漢書"卷九〇"酷吏傳"。
② "漢書"卷六"武帝紀"。
③ "漢書"卷二四"食貨志"。
④ "漢書"卷六八"霍光傳"。
⑤ "漢書"卷七"昭帝紀贊"。

昭帝、宣帝時期，在緩和階級矛盾政策下的政治措施，主要有以下幾項：

減輕賦稅——在政府財政充裕或農民生活非常困難時，即酌量減少或免收一部分賦稅。如昭帝時，在公元前85年（始元2年），因農產品收成不好，即免除這年的田租；公元前79年（元鳳2年）令郡國免收這年的馬口錢①；公元前77年（元鳳4年）下令免收這年和次年的口賦，又免收三年以前一部分農民因各種原因未繳的更賦；公元前74年（元平元年）減收口賦十分之三。宣帝時，於公元前73年（本始元年）免收租稅；公元前71年（本始3年）免除遭受嚴重旱災的郡國中的租賦；公元前70年（本始4年）免除遭受嚴重地震災害的郡國中的租賦；公元前64年（元康2年）免除遭受嚴重疾疫的郡國中的租賦；公元前55年（五鳳3年）減收口賦；公元前52年（甘露2年）減收算賦三十錢等。

減輕徭役——當時從各郡向京師運糧，每年所費人力很多，妨害農民生產。昭帝時減輕運糧的徭役，如公元前81年（始元6年）曾減少漕運糧穀三百萬石；公元前78年（元鳳3年）又下令停止災區的漕運四年。宣帝時，大司農中丞耿壽昌因為每年從關東一帶向京師運糧四百萬斛，要耗費六萬人的勞力，遂建議"宜糴三輔、弘農、河東、上黨、太原郡穀，足供京師，可以省關東漕卒過半"②。照樣實行以後，果然減省了漕運的徭役。公元前66年（地節4年）又下令免除"有大父母、父母喪者"的一切徭役。

賑濟貧苦及受災的農民——為了避免農民因無法生活而相率起義，乃採用賑濟的手段。如昭帝時於公元前85年（始元2年）派遣使者賑濟貧民糧食，並借給糧種；公元前78年（元鳳3年）開倉賑濟遭受水災的農民；宣帝時於公元前70年（本始4年）遣使賑濟乏食的農民，並令丞相以下至京師各官署的令、丞捐輸糧食以助貸貧民；公元前67年（地節3年）對歸還本土的流民借給公田耕種，貸以穀種和糧食，並免除算賦及徭役。

---

① "漢書"卷七"昭帝紀"元鳳2年注：文穎曰："往時有馬口出斂錢，今省。"如淳曰："所謂租及六畜也。"

② "漢書"卷二四"食貨志"。

重視地方政治——爲了緩和級階矛盾，鞏固封建統治，在昭帝、宣帝時期對於地方政治甚爲重視，防止地方官吏對人民施行過於殘暴的壓迫和剝削，而引起人民的反抗。昭帝即位的次年（公元前 86 年，始元元年），即"遣故廷尉王平等五人持節行郡國，舉賢良，問民所疾苦、寃失職者"①。又於公元前81年（始元6年），"詔有司問郡國所舉賢良文學，民所疾苦"②。宣帝因長於民間，"具知閭里奸邪，吏治得失"，也就更懂得鞏固統治的法術。他於即位之後（公元前73年，本始元年），即"遣使者持節，詔郡國二千石謹牧養民而風德化"。又於公元前62年（元康 4 年），"遣太中大夫彊等十二人循行天下，存問鰥寡，覽觀風俗，察吏治得失，舉茂材異倫之士"。公元前54年（五鳳4年），"遣丞相御史掾二十四人循行天下，舉寃獄，察擅爲苛禁深刻不改者"③。對於新任命的刺史、郡守、國相等官，都親自詢問、考察，了解他們是否稱職。他常說："庶民所以安其田里，而無歎息愁恨之心者，政平訟理也。與我共此者，其惟良二千石乎！"④可見他是如何關心地方官吏的執行統治，以避免階級矛盾的尖銳。這也就使當時的政治有一定程度的清明，農民能以在比較安定的環境中進行生產。如黃霸爲潁川（郡城在今河南禹縣）太守，"務耕桑，節用殖財，種樹畜養。……以外寬內明，得吏民心，戶口歲增"⑤。龔遂爲勃海（郡城在今河北滄縣）太守，"勸民務農桑，令口種一樹榆、百本薤、五十本葱、一畦韭，家（養）二母彘、五雞。……郡中皆有蓄積，吏民皆富實，獄訟止息"⑥。經過長期對外戰爭所消耗的社會經濟力量，又逐漸充實起來了。

由於緩和階級矛盾的政策促進了社會生產的恢復和發展，在昭帝及宣帝統治的 38 年（公元前 87 年到公元前 49 年）之中，漢帝國的國力又強盛了，因而在漢武帝對外擴張的基礎上，進一步取得了抗擊匈奴侵略的巨大勝利。

匈奴呼韓邪單于降漢　匈奴被漢武帝幾次擊敗以後，勢力已較前衰弱，不足爲中國的大患。而漢朝政府在開闢了河西四郡以後，移民耕墾，開渠築塞，已在西北邊郡建立了穩固的根基。雖然在武帝最後的十

----

①②　"漢書"卷七"昭帝紀"。

③　以上關於宣帝事蹟的引文，均見"漢書"卷八"宣帝紀"。

④⑤⑥　"漢書"卷八九"循吏傳"。

幾年中對匈奴作戰數次失利，但中國的安全並未遭受威脅。

昭帝時，匈奴又謀侵入中國。公元前85年（始元2年）匈奴單于使犁汙王窺邊，察知酒泉與張掖二郡兵力薄弱，企圖乘機侵佔，於是令右賢王與犁汙王率領四千騎分三隊攻入張掖。但漢朝事先因已得到匈奴要出兵的報告，已有準備，遂將匈奴兵擊敗。犁汙王被射殺。其後匈奴仍企圖擾害邊境，終因兵力不足，且漢朝防備緊嚴，未能得逞。

公元前72年（宣帝本始2年），匈奴又進攻烏孫。在烏孫的漢朝公主向宣帝求援。漢朝發騎兵十五萬，分五路往救。烏孫也出兵五萬人迎擊。匈奴聞漢兵大出，驚惶逃遁。漢兵與烏孫兵東西夾擊，深入匈奴右谷蠡王之地，虜獲三萬九千餘人，馬、牛、羊、驢騾、駱駝等牲畜七十餘萬頭。匈奴損失極大，更為衰弱。但匈奴因怨恨烏孫，在這年冬天又由單于親率數萬騎擊烏孫。因當時大雪酷寒，匈奴人馬凍死很多。而這時在匈奴北邊的丁零，東邊的烏桓，乘匈奴虛弱，都發兵進攻，再加上烏孫的邀擊，匈奴三面受敵，人馬被殺各數萬。經過這一年的戰爭，匈奴實力大傷，再不能侵入中國了。

公元前57年（五鳳元年），匈奴貴族為單于的繼承問題發生了內部的鬥爭，五單于爭立，後來又形成為郅支單于與呼韓邪單于的南北對抗。公元前54年（五鳳4年），郅支單于戰敗呼韓邪單于。呼韓邪單于率兵南移，接近中國邊境，為了取得援助，願對漢朝稱臣降附。漢朝納降之後，呼韓邪單于曾於公元前51年（甘露3年）及公元前49年（黃龍元年）兩次到長安朝見漢宣帝。其後郅支單于西遷，於公元前36年（元帝建昭3年）被漢朝使西域都護騎都尉甘延壽及副校尉陳湯攻殺。

從此，中國便完全解除了匈奴侵擾之患。直到西漢末年，六十餘年之間，北邊呈現了"邊城晏閉，牛馬布野，三世無犬吠之警，黎庶無干戈之役"①的空前安定的景象。西域諸國與漢朝的關係也愈為密切，漢朝在西域增開屯田，更推廣了中國的農業生產技術。而河西四郡一帶，由於內地勞動人民的遷徙，墾耕了大量的土地，且成為中國的一個重要農業生產區域了。

---

① "漢書"卷九四"匈奴傳贊"。"邊城晏閉"，顏師古注云："晏，晚也。"就是邊郡的城門閉得很晚的意思。

第四章　王莽的改制　赤眉綠林大起義

公元前48年——公元27年

西漢帝國的發展，在武帝、昭帝、宣帝時期已達到最高點。自宣帝以後，由於土地兼併的劇烈，政治的腐敗，階級矛盾又愈見增長，勞動人民反抗封建壓迫的鬥爭也日益激漲，西漢帝國的統治終於崩潰了。

第一節　西漢統治的動搖

土地兼併的劇烈與政治的腐敗　自漢朝建立以來，隨着地主經濟的發展，土地兼併的現象逐漸顯著，在文帝時，晁錯已指出農民是如何慘痛地失去自己的土地了。到武帝時，土地兼併已成為社會上的嚴重問題，所以董仲舒曾建議："限民名田，以澹(贍)不足，塞并兼之路。"① 自元帝以至哀帝的四十餘年之間，土地兼併益趨劇烈，"強者規田以千數，弱者曾無立錐之居"②。各地的豪強地主無不儘量收奪土地，剝削農民，正如荀悅所說："豪強之暴，酷於亡秦！"③ 而一些貴戚及大官僚亦即大豪強地主更依恃權勢和錢財，佔有了大量的土地，如成帝時張禹"內殖貨財，家以田為業，及富貴，多買田至四百頃，皆涇、渭灌溉。極膏腴，上賈(價)"④。外戚王立"使客因南郡太守李尚占墾草田數百頃"⑤。哀帝的寵臣董賢一次所得賜田竟達二千餘頃之多。⑥

從元帝時起，西漢的政治也日漸腐敗了。元帝時外戚史高及宦官弘恭、石顯把持政治，構成貪汚腐化極其殘暴的統治集團，人民受害益深。

① "漢書"卷二四"食貨志"。
② "漢書"卷九九"王莽傳"。
③ 荀悅"漢紀"卷八。
④ "漢書"卷八一"張禹傳"。
⑤ "漢書"卷七七"孫寶傳"。
⑥ "漢書"卷八六"王嘉傳"。

公元前 33 年成帝繼位後，任用他的母舅王鳳爲大司馬大將軍領尙書事。王鳳的弟弟王譚、王商、王立、王根、王逢時五人同時封侯，"王氏子弟皆卿、大夫、侍中、諸曹，分據勢官，滿朝廷。……郡國守相、刺史，皆出其門"①。王鳳死後，王音、王商、王根相繼執政。哀帝時，外戚丁氏、傅氏當權用事，貴族、大官僚與寵臣互相爭權奪利，一般官吏也都任意侵凌人民，搜括錢財。據官居諫大夫的龔勝所說，當時的情況是："百姓貧，盜賊多，吏不良，風俗薄。……制度泰奢，刑罰泰深，賦斂泰重。"②

隨着政治的腐敗，土地兼併更爲劇烈。大批的農民被排擠於土地之外，因走頭無路而淪爲貴族、官僚及豪強地主的奴婢。社會的階級矛盾也愈形尖銳。哀帝時，師丹已看出這是漢朝統治的危機，遂建議對土地的佔有與奴婢的收養加以限制，以緩和階級矛盾。哀帝採納了這個建議。丞相孔光和大司空何武擬訂了一個限田限奴的命令："諸侯王、列侯皆得名田國中、列侯在長安、公主名田縣道及關內侯、吏、民名田，皆毋過三十頃；諸侯王奴婢二百人，列侯、公主百人，關內侯、吏、民三十人。期盡三年，犯者沒入官。"③ 這個命令發佈後，田宅及奴婢的價格爲之減低，但由於當權用事的外戚丁氏、傅氏及寵臣董賢等的極力反對與阻撓，終於僅成一紙空文而未能實行。

在土地兼併劇烈與政治腐敗的情況下，封建統治階級對人民的剝削更加苛重，他們的生活也越爲奢侈荒淫。元帝時，漢朝中央政府已積聚了"都內錢四十萬萬，水衡錢二十五萬萬，少府錢十八萬萬"④。從此皇室、貴族的耗費增多。以供給皇室衣服器物的官作坊來說，如："故時齊三服官輸物不過十笥，方今齊三服官作工各數千人，一歲費數鉅萬；蜀、廣漢主金銀器，歲各用五百萬；三工官官費五千萬；東、西織室亦然。"⑤ 又如："諸官奴婢十萬餘人戲游無事，稅良民以給之，歲費五六鉅萬。"⑥ 皇室、貴族之外，一般官僚地主也無不競相奢侈，如匡衡所說：

① "漢書"卷九八"元后傳"。

② "漢書"卷七二"龔勝傳"。

③ "漢書"卷二四上"食貨志"。

④ "漢書"卷八六"王嘉傳"。

⑤⑥ "漢書"卷七二"貢禹傳"。

"今天下俗貪財賤義，好聲色，上侈靡，廉恥之節薄，淫辟之意縱。"① 成帝沈湎酒色，遊蕩無度，更是著名的荒淫皇帝。他曾與寵臣微行出遊，"崇聚儳輕無義小人，以為私客"，"飲醉吏民之家，亂服共坐，流湎媟嫚"，歷數年之久。② 又"命右扶風發民入南山，西自褒斜，東至弘農，南敺漢中"，大捕禽獸，廣開獵圍，以致"農民不得收斂"。③ 那時外戚王氏五侯家中也"爭為奢侈。賂遺珍寶，四面而至。後庭姬妾各數十人，僮奴以千百數。羅鐘磬，舞鄭女，作倡優，狗馬馳逐，大治第室，起土山、漸臺、洞門、高廊、閣道、連屬彌望"④。其他的"公卿、列侯、親屬、近臣"也是"務廣第宅，治園池，多畜奴婢。被服綺縠，設鐘鼓，備女樂，車服、嫁娶、葬埋過制"⑤。一般的官吏及地主，都相率慕效，奢侈成風。哀帝時賞賜寵臣董賢及其妻、妹的錢各以千萬數，又為董賢"起大第北闕下，重殿洞門，木土之功，窮極技巧，柱檻衣以綈錦。下至賢家僮僕，皆受上賜"⑥。哀帝死後，董賢失勢，被逼自殺。官府賣了他的財產，計值四十三萬萬。

農民生活的困苦與各地的人民起義 如上所述，封建統治階級對農民的貪殘刻剝，必然使廣大的農民陷於極度的困苦。元帝時，貢禹描述農民的生活情形說："農夫父子，暴露中野，不避寒暑，捽草杷土，手足胼胝。已奉穀租，又出稾稅，鄉部私求，不可勝供。"有的連最苦的生活也不能維持，以至"大饑死，而死又不葬，為犬豬所食"。但是，宮廷中所養的馬卻因飽食糧穀，而"苦其太肥，氣盛怒，至乃日步作之"⑦。成帝時，"百姓饑饉，流離道路，疾疫死者以萬數，人至相食"⑧。到了哀帝時，農民的痛苦愈深，處境愈慘，據當時為諫大夫的鮑宣說："凡民有七亡：陰陽不和，水旱為災，一亡也；縣官重責，更賦租稅，二亡也；貪吏並公，受取不已，三亡也；豪強大姓，蠶食亡厭，四亡也；苛吏繇役，失農桑時，五

---

① "漢書"卷八一"匡衡傳"。

② "漢書"卷八五"谷永傳"。

③ "漢書"卷八七"揚雄傳"。

④ "漢書"卷九八"元后傳"。

⑤ "漢書"卷十"成帝紀"。

⑥ "漢書"卷九三"佞幸傳"。

⑦ 以上引文均見"漢書"卷七二"貢禹傳"。

⑧ "漢書"卷八三"薛宣傳"。

亡也；部落鼓鳴，男女遮列，六亡也；盜賊劫略，取民財物，七亡也。七亡尚可，又有七死：酷吏毆殺，一死也；治獄深刻，二死也；冤陷亡（無）辜，三死也；盜賊橫發，四死也；怨讎相殘，五死也；歲惡飢餓，六死也；時氣疾疫，七死也。民有七亡而無一得，……有七死而無一生，……此非公卿守相貪殘成化之所致邪！"①鮑宣是封建統治階級分子，但他已明白指出農民的"有亡無得""有死無生"的慘痛，是由於官吏和豪強地主的貪殘所造成的，可見當時社會的階級矛盾是如何尖銳了！

在這個階級矛盾益趨尖銳的時期，受着殘酷的壓迫和剝削的農民及工徒，曾經不斷地在各地區向封建統治階級進行了英勇的鬥爭。其見於史籍記載的，如：

公元前30年（成帝建始3年）左右，在關中終南山（陝西西安西）一帶有儻宗等數百人發動起義，嚴懲當地的官吏和地主，打擊封建統治者的軍隊，歷時年餘，連西漢的京城長安都爲之震動。②在鄠縣（今陝西鄠縣）有梁子政領導的起義，也與統治階級進行了很久的鬥爭。③

公元前22年（陽朔3年），潁川（今河南禹縣）鐵官徒申屠聖等一百八十人起義，"殺長吏，盜庫兵，自稱將軍，經歷九郡"④。

公元前18年（鴻嘉3年），廣漢（今四川梓潼）鄭躬等六十餘人起義，"攻官寺，篡囚徒，盜庫兵，自稱'山君'"⑤。過了一年，鄭躬等的起義隊伍已發展到一萬人，起義的範圍也擴大到四縣的地區。

公元前14年（永始3年），尉氏（今河南尉氏）樊並等十三人起義，"殺陳留太守嚴普及吏、民（指地主），出囚徒，取庫兵，'劫'略令丞，自稱將軍"⑥。歷時年餘。

同年，山陽（今山東金鄉）鐵官徒蘇令等二百二十八人起義，"攻殺長吏，盜庫兵，自稱將軍，經歷郡國十九，殺東郡太守、汝南都尉"⑦。也繼續進行了一年多的鬥爭。

這些在各地連續爆發的起義，雖然都被鎮壓下去，但已有力地震撼了西漢的統治，使漢政權的危機一天比一天嚴重了。

中小地主階層的政治改良思想　在階級矛盾尖銳、各地人民進行激烈鬥爭的時候，地主階級中的一般中下層分子，一方面看到整個地主階級統治的動搖而感到恐懼，一方面由於自己的經濟和政治權利也受到大貴族、大官僚亦即大豪強地主的侵奪，於是對於現實情況深表不滿，希望改良一下政治局面，以緩和階級矛盾。甚而認爲“漢德已衰”，希望另有“賢德”的人來代替劉氏的帝位，以維護封建地主階級的統治。

隨着這種思想的產生，戰國以來的“五德終始說”及“三統說”又盛行起來。“五德終始說”是以爲每一朝的帝王都必須得着木、火、土、金、水五行中的一德，五行是相生相尅的，即木生火、火生土、土生金、金生水、水生木，金尅木、木尅土、土尅水、水尅火、火尅金，所以朝代也是按着五行的運轉，終而復始的。“三統說”認爲歷代王朝是黑統、白統與赤統的三統循環，如夏是黑統，商是白統，周是赤統，而三統都是受命於天的，所以“王者必受命而後王，王者必改正朔、易服色、制禮樂，一統於天下”⑧。這種說法，實質上是爲統治階級的永恆地位作辨護的。也就是說，朝代雖可以改變，但每一朝代都是受命於天，天不變，所以整個統治階級的地位也不能改變。

當漢昭帝時，已有人根據這種說法，藉着自然界的“災異”現象，提出可以改朝換代的言論。如公元前78年(元鳳3年)，“泰山有大石自起立，上林苑有柳樹枯僵自起生”⑨，當時的春秋學家眭弘便以爲“大石自立，僵柳復起，非人力所爲”，必是將有新的受天之命的封建統治者出現的預示，他引證董仲舒所說的“雖有繼體守文之君，不害聖人之受命”的話，主張漢昭帝應當“求索賢人，禪以帝位”⑩。到宣帝時，又有蓋寬饒於公元前60年(神爵2年)奏書，以爲漢帝應效法古代五帝傳賢的故事，

① “漢書”卷七二“鮑宣傳”。
② 見“漢書”卷七六“王尊傳”。
③ 見“漢書”卷七八“蕭望之傳”附“蕭育傳”。
④ “漢書”卷十“成帝紀”。
⑤ 同上書。又“漢書”卷二七“五行志”載：“是歲，廣漢鉗子(即鉗徒)謀攻牢，篡死囚鄭躬等，盜庫兵，劫略吏民，衣繡衣，自號曰山君，黨與漫廣。”
⑥ “漢書”卷二六“天文志”。又“漢書”卷十“成帝紀”及卷二七“五行志”亦均載此事。
⑦ “漢書”卷十“成帝紀”。又卷二七“五行志”載：“山陽亡徒蘇令等黨與敷百人，盜取庫兵，經歷郡國四十餘。”卷二六“天文志”載此事亦謂“經歷郡國四十餘”。
⑧ 董仲舒“春秋繁露”卷七“三代改制質文篇”。
⑨ “漢書”卷七“昭帝紀”。
⑩ “漢書”卷七五“眭弘傳”。

禪讓帝位,"若四時之運,功成者去"①。眭弘和蓋寬饒雖都因此被加以"大逆不道"的罪名而犧牲了性命,但自元帝以後,隨着階級矛盾的增長,這種論調又在朝廷中傳布了。

元帝時,京房曾以"災異"的出現來論證當時政治的腐敗,他對元帝說:"今陛下即位以來,日月失明,星辰逆行,山崩泉涌,地震石隕,夏霜多雷,春凋秋榮,隕霜不殺,水旱螟蟲,民人饑疫,盜賊不禁,刑人滿市,'春秋'所記災異盡備。陛下視今爲治邪?亂邪?"②他想使封建統治者戒懼,而在政治上有所改良。成帝時,在谷永的上書中,一方面藉"災異"的出現陳述漢政權的危機,並說"天下乃天下之天下,非一人之天下"③;一方面又勸成帝減輕賦稅,賑濟饑民,以緩和階級矛盾。哀帝時又有龔勝、鮑宣等上書指陳漢朝統治的危機,並提出改良政治的主張,但都不能發生甚麼效用。

在成帝時,甘忠可造作了"天官歷包元太平經",說:"漢家逢天地之大終,當更受命於天,天帝使眞人赤精子下教我此道。"企圖用再一次受命的辦法來維護漢朝的統治,但未被採納,且得了"假鬼神,罔上惑衆"的罪名,病死在獄中。到了哀帝即位之後,甘忠可的弟子夏賀良又於公元前5年(建平元年)向哀帝陳說:"漢歷中衰,當更受命。成帝不應天命,故絕嗣。今陛下久疾,變異屢數,天所以譴告人也!宜急改元易號,乃得延年益壽、皇子生、災異息矣。"哀帝卻採納了這個辦法,遂改元爲"太初元將元年",改號爲"陳聖劉太平皇帝"。然而,實行了這個辦法之後,毫無靈驗,哀帝的病並沒有好,災異仍然未息,於是不到兩個月,又把夏賀良加以"反道惑衆"的罪名,下獄處死,所改的年號及稱號也都取消。這一幕"更受命"的醜劇就這樣結束了。④

西漢的封建統治者既不能改良政治,以緩和階級矛盾,也就愈益加深了這個政權的危機。而正當這時,出身於外戚之家、懷抱政治野心的王莽,便乘着西漢統治動搖的機會,利用中小地主階層希望改良政治及

① "漢書"卷七七"蓋寬饒傳"。
② "漢書"卷七五"京房傳"。
③ "漢書"卷八五"谷永傳"。
④ 此段中引文均見"漢書"卷七五"李尋傳"。

改朝換代的心理,奪取了政權,實行"改制",企圖鞏固封建統治並滿足他的統治慾望。

第二節　王莽的改制及其失敗

王莽的家世及其取得政權　王莽的曾祖王賀,在漢武帝時曾爲繡衣御史,鎮壓過魏郡(郡城在今河北臨漳)人堅盧等領導的農民起義。祖父王禁在宣帝時爲廷尉史。到了王禁的女兒、王莽的姑母王政君立爲元帝的皇后之後,王氏一家便一躍而爲顯貴的外戚了。

公元前33年,元帝死,成帝即位,王政君成了皇太后,王莽的伯父王鳳爲大司馬大將軍領尚書事輔政,王莽的叔父們都被封侯,王家的親族僚屬也都做了大官。王鳳死後,王莽的叔父王音、王商、王根又相繼爲大司馬,掌握政權,於是王氏一族便在當時封建統治階級的上層集團中攫取了最大的勢力。

在皇太后王政君的一些兄弟中,只有王莽的父親王曼早死了,沒有得着封侯。因此,王莽少年時代的生活情況也與王家的其他子弟有些不同。當時王莽的兄弟輩都是"乘時侈靡,以輿馬聲色佚游相高",惟獨王莽在生活方面還比較儉樸,且"受'禮'經,師事沛郡陳參,勤身博學,被服如儒生"。然而,就在這時,王莽已開始進行其取得政治地位的活動。他"外交英俊,內事諸父,曲有禮意"①。因而得到他的伯叔們的賞識。

公元前22年(成帝陽朔3年),王鳳病重垂危,王莽乘此機會,辛勤侍奉,親嚐湯藥,蓬頭垢面,不解衣帶,一連好幾個月。王鳳臨死時便把王莽推薦給皇太后和成帝,於是成帝便任命王莽爲黃門郎,又升爲射聲校尉,從此開始做官。過了幾年,由於他的叔父王商及幾個大官僚的推薦,成帝又於公元前16年(永始元年)封王莽爲新都侯。封侯之後,官位也隨着高升,歷任騎都尉、光祿大夫、侍中等職。爲了謀取更大的權利,他爵位越高,待人也越恭謹。對朝廷中的大官僚盡心結交,並把自己所有的財物拿出來贈送賓客,收養名士,所以朝中大官都在皇帝面前稱讚他,一些賓客名士也到處爲他宣揚。到了公元前8年(綏和元年),他的叔父大司馬王根請求退職,並推薦他代替,於是他繼王根爲大司馬,掌

---

①　以上引文均見"漢書"卷九九"王莽傳"。

握了漢朝的政權。

公元前7年(綏和2年)成帝死,哀帝即位,因當時哀帝的祖母家傅氏和母家丁氏兩家外戚得勢,王莽遂於公元前6年(建平元年)辭去大司馬之職。但到公元前1年(元壽2年)哀帝死後,王莽又重任大司馬。他的封爵也由新都侯進爲安漢公,並以他的女兒做平帝的皇后。

在公元1年到5年(平帝元始元年到5年)的期間,王莽積極培植政治勢力,提高自己的威望,用種種手段籠絡地主階級的知識分子,並假意做作或施行小恩小惠以收買人心。如:(一)以他的親信王舜、王邑、甄豐、平晏、劉歆、孫建等分居要職,盡量提拔順附他的官吏,排除異己。(二)大封宗室及功臣後裔爲侯,前後約有二百人,以免遭受這些人的反對。(三)凡郡太守以上,因年老退休的官吏,都終身發給原來俸祿的三分之一,以示優待。(四)擴充太學,於五經之外增設"樂經",並增加博士人數至每經五人,學生增至一萬餘人;又爲太學建築宏偉的房舍,僅太學生的宿舍就有一萬餘間。(五)在各郡縣設立學校(郡稱學,縣稱校),招收生徒,每所置經師一人。(六)徵求各地通曉天文、曆算、樂律、文字訓詁、醫藥、方技及能教授五經,"論語"、"孝經"、"爾雅"等古籍的人,由地方官以優禮遣送到京師,前後應徵者達數千人。(七)對各地年齡特高的及鰥寡孤獨的人,賜以布帛,以表示他的仁慈。(八)爲了博取名譽,他曾捐出田地三十頃和錢一百萬,以賑濟貧民,並指使朝中官吏二百三十人也各以財產捐獻。又在長安城中闢了五條街,建造房屋二百所,給貧民居住。(九)每遇水旱災,他就素食。因此,不僅大貴族、大官僚與王莽勾通一氣,即一般中下層地主階級的人,尤其是其中的知識分子,也都覺得王莽是一個有作爲的人,可以穩定地主階級搖搖欲墜的統治,對他抱着很大的幻想。加以在他的爪牙極力操縱、煽動之下,各地的官吏及地主都來阿諛奉承,如因王莽不受新野(河南新野)封田而上書稱頌其"功德"者竟達四十八萬七千餘人。王莽看見自己已經取得政治上的支配地位了,遂又採取進一步的行動。

公元5年(平帝元始5年),王莽用毒藥害死漢平帝,立一個年僅兩歲的孫子嬰爲皇帝,而他自己則效法周公的"居攝",並行用皇帝的禮儀制度,令官吏及人民稱他爲"攝皇帝",他自稱"假皇帝",已明顯地表示出將要改朝換代了。在這時雖然有漢朝宗室安衆侯劉崇及東郡太守翟義先後起兵反對，又有槐里（今陝西興平）人趙明、霍鴻等領導三輔一帶二十三縣的人民起義，但都被王莽鎮壓下去。於是，王莽要做"眞皇帝"的企圖，也就得以實現了。

公元 8 年，王莽正式稱皇帝，改國號爲新。劉姓的政權雖已轉移到王莽手中，可是尖銳的階級矛盾並沒有和緩下來，廣大的農民仍在渴望着從"有亡無得""有死無生"中尋求一條活路。所以，這個新朝的統治能否穩固，即要看它能否解決當時尖銳的階級矛盾之下的種種問題。

王莽改制的內容　王莽爬上皇帝的座位以後，爲了顯示新朝的威德，鞏固他的統治，防止人民的反抗，不能不施行一些制度上的改革。他的改制，主要的是在社會經濟方面。其內容如下：

（一）"王田"的土地制度——土地問題是當時社會上最嚴重的也是最根本的問題。王莽認爲：在古代井田制度之下，沒有發生過土地問題，而自秦"壞聖制，廢井田"後，才"兼併起，貪鄙生"，以至"強者規田以千數，弱者曾無立錐之居"；了了漢代，雖然"減輕田租，三十而稅一"，但"豪民侵陵，分田刼假，厥名三十稅一，實什稅五"，以致造成"富者犬馬餘菽粟，驕而爲邪；貧者不厭糟糠，窮而爲姦"的現象。① 所以他認爲必須再恢復古代的"井田聖制"，才能解決土地問題。因此，他於公元 9 年（始建國元年）下令"更名天下田曰王田"②，不許自由買賣，由官家按一夫一婦受田百畝的制度分配。凡一家的男口不滿八人而田地超過一井者，須將多餘的田地分給親族鄉鄰；沒有田地的即按百畝之數授給。這種辦法，表面上好像能解決土地問題，但是，土地兼併是地主土地所有制下必然產生的結果，而地主土地所有制是自春秋戰國以來生產力逐漸發展而形成的土地制度。在漢代，商品經濟得到較前更大的發展，土地的兼併也更急遽地進行着，階級的矛盾也越來越尖銳。王莽想憑一道命令來廢除地主土地所有制，禁止土地的買賣，恢復井田制度，當然是一種破壞當時的社會經濟，違反歷史發展方向的"復古"的空想，必然不能實現。當"王田"的命令頒下之後，即遭受到豪強地主的反對。雖然曾由

① 以上見"漢書"卷九九"王莽傳"及卷二四"食貨志"。

② "漢書"卷九九"王莽傳"。

張邯、孫陽等到各地強制執行，但由當時的"制度又不定，吏緣爲姦，天下謷謷然，陷刑者衆"① 的情況看來，也不過是由官吏任意打擊了一部分豪強及中、小地主，而無田的貧民則沒有分得一點點土地，徒使社會上增加了更大的擾亂，絲毫沒有解決土地問題。在激烈的反對之下，到三年後（公元 12 年，始建國 4 年）又下令取消了"王田"的命令。

（二）禁止買賣奴婢——由於土地兼併的益趨劇烈，地主、官吏的無限度的壓榨與剝削，農民無法生活，乃被迫自賣或賣兒女爲奴婢。而貴族、官僚、地主、商人都大量收養奴婢，並視同貨物，公開買賣，所謂"置奴婢之市，與牛馬同蘭（欄）"② 。這是殘酷地剝奪農村勞動力，嚴重破壞農業生產的現象，成爲當時重要的社會問題之一。王莽在公元 9 年（始建國元年）下令改稱奴婢曰"私屬"，禁止買賣。這種對於奴婢問題的處理辦法，也是不切合實際的。因爲要解決奴婢問題，必須解放奴婢，使他們恢復自由，回到土地上進行生產；僅僅禁止買賣，不能使奴婢問題得到根本的解決。而且既然允許奴婢的存在，又禁止買賣，事實上是難以行得通的。所以自從這個命令頒下，擁有奴婢的人更競相出賣，反而使奴婢問題更加嚴重，王莽也不得不於三年後又下令取消了禁止買賣奴婢的命令。

（三）五均、賒貸及六筦——王莽於公元 10 年（始建國 2 年）下令實行五均、賒貸及六筦的制度。

五均是在長安及五大都市——洛陽、臨淄、邯鄲、宛、成都設立五均官，並更名長安的東、西市令及五大都市的市長爲五均司市師，下設交易丞五人，錢府丞一人。五均官管理五穀、布、帛、絲、綿等日常需用的貨物的價格，於每年每季的第二個月，由五均官定出當地各種貨物的平均價。若貨物的市價超過平均價，政府就照平均價把官府所掌握的物品出賣；若貨物的市價低於平均價，則聽任自相買賣。五均官又掌管徵收各種工商業的利得稅，如對漁獵、畜牧、養蠶、紡織、工匠、巫、醫以及旅店等營業都抽取其十分之一的利潤，稱爲"貢"。賒貸是由政府經營貸款，

① "漢書"卷二四"食貨志"。

② "漢書"卷九九"王莽傳"。

辦法分兩種：一、凡民間遇有喪葬、祭祀等事而無錢辦理的，可向官方借款。歸還之期，祭祀限十天，喪葬限三月，不取利息，叫做"賒"。二、凡有欲治置產業而資金缺乏者，也可向官方借款，官方每年收取十分之一的利息，叫做"貸"。

所謂六筦，是把鹽、鐵、酒、名山大澤（在山澤中漁獵採集）、鐵布銅冶（鑄錢）及上述的五均賒貸共六項事業都由官府管理。王莽曾下詔列述實行六筦的理由，說："夫鹽，食肴之將；酒，百藥之長，嘉會之好；鐵，田農之本；名山大澤，饒衍之藏；五均、賒貸，百姓所取平，仰以給澹（贍）；鐵布銅冶，通行有無，備民用也。此六者，非編戶齊民所能家作，必仰於市，雖貴數倍，不得不買；豪民富賈，即要貧弱。先聖知其然也，故筦之。"① 並對每一項事業的管理都製定了條例及處罰辦法，違犯條例的至於死罪。

五均、賒貸及六筦的實施，是對於工商業的統制。據王莽的聲明，是爲了"齊衆庶，抑幷兼"②。然而，王莽用以執行這種政策的人，却都是富商大賈，如擁有資財五千萬的臨淄（山東臨淄）商人姓偉，擁有資財十千萬的洛陽商人薛子仲、張長叔等，這些人"乘傳求利，交錯天下，因與郡縣通姦，多張空簿，府臧不實，百姓愈病"。加以"姦吏猾民並侵"，結果是"衆庶各不安生"。③ 實際上更加重了對人民的剝削，官府及大工商業者乘機搜括了更多的錢財。

（四）改變幣制——在王莽的改制中，給社會經濟造成最大混亂的，是貨幣的屢次改變，而且多種多樣的貨幣同時行用。公元7年（居攝2年）王莽"居攝"時，即於當時通用的五銖錢之外，另造大錢（重十二銖，值五銖錢五十）、契刀（值五銖錢五百）、錯刀（值五銖錢五千），與五銖錢共四種貨幣並用。公元8年王莽稱皇帝後，又廢止錯刀、契刀及五銖錢，另造小錢（重一銖），與大錢兩種並行。並令以一個五銖錢兌換一個重一銖的小錢，以五十個五銖錢（計重二百五十銖）兌換一個重十二銖的大錢。但社會上久已便於使用五銖錢，且大錢與小錢的比值不合理，分量

---

① "漢書"卷二四"食貨志"。

② 同上書。

③ 同上書。

又太重或太輕,所以仍私用五銖錢交易。公元 10 年(始建國 2 年),又鑄造了錢貨六品,黃金一品,銀貨二品,龜寶四品,貝貨五品,布貨十品,共計"寶貨五物、六名、二十八品"。這些複雜的貨幣,只有使"百姓憒亂",而且連古代的原始貨幣龜、貝也拿來應用,尤為荒謬。因為實行不通,結果又只用大錢與小錢兩種,把龜、貝、布等停用。公元 14 年(天鳳元年),又因大錢小錢不能通行,遂予廢止,改行貨布與貨泉兩種。一個貨布重二十五銖,一個貨泉重五銖,但一個貨布的價值却等於二十五個貨泉。這樣屢次改變幣制的結果,"農商失業,食貨俱廢,民涕泣於市道"。而且"每一易錢,民用破業而大陷刑"①。除了廣大的農民之外,連一般中、小地主及工商業者也都遭受了嚴重的打擊,而王莽却從中掠奪了鉅大的財富。

除上述主要的關於社會經濟方面的改制外,王莽又依據"周禮"改變官職的名稱,如改大司農為羲和(後又改為納言),太常為秩宗,少府為共工,郡太守為大尹,都尉為大尉,縣令、長為宰等。又對各郡縣的名稱也隨意更改,"一郡至五易名而還復其故,吏民不能記"②。白白增加了些無謂的煩擾,毫無實際的意義。

王莽改制的實質及其必然失敗　王莽本是西漢末年上層統治集團中的分子,在他利用一切機會,施行種種手段,奪取了劉姓的政權之後,又擺出偽善的面孔,打着"託古"的招牌,進行了一連串的改制,以為"制定則天下自平",企圖欺騙廣大的勞動人民,鞏固他的統治。在他的統治集團中,是以大貴族、大官僚亦即大豪強地主為中心的。他的改制,實質上也是從這個統治集團的利益出發的。他之所以打擊了一部分豪強、中小地主及工商業者,不過是為了更加擴充他的統治集團的經濟權利,增殖他們的財富;而廣大的勞動人民不但未得到絲毫的利益,且在社會經濟混亂、官吏苛徵暴歛之下,遭受了更重的剝削與掠奪,痛苦愈陷愈深,即連原來有些人民的一點生路也被斷絕了,如"漢書"卷九十九"王莽傳"所載:"荊、揚之民,率依阻山澤,以漁采為業。閒者國張六筦,稅山澤,妨奪民之利,連年久旱,百姓饑窮,故為盜賊。"但是,王莽及其統治

---

① "漢書"卷二四"食貨志"。
② "漢書"卷九九"王莽傳"。

集團的財富却大大增加了，即在經過十餘年的揮霍之後，王莽宮中所藏的一萬斤一櫃的黃金尚有六十櫃以上，其他錢、帛、珠、玉等財物不計其數。各地的官吏也在改制中大發其財，所謂"天下吏並爲姦利，郡尹、縣宰家累千金"①。這種只能滿足王莽統治集團的利慾的改制，只有使社會階級矛盾更加尖銳，而王莽過去所宣稱的要解決社會問題的騙局也完全揭穿，僞善的、惡毒的眞面目暴露無遺，因而在激烈的反對之下失敗了。

王莽發動對外的侵略戰爭 王莽不僅對國內人民施行酷毒的掠奪，同時，對中國周圍各族也進行蠻橫的欺壓，以滿足他的統治慾望。等到周圍各族對這種欺壓表示反抗時，他就發動殘暴的侵略戰爭。

公元9年(始建國元年)，王莽稱帝後，爲了宣示新朝的威風，派遣使者四出：東至遼東及朝鮮半島北部的玄菟、樂浪、高句驪(朝鮮北部，遼寧、吉林南部)、夫餘(黑龍江雙城縣以南至遼寧昌圖縣以北之地)；南至西南邊境；西至西域。對各族都收回漢朝的印綬，改授新朝的印綬，並把原來漢朝所封的王貶降爲侯。對北方的匈奴，收回原來的"匈奴單于璽"，改授以"新匈奴單于章"，以降低其地位；後又把"匈奴單于"改稱爲"降奴服于"。遂引起匈奴及西南鉤町王的反抗，西域諸國也逐漸與王莽破裂，對外關係便趨於惡化了。

公元11年(始建國3年)，王莽從各地徵發士兵三十萬人，聚斂大量的糧食，派孫建等十二將軍率領，擬分十道並出，大舉進攻匈奴。自此匈奴也時常侵入中國邊境，擄掠人民、畜產。於是"自宣帝以來，數世不見煙火之警，人民熾盛，牛馬布野"的北方邊境，又變成了"北邊虛空，野有暴骨"的悽慘情況。②

王莽進攻匈奴時，曾強迫徵發高句驪人爲兵，但遭受了反抗。王莽派遼西大尹田譚前去鎮壓，結果田譚也被殺掉。公元12年(始建國4年)，王莽又派嚴尤率兵進攻高句驪，雖然誘殺了高句驪侯騶，並改稱高句驪爲"下句驪"，但那一帶的夫餘、濊貊族又起而反抗。

在西域方面，焉耆國於公元13年(始建國5年)殺死西域都護但欽

① "漢書"卷九九"王莽傳"。

② 以上據"漢書"卷九四"匈奴傳"。

92

後，王莽於公元 16 年(天鳳 3 年)派王駿等率兵進攻西域，結果王駿被焉耆、姑墨、尉犁、危須諸國聯合擊殺。此後西域便與中國斷絕來往。

西南的鉤町王因不滿於王莽的"改王爲侯"，起而反抗，其他部族也相繼響應。王莽於公元 14 年(天鳳元年)派馮茂率兵進擊鉤町，"出入三年"，"士卒疾疫死者什六七，賦斂民財什取五，益州虛耗而不克"①。公元 16 年(天鳳 3 年)改派廉丹與史熊"大發天水、隴西騎士，廣漢、巴、蜀、犍爲吏民十萬人，轉輸者合二十萬人"②進擊，又經過三年多的時間，犧牲了數萬人的生命，仍然未能把鉤町壓服。

王莽發動對外侵略戰爭的結果，不僅加重了國內人民的負担，傷害了無數的生命，而且使自漢武帝以來中國與周圍各族之間在經濟與文化上的聯繫也爲之斷絕了。

在王莽對內對外的種種反動措施之下，廣大的農民已被殘害得"不得耕桑"、"無以自存"③，唯一的出路就是對這個兇狠暴虐的封建統治者執行嚴厲的制裁。全國性的大起義便在這時爆發了！

第三節　赤眉、綠林大起義

王莽的統治既然加深了人民的苦難，又自公元 14 年(天鳳元年)以後，全國各地普遍發生旱、蝗等災荒，"北邊及青、徐地，人相食"④。"南方饑饉，人庶羣入野澤掘鳧茈而食之"⑤。當農民陷於饑餓時，而王莽却派人到各處"敎民煮草木爲酪"⑥。流入關中的饑民數十萬人也因得不到糧食而被餓死了十之七八。王莽的罪惡激起了廣大農民的堅決反抗，在北方和南方都爆發了大規模的農民起義。

赤眉等北方起義軍的發展　公元 17 年(天鳳 4 年)，琅邪郡海曲縣(今山東日照)發生了呂母爲子報仇殺死縣官的事件。呂母的兒子呂育本爲海曲縣吏，因被縣官冤殺，呂母乃聯合流亡農民數千人武裝反抗，

① "漢書"卷九五"西南夷傳"。
② 同上書。
③ "漢書"卷二四"食貨志"。
④ 同上書。
⑤ "後漢書"卷四一"劉玄傳"。
⑥ "漢書"卷九九"王莽傳"。煑草木爲酪，當然不能充飢。

攻入海曲城,殺死縣官。附近農民又陸續參加這個武裝的隊伍,人數增至萬餘。這是北方農民起義的先聲。

公元 18 年(天鳳 5 年),琅邪郡(郡城在今山東諸城縣)人樊崇在莒縣(今山東莒縣)發動農民起義,不久又轉入泰山郡(郡城在今山東泰安)以爲根據地。這時在青州、徐州一帶(今山東、江蘇一帶)的饑民奮起參加,一年之間至萬餘人。同時,琅邪郡人逄(音龐)安、東海郡(郡城在今山東郯城)人徐宣、謝祿、楊音等也分別組織農民起義,共有數萬人,相率進入泰山郡,統由樊崇領導。其後附近農民陸續參加,漸增至十餘萬人。這些由飢餓的農民組成的起義軍,懷着正義的願望來爭取生存、反抗暴虐的統治。他們並沒有嚴密的組織及正式的旌旗、文書、號令,只以言語互相約束,共同遵守着"殺人者死,傷人者償創"① 的紀律;起義軍的各級首領,也沒有尊貴的位號,只用鄉間小吏的稱呼,最高的爲"三老",次爲"從事",次爲"卒史",一般相稱爲"巨人"。然而,他們却有共同的堅決鬥爭的意志。

在樊崇等領導起義之後,北方其他各地的農民也紛紛組成起義軍,反抗王莽的統治,總計約有數百萬人。各支起義軍"或以山川土地爲名,或以軍容強盛爲號"②,其中著名的有銅馬、大肜、高湖、重連、鐵脛、大槍、尤來、上江、青犢、五校、檀鄉、五幡、五樓、富平、獲索等。

公元 22 年(地皇 3 年),王莽派太師王匡及更始將軍廉丹率兵十餘萬人,鎮壓樊崇領導的農民起義。樊崇等十餘萬起義農民在南城(今山東費縣)齊心備戰,爲了易於識別自己的隊伍,以免與王莽的士兵相混,起義軍都把眉毛染成紅色,從此稱爲"赤眉"。當時王匡和廉丹的軍隊到處搶掠燒殺,東方的人民都說:"寧逢赤眉,不逢太師;太師尚可,更始殺我。"③

赤眉軍英勇戰鬥的結果,大獲勝利,殺死敵人萬餘,又追至無鹽縣(今山東東平)殺死廉丹,王匡狠狽逃走。這時呂母已死,在海曲縣的農民武裝一部分加入赤眉軍,一部分加入銅馬軍與青犢軍。

---

① "後漢書"卷四一"劉盆子傳"。

② "後漢書"卷一"光武帝紀"注。

③ "漢書"卷九九"王莽傳"。

赤眉軍在獲得大勝利後，又加入了生力軍，聲勢更爲強盛，遂作進一步的發展，連續進攻東海、彭城、沛（今江蘇沛縣）、汝南（今河南汝南）、潁川、陳留（今河南陳留）、魯城（今山東曲阜）、濮陽（今河南濮陽）等地，已由今山東境內擴大到江蘇、安徽、河南境內了。

綠林等南方起義軍的發展　南方在連年饑荒之下，農民只能掘食草根，荊州的飢民尤多。公元17年（天鳳4年），新市（今湖北京山）人王匡（另一王匡，不是攻打農民軍的王匡）、王鳳發動飢民數百人起義，又有馬武、王常、成丹等號召農民參加，以綠林山（在今湖北當陽）爲根據地，稱綠林軍，數月之間，已有七八千人。公元21年（地皇2年），荊州的官軍兩萬人對綠林軍進行襲擊，王匡等合力迎擊，大破官軍，殺敵數千人，並獲得了大量的物資。又乘勝進攻竟陵（今湖北天門）、雲杜（今湖北沔陽）、安陸（今湖北安陸）等縣，附近農民相率參加起義，當王匡等勝利返回綠林山時，起義軍已擴充到五萬餘人了。

公元22年（地皇3年），因綠林山一帶發生大疾疫，人民死亡很多，起義軍乃分爲兩部離開綠林山。一部由王常、成丹率領，西入南郡（郡城在今湖北江陵），稱爲下江兵；一部由王匡、王鳳、馬武、朱鮪、張邛等率領，北入南陽（今湖北襄陽、河南南陽一帶），稱爲新市兵。平林（今湖北隨縣）人陳牧、廖湛也發動農民千餘人起義，稱爲平林兵，與新市兵聚合在一起。

這時候，在荊州的一些地主分子，看到農民起義的力量日益強大，王莽的政權已經不穩，爲了保護他們的經濟利益，並乘機實現其政治野心，也打着反抗王莽的旗號，加入農民起義軍。其中重要的有劉玄及劉縯、劉秀兄弟。劉玄參加了陳牧領導的平林軍；劉縯、劉秀兄弟在舂陵（今湖北棗陽）及宛（今河南南陽）招集宗族、賓客及附近的地主武裝共七八千人，與新市、平林軍聯合。不久，王常領導的下江兵也北上與新市、平林聚合，於是各支起義軍集中力量向王莽的軍隊進攻。

公元23年，起義軍在沘水（在今河南泌陽縣附近）附近作戰獲勝，斬殺王莽的將領甄阜和梁丘賜；劉縯率領的隊伍又在清陽（在今河南南陽縣南）攻破王莽將領嚴尤和陳茂的軍隊，進圍宛城。起義軍的聲勢愈強，前來參加的農民也愈多。這時劉玄因利用統治階級的政治及軍事經驗,組織農民軍,培植自己的威信,已在起義軍中取得了領導地位,遂乘着對王莽作戰獲得勝利的機會,誘勸各將領議決,建立政權。於是劉玄乃被立爲皇帝,年號更始。並以王匡爲定國上公,王鳳爲成國上公,朱鮪爲大司馬,劉縯爲大司徒,陳牧爲大司空,其餘將領分任九卿、將軍之職。不久,起義軍又攻下昆陽(今河南葉縣)、定陵(今河南舞陽)、郾(今河南郾城)等地。劉縯圍攻宛數月,終於攻下。接着劉玄便進入宛,以爲都城。

王莽見南方起義軍勢力強盛,遂派王邑、王尋到洛陽徵發各州郡的士兵四十二萬人,南下進攻。先到了昆陽,縱兵包圍。這時在昆陽的起義軍由王鳳、劉秀、王常等率領,奮力禦戰,結果獲得大勝,王尋被殺,王邑與數千人逃回洛陽。這一戰使王莽的鎮壓遭受了極大的挫折,其他各地的農民聽到這個消息,都在興奮之下相繼起義,連長安附近的關中一帶,也組織起反抗王莽的武裝了。

劉縯本來抱有極大的政治野心,想利用農民起義的力量推翻王莽,以奪取政權,而且在起義軍中也確有相當的勢力。當各將領計議立劉玄做皇帝時,他就曾表示不同意,並加以阻止。及至他攻下宛城;劉秀也在昆陽之戰中立了大功,兄弟二人的聲名益見增高。劉玄恐怕自己的地位將來會被劉縯奪去,於是在宛把劉縯殺害。劉秀聞知後,雖然心中忿恨,但這時的勢力還敵不過劉玄,也只好暫時隱忍了。

綠林軍推翻了王莽政權 昆陽戰後,劉玄一面派王匡北攻洛陽;一面派申屠建與李松西攻武關,向長安進軍。這時起義軍已佔顯著的優勢,王莽的軍隊無力鎮壓。不但關中的農民紛紛起義,即連一些地主也組織武裝反抗王莽了。所以申屠建與李松順利地進入武關後,又一直到達長安城下,從東北方的宣平門攻入。城內的市民在少年朱弟、張魚的號召下,與起義軍一同圍攻王莽的宮闕。結果商人杜吳在宮內的漸臺殺死了王莽,起義軍分裂了王莽的肢體。

危害人民、爲人民極端痛恨的王莽政權,終於被農民起義軍推翻了。

王莽被殺後,洛陽也爲王匡所率領的起義軍攻下,劉玄從宛北遷洛陽,並派劉秀到黃河以北去擴充勢力。不久,申屠建與李松又請劉玄遷都長安。

公元 24 年春天（更始 2 年 2 月），劉玄由洛陽到了長安，大封劉姓宗室及起義軍將領爲王，又派朱鮪等鎮守洛陽。這時的長安，雖然經過了農民軍的圍攻，却沒有遭受大的破壞，除未央宮被燒之外，"其餘宮館，一無所毁。宮女數千，備列後庭，自鐘鼓帷帳，輿輦器服，太倉武庫，官府市里，不改於舊"①。劉玄依靠農民軍的力量來到長安做皇帝。他的政治野心已經滿足，遂在繁華的京城中開始了腐化墮落的生活。他日夜與婦人飲酒取樂，"羣臣欲言事，輒醉不能見"②。對於一切政治事務，都毫無佈置與計劃。有些起義軍將領雖對劉玄的行爲深表不滿，發出"成敗未可知，遽自縱放若此"③的怨言，但也不能採取有效的辦法。劉玄對於任何人的勸諫，一概不聽。王莽的政權雖然被推翻了，可是這個劉玄的政權也遠不能符合當時人民的期望。於是，在"關中離心，四方怨叛"④的情形下，原在北方的赤眉軍便來進攻劉玄了。

赤眉軍入長安 當劉玄從宛縣到了洛陽時，樊崇曾赴洛陽和劉玄會面。但劉玄不願與赤眉軍合作，樊崇只有仍然領導着赤眉軍單獨行動。爲了解決糧食的困難，赤眉軍分爲兩部去建立根據地：一部由樊崇、逄安率領，佔據了長社（今河南長葛）、宛等地；一部由徐宣、謝祿、楊音率領，佔據了陽翟（今河南禹縣）、梁（今河南臨汝）等地。但這時赤眉起義軍中的農民，因離家日久，而且王莽政權已被推翻，已不願再在外面作戰，都想東歸故鄉。樊崇等計議如果東歸，隊伍必然渙散，不如進攻長安，以求新的發展。於是仍分兩路西進，樊崇等入武關，徐宣等入陸渾關（在今河南嵩縣東北）。公元 25 年春天，兩路都到了弘農（今河南靈寶），與劉玄的軍隊交戰，連獲勝利。這時因劉玄腐化，農民已對他不抱什麽希望，看見赤眉軍來到，又都興奮起來，願意加入作戰，進攻劉玄，於是赤眉軍的人數突然增至三十萬之多。遂重新編整隊伍，以一萬人爲一營，共三十營，每營置三老、從事各一人，又繼續西進。

① "後漢書"卷四一"劉玄傳"。
② 同上書。
③ 同上書。
④ 同上書。

當赤眉軍到了華陰（今陝西華陰）的時候，有人勸樊崇等擁立一個姓劉的人稱尊號，以資號召，於是從軍中找出一個十五歲的劉盆子來做皇帝。有了皇帝，當然要有丞相和其他的官職。論地位，樊崇是赤眉軍的領袖，應當做丞相，可是樊崇不識字，不懂公文，做丞相不合適。在另外的幾個將領中，只有徐宣曾做過縣裏的獄吏，還讀過"易經"，結果便推他爲丞相，樊崇爲御史大夫，逄安爲左大司馬，謝祿爲右大司馬，楊音以下的將領分任九卿等職。政權組織完畢，又向長安進軍。

劉玄得知赤眉軍前來進攻的消息，雖準備派軍迎戰，但由於劉玄的腐化，綠林軍的將領久已對他不滿，而劉玄也對這些農民將領心懷猜忌，所以在赤眉軍向長安進軍之時，他們內部已先自分裂，結果劉玄竟把申屠建、陳牧、成丹殺死，又使其親信李松、趙萌攻打王匡、張卬，連戰月餘，王匡、張卬敗走。當赤眉軍進抵高陵（今陝西高陵）時，王匡與張卬乃迎降赤眉，共攻長安。劉玄使李松出戰。李松戰敗被俘，赤眉遂進入長安城。劉玄逃脫不得，只好投降，不久終被縊殺。

赤眉軍進入長安後，頗得人民擁護，"百姓爭還長安，市里且滿"①。然而赤眉軍的將領，却不能在戰鬥勝利後取得進一步的發展，對於一切政治措施，都束手無策，僅拘守於長安城中，不能建立一個符合人民要求的政治局面。等到長安城中的糧食吃完了，便四出求食，遭遇到困難，又返回長安。就在這時，懷抱政治野心的、代表地主階級利益的劉秀，已自河北南下，佔據洛陽，並派鄧禹率兵向長安進攻；過去劉玄的親信嚴春、李寶等也乘機攻擊赤眉軍。赤眉將領逄安、謝祿等雖連破鄧禹、嚴春、李寶等的軍隊，但因長安附近發生了大飢荒，"人相食，城郭皆空，白骨蔽野"②，赤眉軍二十餘萬人的糧食無着，不得不離開長安東歸。

劉秀乘着赤眉軍東歸之際，伏兵兩路截擊。公元27年春天，赤眉軍遭受劉秀軍隊的殘酷屠殺，又被塔塞歸路，被迫暫時投降。不久，樊崇、逄安圖謀整軍再起，但不幸被劉秀發覺，結果壯烈犧牲。赤眉軍至此便完全失敗了。

---

① "後漢書"卷四一"劉盆子傳"。
② 同上書。

第五章 東漢帝國的建立與發展

赤眉、綠林大起義推翻了王莽的暴虐統治，充分證明在封建社會中只有農民起義是推動歷史發展的真正的偉大的力量。但是由於農民的小生產、分散性、狹隘性的限制，由於沒有先進階級的領導，無論綠林或赤眉，都未能建立一個符合自己的階級利益的政權。而地主出身的劉秀，在反抗王莽的鬥爭中，利用農民起義的力量，依靠豪族地主的武裝，並乘着農民軍的弱點，奪取了農民起義的勝利果實，建立了代表地主階級利益的東漢政權（公元 25 年－220 年）。這個政權，因為在農民戰爭中受到了深刻的教訓，為了它的統治利益，便相對地減輕了對於農民的剝削，並重視農業生產方面的一些問題，於是社會生產又有了進一步的發展。

第一節 東漢帝國的建立

劉秀建立東漢政權及統一中國 公元 23 年（劉玄更始元年），王莽的政權被推翻之後，劉秀受劉玄的派遣，從洛陽到黃河以北去擴充勢力。當時河北各地的官吏，因王莽已死，也不再抗拒，多向劉秀降附。劉秀所到之處，"輒見二千石（郡守）、長吏（縣令、縣長、縣丞等）、三老官屬，下至佐史，考察黜陟，如州牧行部事。輒平遣囚徒，除王莽苛政，復漢官名"①，以穩定封建統治秩序，得到一般官吏、地主的擁護。但在邯鄲（今河北邯鄲）的漢朝宗室及豪強地主劉林、李育、張參等卻組織武裝，另立一個卜者出身的王郎稱皇帝，劉林為丞相，李育為大司馬，張參為大將軍，分遣軍隊攻佔各地，與劉玄的政權對立，並懸賞捉拿在河北進行活動的劉秀。劉秀到了薊縣（今河北大興）時，知道王郎要捉拿他，同時在薊縣的漢朝宗室劉接也起兵響應王郎，於是他急忙離開薊縣南逃。

---

① "後漢書"卷一"光武帝紀"。

到了信都(今河北冀縣)，他便聯合附近的地主武裝，準備抵抗王郎，不久，即集合了數萬人；而且上谷(郡城在今河北懷來縣南)太守耿況及漁陽(郡城在今河北密雲縣)太守彭寵也都派兵前來相助，劉秀遂集中力量向王郎進攻，結果攻破邯鄲，殺死王郎，消滅了王郎的勢力。

劉秀攻滅王郎後，聲勢大振。劉玄見劉秀勢大，恐於己不利，於是叫他罷兵回長安。但劉秀早就懷抱政治野心，而且自他的哥哥劉縯被劉玄殺死後，他更不滿意劉玄，因為自己的力量不足，只好一面暫時隱忍，一面尋求機會擴張勢力，既然在河北有了發展，豈肯再受劉玄的控制，於是以"河北未平"的理由拒絕了劉玄。從此劉秀與劉玄決裂，獨立擴張自己的勢力，並開始了奪取政權的活動。

當時在河北的農民起義軍人數很多，一直在與地主階級進行激烈的鬥爭。劉秀既然企圖依靠地主武裝建立地主階級的政權，遂對農民起義軍進行鎮壓。自公元24年(劉玄更始2年)秋天起，他先後在鄡縣(今河北束鹿)、館陶(今山東館陶)、蒲陽山(在今河北完縣西)、射犬(今河南沁陽)等地分別擊破銅馬、高湖、重連、大肜、青犢等農民軍，並誘降農民軍數十萬人，收編為自己的隊伍，於是劉秀的勢力空前強大起來，因而得到"銅馬帝"的稱號。接着又在元氏(今河北元氏)、安次(今河北安次)、漁陽(今河北密雲)等地攻擊尤來、大槍、五幡等農民軍。農民軍雖然屢次擊敗了劉秀所率領的地主武裝，但終因組織散漫而失敗。到了公元25年(光武帝建武元年)夏天，劉秀已經佔據了黃河以北的廣大的地區，遂在鄗(劉秀稱帝後改為高邑，今河北柏鄉縣北)稱皇帝，是為漢光武帝(公元25—57年)。這正與赤眉起義軍立劉盆子為帝在同一月內。

劉秀在河北建立政權後，即向黃河以南擴張勢力。先派鄧禹、耿弇等進擊劉玄在河南各地的軍隊，接着又集合大部兵力派吳漢等十一個人領導圍攻洛陽。這時駐在洛陽的是朱鮪領導的綠林起義軍，他們堅守抗戰，吳漢等圍攻了兩個月未能攻下，結果劉秀派人勸誘朱鮪投降，劉秀方才佔領了洛陽，並定為國都。

公元26年(建武2年)，劉秀一面繼續鎮壓在黃河南北的各支農民起義軍，一面派鄧禹西攻長安，與赤眉軍進行激戰。公元27年(建武3年)春天，赤眉軍在被迫撤離長安東歸的途中，遭受到劉秀的截擊，因而潰散。赤眉軍失敗以後，劉秀便消除了最大的威脅。但散處在黃河南北的各支起義軍如檀鄉、五校、富平、獲索及銅馬、青犢、尤來的餘部仍繼續進行反抗劉秀的鬥爭，直到公元 29 年(建武 5 年)，農民起義軍才完全失敗了。

劉秀戰勝了赤眉起義軍之後，雖然基本上穩定了他的政權，但在其他的廣大地區，還有一些西漢的宗室貴族、王莽時期的官僚以及劉玄的部將，割據一方，擁兵自雄，與劉秀的政權對立。其中勢力最大的，如劉永佔據東方的兗、豫、青、徐諸州一帶（山東西部，河南東部、江蘇、安徽北部，河北南部一帶）的廣大地區，建都睢陽（今河南商邱），自稱天子；李憲佔據東南揚州（今江蘇、安徽、江西、浙江、福建一帶）廬江郡（郡城在今安徽廬江西）的九個縣城，眾十餘萬，自稱天子，置公卿百官；秦豐佔據荊州（今湖南、湖北及四川、貴州東部）南郡（郡城在今湖北江陵縣）十二縣之地，都於黎丘（今湖北宜城北），稱楚黎王；彭寵在北方佔據幽州（河北、遼寧一帶）的漁陽、上谷、右北平（郡城在今河北平泉縣）諸郡，自稱燕王；盧芳在北方佔據并州（今山西、陝西一帶）的五原（郡城在今內蒙古自治區五原縣）、朔方（郡城在今內蒙古自治區杭錦旗）、雲中（郡城在今內蒙古自治區托克托縣）、定襄（郡城在今內蒙古自治區和林格爾縣）、雁門（郡城在今山西右玉縣）諸郡，自稱天子；隗囂在西北佔據涼州（今甘肅省一帶）隴西郡（今甘肅臨洮縣一帶）一帶十餘縣的地區，有兵十餘萬；公孫述佔據巴蜀（四川一帶），自稱天子，建都於成都；竇融佔據涼州的金城（郡城在今甘肅蘭州市西北）、武威（郡城在今甘肅武威縣）、張掖（郡城在今甘肅張掖縣西北）、酒泉（郡城在今甘肅酒泉縣）、敦煌（郡城在今甘肅敦煌縣）五郡。劉秀從公元 27 年(建武 3 年)起，對這些割據勢力用兵征伐(惟對竇融是遣使招降)，經過十年的戰爭，到公元 37 年(建武 13 年)把他們次第征服，統一了中國。

劉秀本是南陽郡（郡城在今河南南陽縣）蔡陽縣（今湖北棗陽）的豪族地主，而且"藏亡匿死，吏不敢到門"①。自從和他的哥哥劉縯招集地主武裝參加了反抗王莽的鬥爭以後，即得到南陽地主士大夫的支持。劉縯尤為當地豪強的首領，連王莽也"素聞其名"②。當綠林軍議立皇帝時，"南陽士大夫"及"豪傑"都想擁立劉縯，所以在劉玄即帝位後，"豪傑失望多不服”，而且劉縯的部將劉稷更公開說：“本起兵圖大事者，伯升（劉縯）兄弟也，今更始（劉玄）何爲者耶？”③ 可見劉縯、劉秀早就懷有建立地主政權的企圖。後來劉縯被殺，劉秀以“深引過而已，未嘗自伐昆陽之功，又不敢爲伯升服喪，飲食言笑如平常”④ 的手段，換取了劉玄的信任，遂得北渡黃河，依靠地主武裝，絞滅了各地的農民軍，在農民起義所開拓的道路上，擴大了自己的勢力，建立了東漢政權。在東漢的所謂開國功臣“雲臺二十八將”之中，多數是出身於西漢時期的豪族，而且有的是擁有麗大武裝力量的地方豪強，如劉秀在河北活動時，昌城（今河北欒縣）人劉植及其兄弟“率宗族賓客，聚兵數千人”⑤ 迎接，宋子（今河北趙縣）人耿純及其兄弟“共率宗族賓客二千餘人”⑥ 歸附。以這些豪族地主爲中心所建立的政權，必然要維護其自己的利益，所以東漢政權建立後，雖然因爲在農民革命戰爭中受了教訓而執行了些對農民讓步的措施，但由於這個政權代表豪族地主的利益，對農民的讓步當然是有限度的，而豪族地主的經濟力量和政治力量則日見擴大了。

劉秀加強專制統治的措施 劉秀建立東漢政權後，除恢復了西漢的政治制度外，並進一步加強了專制主義的封建統治。

自漢武帝（公元前 140 年—前 87 年）以來，中央政府的實際行政權力，即由三公轉移到尙書手中。劉秀稱帝後，更加重尙書的職權，擴大了尙書的機構，增置官吏，稱爲尙書臺。尙書臺的官吏，最高的是尙書令，總管一切行政事務；次是尙書僕射，爲尙書令之副；其下分爲六曹⑦，每曹有尙書一人。“晉書”卷二十四“職官志”說：“後漢光武以三公曹主歲盡考課諸州郡事，吏部曹主選舉、祠祀事，民曹主繕修功作鹽池園苑事，客曹主護駕羌胡朝賀事，二千石曹主辭訟事，中都官曹主水火、盜賊事，合爲六曹。並令（尙書令）、僕（尙書僕射）二人，謂之八座。”此外尙有左丞、

① “後漢書”卷一○七“董宣傳”。
② “後漢書”卷四四“齊武王縯傳”。
③ 同上書。
④ “後漢書”卷一“光武帝紀”。
⑤ “後漢書”卷五一“劉植傳”。
⑥ “後漢書”卷五一“耿純傳”。
⑦ 六曹的名稱是：三公曹、吏部曹、民曹、客曹、二千石曹、中都官曹。

右丞各一人，侍郎三十六人（每曹六人），令史十八人等，分別掌管尙書臺的一切收發、保管、起草文書、抄寫等事務。於是，尙書臺就成爲最重要的行政機構，三公雖然照舊設置，但空有其名而無實權。這是秦漢政治制度上的一大變化，如陳忠說：“漢典舊事，丞相所請，靡有不聽；今之三公，雖當其名而無其實，選舉誅賞，一由尙書，尙書見任，重於三公。”① 仲長統也說：“光武皇帝慍數世之失權，忿強臣之竊命，矯枉過直，政不任下，雖置三公，事歸臺閣（即尙書臺）。自此以來，三公之職，備員而已。”② 論官職的地位，尙書比三公低得多，三公的秩祿是萬石，而尙書令僅千石，尙書僕射及六曹尙書僅六百石，這樣，三公的官位雖高而無權，尙書有權而官位低，直接聽從皇帝的支配，就便利於皇帝的專制統治了。

劉秀爲了集中兵權，又把地方軍隊取消。在西漢時，地方軍隊有材官（步兵）、騎士（騎兵）、樓船（水兵）三種。每年秋天由郡太守及郡都尉召集服役的兵員舉行一次演習，稱爲“都試”。劉秀於公元30年（建武6年）下令，除邊郡外，各郡的都尉都予廢除，都尉的職務由郡太守兼任，並停止每年的都試。次年又下令說：“今國有衆軍，並多精勇，宜且罷輕車、騎士、材官、樓船士及軍假吏，令還復民伍。”③ 從此地方軍隊取消，全國軍隊都由中央直接控制。這種措施的目的，主要是防止地方上的叛變，因爲過去翟義反對王莽就是利用都試的時機起兵的，劉秀本人也曾與李通計議在都試日起事，所以劉秀根據親身的經驗，取消了地方上的軍隊，以鞏固他的統治。

在選用官吏方面，除承襲西漢的察舉制度外，又實行徵辟制度。徵辟是由皇帝下詔特“徵”某人爲官，公卿大臣及郡守也可自行“辟”用某人爲其僚屬。劉秀爲了鞏固帝國的統治，對於官吏的任用是很重視的，他下令說：“方今選舉，賢侫朱紫錯用。丞相故事，四科取士：一曰德行高妙，志節清白；二曰學通行脩，經中博士；三曰明達法令，足以決疑，能案章覆問，文中御史；四曰剛毅多略，遭事不惑，明足以決，才任三輔令。皆有孝悌廉公之行。自今以後，審四科辟召。及刺史二千石察茂材尤異孝

① “後漢書”卷七六“陳忠傳”。
② “後漢書”卷七九“仲長統傳”。
③ “後漢書”卷一“光武帝紀”。

廉之吏,務盡實覈選,擇英俊賢行廉潔平端於縣邑, 務授試以職。"① 根據這些標準,不但地方官可以察舉官吏, 皇帝、公卿大臣以及郡守都可直接選用官吏,這就能更廣泛地吸收地主階級的分子參加政治,以擴大其專制統治的基礎。

劉秀是地主階級的知識分子,曾到長安受學"尙書",深知儒術對於維護封建專制統治的作用,所以在他建立政權後,即提倡儒術,籠絡各地的知識分子。"後漢書"卷一○九"儒林傳序"說:"及光武中興,愛好經術,未及下車,而先訪儒雅,探求闕文,補綴漏逸。先是四方學士,多懷挾圖書,遁逃林藪,自是莫不抱負墳策,雲會京師。……於是立五經博士,各以家法敎授。"公元 29 年(建武 5 年),他在洛陽修建太學。中國統一之後,又"數引公卿郎將, 講論經理, 夜分乃寐"②。其後他的兒子明帝(公元 58 年—75 年)也親自與儒生講論儒經,並專爲功臣、外戚的子弟開立學校,置五經師。他的孫子章帝(公元 76 年—88 年)在白虎觀(在漢宮中)大會經師和儒生,討論經籍。在封建統治者的極力提倡之下,儒家的學術思想也就發生了更深刻的影響, 加強了維護封建專制統治的作用。

劉秀爲了使儒生及官吏忠心不二地爲東漢政權服務,又獎勵所謂"名節"。在西漢末年爲縣令的卓茂,因不仕王莽和劉玄,被他提拔爲太傅,並封爲褒德侯,食邑二千戶;西漢末年爲中散大夫的譙玄及爲郎官的李業,因在王莽統治時期閉門隱居, 後來又堅決不接受公孫述的任命,劉秀都加以褒揚,以提倡地主士大夫的忠君思想,鞏固他的專制統治。

第二節　東漢社會經濟的發展

東漢初期統治者緩和社會矛盾的政策　地主知識分子劉秀是精通封建統治的法術的,特別是從全國農民大起義中接受了實際的敎訓,知道要鞏固政權,必須改變王莽時期那樣殘暴的統治, 減輕農民的負擔,以緩和社會矛盾。所以在他開始到河北發展勢力的時候, 如在上節所

① "後漢書"卷三四"百官志(一)"注引應劭"漢官儀"。

② "後漢書"卷一"光武帝紀"。

說,已經"平遭囚徒,除王莽苛政",爲他建立政權作準備了。

劉秀建立東漢政權的次年(公元 26 年,建武 2 年),即令朝臣商議減輕刑法。公元 29 年(建武 5 年),又令"中都官、三輔、郡國出繫囚,罪非犯殊死,一切勿案,見徒免爲庶人"①。公元 30 年(建武 6 年)又下令減輕田賦,恢復西漢三十稅一的舊制。

從公元 26 年(建武 2 年)到公元 38 年(建武 14 年)之間,在劉秀統一中國的過程中,曾下了六次解放奴婢、三次禁止虐殺奴婢的詔令,如公元 26 年(建武 2 年)詔:"民有嫁妻、賣子欲歸父母者,恣聽之。敢拘執,論如律。"公元 30 年(建武 6 年)詔:"王莽時吏人沒入爲奴婢不應舊法者,皆免爲庶人。"公元 35 年(建武 11 年)一年內下了三次詔令:"殺奴婢不得減罪";"敢炙灼奴婢論如律,免所炙灼者爲庶民";"除奴婢射傷人棄市律"。公元 38 年(建武 14 年,攻滅公孫述後)詔:"益、涼二州奴婢自八年以來自訟在所官,一切免爲庶民,賣者無還直。"②這些措施對於緩和社會矛盾,恢復社會生產,都起了重要的作用。

然而,由於東漢政權主要地代表了豪族地主的利益,對於豪族地主尤其是貴戚、"功臣"的兼併土地從不干涉,所以它的緩和社會矛盾,向農民讓步的政策也就帶着很大的局限性。如在公元 39 年(建武 15 年),劉秀因"天下墾田多不以實,又戶口年紀互有增減"③,乃下令各州郡加以檢查,以便利田賦及口賦的徵收。但由於"刺史、郡守多不平均,或優饒豪右,侵刻羸弱",以致"百姓嗟怨,遮道號呼"。④對於皇親貴戚、"功臣"大官佔有大量土地的洛陽、南陽一帶,官吏更不敢過問。劉秀爲此於次年(建武 16 年)把十餘個"度田不實"的郡守下獄處死,準備認眞檢查,但又引起各地"郡國大姓"的聚衆反抗,在青、徐、幽、冀四州(山東、河北一帶)尤爲嚴重。劉秀雖然把各地的反抗鎮壓下去,但檢查田畝的事也就停止了。

東漢政權旣不能觸動豪族地主的利益,又如何緩和在土地問題上

① "後漢書"卷一"光武帝紀"。

② 同上書。

③ "後漢書"卷五二"劉隆傳"。

④ 同上書。

的社會矛盾呢?主要是移徙農民到邊疆開墾及讓農民在內地墾荒,有時也把一部分官田給農民耕種。如劉秀於公元 45 年(建武 21 年)在邊郡"建立三營屯田殖穀,弛刑謫徒以充實之"①;公元 50 年(建武 26 年),把原來由雲中、五原、朔方、北地(郡城在今甘肅靈武)、定襄(郡城在今山西右玉縣)、雁門(郡城在今山西代縣)、上谷、代(郡城在今山西陽高縣)八郡(以上各郡未註今地者,均與西漢同)流入內地的人民遣還本土。明帝於公元 65 年(永平 8 年)"募郡國、中都官死罪繫囚,減罪一等",遷徙到朔方、五原邊郡一帶開墾,其後又有數次募罪囚徙邊之事;公元 66 年(永平 9 年)"詔郡國以公田賜貧人各有差";公元 70 年(永平 13 年)汴渠修成後,以"濱渠下田,賦與貧人"。②章帝除數次募罪囚徙邊外,於公元 84 年(元和元年)"令郡國募人無田欲徙它界就肥饒者,恣聽之,到在所賜給公田";公元 86 年(元和 3 年)詔告常山(郡城在今河北元氏縣)、魏郡(郡城在今河北臨漳縣)、清河(清河,西漢爲郡,後漢改爲國,在今河北清河縣一帶)、鉅鹿(郡城在今河北寧晉縣)、平原(郡城在今山東平原縣)、東平(東平國在今山東東平一帶)諸郡守、國相說:"今肥田尚多,未有墾闢,其悉以賦貧民,給與糧種,務盡地力,勿令游手。"③這樣,雖然東漢政權向農民讓步的政策帶有很大的局限性,但在農民大起義之後,豪族地主兼併土地的現象還不太普遍嚴重,農民在負擔相對減輕之下,終能比較安定地進行生產,所以社會生產也就得到了恢復和發展。

土地的墾闢與人口的增加　如上所述,由於農民大起義推翻了王莽的暴虐統治,社會生產又從凋敝殘破中得到恢復和發展。經過農民四十餘年的辛勤勞動,到了公元 69 年(明帝永平 12 年)的時候,已是"歲比登稔,百姓殷富,粟斛三十,牛羊被野"④。再過三十餘年,到了公元 105 年(和帝元興元年),墾田面積已達到七百三十二萬零一百七十頃,比起西漢時代的墾田最多數八百二十七萬零五百三十六頃,已相差不遠了。

------

① "後漢書"卷三三"郡國志(五)"注引應劭"漢官"。
② 以上引文均見"後漢書"卷二"明帝紀"。
③ 以上引文見"後漢書"卷三"章帝紀"。
④ "後漢書"卷二"明帝紀"。

在西漢末年,全國人口約有五千九百一十九萬,經過王莽十餘年的暴虐統治,由於"攻戰之所敗,苛法之所陷,饑饉之所夭,疾疫之所及"①,人口已減少了一半;王莽的統治被推翻後,劉秀所率領的地主武裝又屠殺了很多的農民軍;劉秀進行了十年的統一戰爭,又有大量的人口遭受犧牲,因而當時的情形是:"海內人民可得而數裁十二三,邊陲蕭條,靡有孑遺。"②到了全國統一之後二十年,即公元57年(光武帝中元2年),人口數只有二千一百萬七千餘。但隨着社會的安定,經濟的恢復和發展,人口也不斷地增加;而人口的增加,又推進了社會生產的發展。公元75年(明帝永平18年),全國人口已有三千四百一十二萬五千餘;公元88年(章帝章和2年),有四千三百三十五萬六千餘;到了公元105年(和帝元興元年),全國已達五千三百二十五萬六千餘人。③即從公元57年到公元105年的五十年之間,人口約增加了一倍半。

先進農業生產技術的推廣 西漢時代(公元前206年—公元8年),在黃河流域一帶已普遍使用牛及鐵犁進行耕種,並且除種植五穀外,還有桑、麻等農作物,但在長江流域以及西江流域一帶,還未被普遍採用。到東漢時代(公元25年—220年),這些進步的農業生產技術也逐漸推廣到南方各地了。

東漢初年,九眞郡(越南民主共和國北部)的人民還使用落後的"燒草種田"的農作方法,不知牛耕,以致糧食常感不足,到任延爲九眞太守(約在公元30年前後),才教導農民使用牛耕,並鑄造鐵製農具,於是農業生產大爲發展,"田疇歲歲開廣,百姓充給"④。又桂陽郡(在今廣東、湖南交界處)內居於深山溪谷中的人民,因與外界交通不便,以致生產落後而停滯在原始的經濟生活狀態,到衛颯爲桂陽太守(在公元40年—49年,即光武帝建武16年—25年之間),才開通山路,便利人民與外界的往來,並建置鐵官,鑄造農具,提高了當地的農業生產技術。其後茨充繼任桂陽太守,又"教民種殖桑、柘、麻、紵之屬,勸令養蠶織

---

① "後漢書"卷四三"隗囂傳"。

② "後漢書"卷三三"郡國志(五)"注引應劭"漢官"。

③ 據"後漢書"卷三三"郡國志(五)"注引伏無忌所記人口數。

④ "後漢書"卷一〇六"任延傳"。

履"①，改善了人民的經濟生活。

廬江郡（郡城在今安徽廬江西）一帶，直到東漢章帝以前還不知使用牛耕，"致地力有餘，而食常不足"。公元83年（章帝建初8年）王景爲廬江太守，"修起蕪廢，敎用犂耕，由是墾闢倍多，境內豐給"②。農業生產乃得到進一步的發展。

水利的興修 東漢的水利事業不但比西漢時代更加普遍，而且水利工程技術也有了進步，對於農業生產的發展，起了顯著的促進作用。

光武帝劉秀時，任延爲武威（郡城在今甘肅武威）太守，因河西一帶雨量缺少，影響農田收穫，乃修理溝渠，以便利灌漑。馬援爲隴西（郡城在今甘肅臨洮）太守，也"開導水田，勸以耕牧，郡中樂業"③。可見在東漢初年，西北邊郡的水利事業已有發展了。

修理舊有河渠以便利農田灌漑的事業，在東漢有很多的成績。明帝時，王景曾用"塌流法"與王吳共同修治浚儀渠（在今河南開封），"水乃不復爲害"。公元69年（永平12年），明帝又命王景與王吳主持修治常常潰決的汴渠。這條汴渠從滎陽（今河南滎陽）東流到千乘（山東舊高苑）海口，長達千餘里，因爲時常決口，使豫、徐、兗、靑四州之地的農田都受災害。王景親自勘察地勢後，依靠數十萬人的力量，"鑿山阜，破砥磧，直截溝澗，防遏衝要，疏決壅積，十里立一水門，令更相洄注，無復潰漏之患"④。經過一年的時間，終於修治成功了。和帝時，汝南（郡城在今河南汝南）太守何敞領導人民修理鮦陽（今河南新蔡）舊渠，墾田增加三萬餘頃。安帝時，於公元115年（元初2年）令人民修理漳水支渠以灌漑農田；又"詔三輔、河內、河東、上黨、趙國、太原各修理舊渠，通利水道，以漑公私田疇"⑤。這些舊渠的修理，都擴大了灌漑農田的面積。

東漢時代，又利用地勢的高低，在各地修築大規模的蓄水的陂塘，以保存水量，使水源充足，保證農田的灌漑。如光武帝時汝南太守鄧晨

① "後漢書"卷一〇六"衞颯傳"。
② "後漢書"卷一〇六"王景傳"。
③ "後漢書"卷五四"馬援傳"。
④ "後漢書"卷一〇六"王景傳"。
⑤ "後漢書"卷五"安帝紀"。

使都水掾許楊領導人民修治鴻郤陂（在今河南汝南縣東），順應地勢的高低，在四百餘里的地區內修築許多水塘，灌漑了數千頃的農田，累年豐收，而且"魚稻之饒，流衍他郡"。① 到明帝時，這些陂塘的堤圍時常決壞，太守鮑昱又領導人民修建了堅固的水門，於是"水常饒足，漑田倍多，人以殷富"②。章帝時，下邳（江蘇邳縣）相張禹領導人民修理在徐縣（今安徽泗縣）北界的蒲陽陂，爲之闓築水門，通行灌漑，修成之後，"墾田千餘頃，得穀百萬餘斛"③。同時在廣陵（今江蘇江都）也有太守馬稜"興復陂湖，漑田二萬餘頃"④。順帝時，會稽太守馬臻領導人民"創立鏡湖，在會稽、山陰兩縣界，築塘蓄水，高丈餘，田又高海丈餘。若水少，則洩湖灌田；如水多，則開湖洩田中水入海，所以無凶年。堤塘周迴五百一十里，漑田九千餘頃"⑤。這些大規模的修築陂塘的水利工程，在前代是沒有的。

此外如漁陽太守張堪領導人民在狐奴（今河北順義）"開稻田八千餘頃，勸民耕種，以致殷富"⑥。山陽（郡城在今山東金鄉縣）太守秦彭領導人民"興起稻田數千頃"⑦。汲縣（今河南汲縣）令崔瑗領導人民"開稻田數百頃"⑧。在以上這些北方地區都能開闢廣大的稻田，可見水利灌漑事業的發達了。

手工業的發展 東漢的手工業，在西漢時代的基礎上也有了進一步的發展。

從樂浪郡（朝鮮平壤一帶）舊址樂浪王盱墓中所發現的漆器上，可以看出在東漢初期手工業已有精細的分工。以其中兩個漆杯上的銘文爲例，一個寫着："建武21年，蜀郡西工造乘輿俠貯器，二升二合，羹桮，素工回，髹工吳，泊工文，汜工廷，造工忠，護工卒旱，長汜、丞庚，掾翕，令史茂生。"另一個寫着："建武31年，廣漢郡工官造乘輿髹泊木俠貯杯，二

① "後漢書"卷四五"鄧晨傳"及卷一一二"許楊傳"。
② "後漢書"卷五九"鮑昱傳"。
③ "後漢書"卷七四"張禹傳"注引"東觀記"。
④ "後漢書"卷五四"馬稜傳"。
⑤ "太平御覽"卷六六引"會稽記"。
⑥ "後漢書"卷六一"張堪傳"。
⑦ "後漢書"卷一○六"秦彭傳"。
⑧ "後漢書"卷八三"崔瑗傳"。

升二合,素工伯,髹工魚,上工廣,洎工合,造工隆,護工卒史凡,長匡,丞韻,掾恂,令史郎主。"可知一個漆杯要經過素工、髹工、上工、洎工、氾工、造工等五六種專門技術工人的分工製造。而且一個漆杯上有好幾個官吏的名字,也可見這時官工業管理組織的嚴密。

在紡織業方面,除齊、蜀兩地的帛、錦仍爲著名的絲織品外,紡織技術又更加推廣。東漢初年,會稽郡(郡城在今浙江紹興縣)所生產的越布已甚精美,"後漢書"卷一一一"陸續傳"載:"陸續,……建武中爲尙書令,……喜着越布單衣,光武見而好之,自是常勅會稽郡獻越布。"原來不知紡織的地區,也逐漸掌握紡織技術了,如"後漢書"卷一〇六"衛颯傳"注引"東觀記"載:"(章帝)元和中,荆州刺史上言:臣行部入長沙界,觀者皆徒跣,臣問御佐曰:人無屨,亦苦之否?御佐對曰:十二月盛寒時,並多剖裂血出,燃火燎之,春溫或膿潰。建武中,桂陽太守茨充敎人種桑蠶,人得其利,至今江南頗知桑蠶織屨,皆充之化也。"又如"後漢書"卷八十二"崔寔傳"載:"(崔寔)爲五原太守。五原(今內蒙古自治區五原縣)土宜麻枲,而俗不知織績,民冬月無衣,積細草而臥其中,見吏則衣草而出。寔至官,斥賣儲峙,爲作紡績、織紝、練縕之具以敎之,民得以免寒苦。"尤其值得提出的,是在西南邊境的哀牢(今雲南保山)已掌握了精巧的紡織技術,並已知道利用木棉紡織爲潔白的布了。"後漢書"卷一一六"西南夷傳"載:"哀牢……土地沃美,宜五穀蠶桑,知染采文繡、罽毲、帛疊、蘭干細布,織成文章如綾錦。有梧桐木華(花),績以爲布,幅廣五尺,潔白不受垢汙。"所謂梧桐木花,即木棉花,因木棉的葉子類似梧桐葉,遂有此名。由上述的情況可以知道東漢的紡織手工業的發展,比西漢時代大爲普遍了。

冶鐵工業方面,公元31年(建武7年)在南陽發明了水排,爲冶鐵技術的一大進步。"後漢書"卷六十一"杜詩傳"載:"杜詩,……(建武)七年遷南陽太守,……造作水排,鑄爲農器。(注:冶鑄者爲排以吹炭,令激水以鼓之也。)用力少,見功多,百姓便之。"這是第一次利用水力鼓動冶鐵風箱,吹燃木炭,以鑄造各種農具,既節省了人工和成本,又提高了鐵器的產量,促進了農業的發展。南陽自戰國時即爲冶鐵業發達的地區,水排的發明,是無數的冶鐵工人在長期勞動中不斷改進生產技術的光輝成果。

商業的發展 隨着農業及手工業生產的發展，商業也發展起來。從公元 40 年（建武 16 年）起，西漢的五銖錢又恢復行用，貨幣也歸於統一。商人在市場上的活動逐漸展開了，"船車賈販，周於四方，廢居積貯，滿於都城"①。各地都市都呈現了繁榮的景象。

在西漢時代，"東賈齊魯，南賈梁楚"②的洛陽，到東漢時因建爲國都，更成爲全國的貿易中心。長安、成都、臨淄、宛、邯鄲仍然是商業繁盛的都市。在西漢時代都市稀少的長江以南地區，到了東漢，由於農業及手工業有了進一步的發展，加以交通的開闢，人口的增多③，商業也繁榮起來，除了吳（江蘇蘇州）、番禺（廣東廣州）在西漢時已爲重要都市外，如丹陽（安徽當塗）、豫章（江西南昌）、徐聞（廣東海康）、合浦（廣東合浦）等也發展成爲重要的都市。在西北地區，自與西域恢復交通往來之後，河西四郡的武威、張掖、酒泉、敦煌在商業上的地位也逐漸重要了。

在商業發達之下，商人的經濟力量擴大了，他們除了經營買賣外，還大放高利貸，如桓譚所說："今富商大賈，多放錢貨，中家子弟爲之保役，趨走與臣僕等勤，收稅與封君比入。"④商人旣易致富，從事商業的人也益見增多，如王符所說："今擧世舍（捨）農桑，趨商賈，牛馬車輿，塞道路，游手爲功，充盈都邑。……今察洛陽，浮末者什於農夫，虛僞游手者什於浮末。……天下百郡千縣，市邑萬數，類皆如此。"⑤而在國土以外，東至朝鮮半島，西至中亞細亞，南至南洋，也無不遍佈中國商人的足跡，販運着各種的物產。

第三節　東漢的對外關係

東漢對匈奴的戰爭 匈奴在王莽時，即又時常侵擾中國邊境。劉秀建立東漢政權後，曾於公元 30 年（建武 6 年）派使者與匈奴通好，想恢復過去的關係，但匈奴單于輿卻"自比冒頓，對使者辭語悖慢"⑥，並勾結割據北邊的盧芳共同侵擾。公元 33 年（建武 9 年）劉秀雖派吳漢率兵進擊，但經年未得勝利。公元 37 年（建武 13 年），匈奴又侵入河東（今山西夏縣一帶），其左部且入居塞內，東漢因須鞏固內部剛剛統一的局面，無力出兵進攻，只有一面使幽、并二州北邊的人民內徙，一面在沿邊防守。而匈奴則於此後侵略益甚，在公元44年及45年（建武20年、21年）連入上黨（郡城在今山西長治縣）、扶風（郡城在今陝西興平縣）、天水（郡城在今甘肅甘谷縣）、上谷（郡城在今河北懷來縣）、中山（今河北定縣一帶）諸郡國，大肆殺掠，沿邊不得安寧。

然而，就在這時，匈奴內部也出了問題。公元46年（建武22年），匈奴單于輿死後，他的兒子繼立，即蒲奴單于。但有些貴族不服從蒲奴單于的領導，爭奪單于之位，相互間矛盾很大；同時，匈奴因"連年旱蝗，赤地數千里，草木盡枯，人畜飢疫，死耗大半"[7]，實力也大為減弱。公元48年（建武24年），匈奴南部的八部大人共立日逐王比為單于，與蒲奴單于對抗，並向東漢投降，從此匈奴分裂為南北二部。

劉秀接受了南匈奴的投降，而北匈奴也因實力虧損，無力南侵，於是中國北邊得到暫時的安寧。但到明帝時，北匈奴的力量又強大了，自公元62年（永平5年）後，不斷入侵，尤其是在西北邊郡焚燒殺掠得很厲害。這時東漢的國力也由於社會生產的發展而強盛了，乃一面在五原郡曼柏縣（今內蒙古自治區黃河北岸烏拉特前旗）駐屯精兵，稱為"度遼營"，以斷絕南、北匈奴之間的交通；一面準備發兵大舉進攻。

公元73年（永平16年），明帝派竇固、耿忠等八將率軍分四路出塞進擊匈奴。竇固與耿忠由酒泉出發，擊破了匈奴呼衍王的軍隊，追至蒲類海（今新疆巴里坤湖），佔領了伊吾盧（今新疆哈密），並在這裏駐兵屯田。此後北匈奴雖企圖反攻，但因內部時常發生矛盾，逐漸衰弱；又於

① "後漢書"卷七九"仲長統傳"。

② "史記"卷一二九"貨殖列傳"。

③ 東漢時代，長江以南各郡的人口一般都比西漢時增加很多，看"漢書""地理志"及"後漢書""郡國志"的記載可知，例如丹陽郡在西漢時有四十萬五千餘人，到東漢增至六十三萬五百餘人；桂陽郡在西漢時有十五萬六千餘人，到東漢增至五十萬一千餘人；南海郡在西漢時有九萬四千餘人，到東漢增至二十五萬二百餘人。

④ "後漢書"卷五八"桓譚傳"。

⑤ "潛夫論"卷三"浮侈篇"。

⑥ "後漢書"卷一一九"南匈奴傳"。

⑦ 同上書。

公元85年(章帝元和2年)遭受南匈奴、丁零(其地在今蘇聯境內西伯利亞葉尼塞河上游至貝加爾湖南)、鮮卑、西域的四面夾攻,已不能再入中國邊塞。

公元89年(和帝永元元年),東漢乘北匈奴衰弱之際,由竇憲、耿秉等率兵進攻,在稽落山(在今內蒙古自治區)大破北匈奴兵,單于逃走。竇憲、耿秉乘勝追擊,北匈奴各部相率投降者前後二十餘萬人,一直進到燕然山(今蒙古人民共和國境內杭愛山),已出塞三千餘里,才刻石記功而回。

公元91年(永元3年),竇憲又遣耿夔、任尚等率精銳騎兵進擊北匈奴,直至塞外五千餘里的金微山(在今蘇聯西伯利亞境),大破其軍。北匈奴單于率領餘部西遁,據說沿額爾齊斯河上游經鹹海、裏海之北入於歐洲。從此中國減除了匈奴入侵之患。

東漢再通西域　西域在西漢末年共有五十餘國,由於王莽施行了反動的對外政策,西域諸國又與中國斷絕了關係,多役屬於匈奴。但在"匈奴斂稅重刻"之下,"諸國不堪命"①,所以在東漢統一之後,又都想與中國恢復關係。公元45年(建武21年),車師、鄯善、焉耆等十餘國國王都"遣子入侍",願為漢朝的藩屬,並請設置西域都護;而光武帝劉秀則因為北方邊境上匈奴的侵略還無足夠的力量抵禦,更無暇遠顧西域,沒有應許。次年鄯善王又上書願遣子入侍,並請設都護,仍無結果。

直到公元73年(永平16年)竇固出兵擊敗匈奴、佔領伊吾盧之後,才派他部下的假司馬班超出使西域,進行聯絡西域諸國的活動。

班超出使西域,只帶了三十六個人,先到了鄯善,但不久匈奴使者也到,鄯善王徬徨不知依從。班超乃以"不入虎穴、焉得虎子"的口號激發三十六人的勇氣,攻殺了匈奴使者及其隨從一百數十人,鄯善王遂與匈奴斷絕,依附東漢。班超繼續西行到于闐,于闐王也殺死匈奴使者,依附東漢。公元74年(永平17年),班超又控制了疏勒。這年竇固、耿秉進兵降服了車師前、後兩部,東漢政府乃設置西域都護及戊己校尉,以陳睦為都護,耿恭為戊校尉,駐於車師後部金蒲城(今新疆吉木薩爾南);關寵為己校尉,駐於車師前部柳中城(今新疆鄯善西南魯克沁)。耿恭又

① "後漢書"卷一一八"西域傳"。

聯絡烏孫，烏孫也與東漢通好。

然而，就在東漢開通西域得到初步成功之後，便遭受到匈奴的打擊了。公元 75 年(永平 18 年)，匈奴進兵車師，又聯合焉耆、龜茲(在今新疆庫車、沙雅之間)等國圍攻漢軍，結果陳陸、關寵全軍覆沒；耿恭屢被匈奴攻擊，於次年僅與十三人退回玉門關內。東漢政府於失利之下，於是不再派遣都護，停止在西域的活動，並召班超回國。

班超本想奉命回國，但因疏勒及于闐兩國的堅決挽留，又決心在西域繼續活動，以期完成開通西域的偉大事業。不過，這時班超已得不到國內的援助，僅能依靠西域少數國家人民的支持，運用他的卓越的識見和才幹，在艱苦的環境中與匈奴在西域的勢力進行鬥爭。

公元 78 年(章帝建初 3 年)，班超發動了疏勒、康居、于闐、拘彌(在今新疆于闐縣)諸國兵一萬人攻破姑墨國(在今新疆拜城縣)的石城，取得了有利的形勢。這時班超在疏勒一帶活動已歷五年之久，深知西域各國多半願意依附中國，不願受匈奴的奴役，若再得到東漢政府的支持，開通西域的事業必能完全成功，遂上書漢章帝詳述西域的情況，並請求派兵援助。章帝知道班超幾年來在西域活動確有進展，也增強了開通西域的信心，遂於公元 80 年(建初 5 年)派徐幹帶領着一千人前往援助。

公元 83 年(建初 8 年)，章帝任命班超爲將兵長史，徐幹爲軍司馬，領導開通西域的事業。爲了進攻龜茲，班超又聯好烏孫，並派人把烏孫的侍子送到洛陽。次年，章帝又遣和恭等率領八百人到西域援助。於是班超依靠本國的一千八百人，再聯合疏勒、于闐兩國的兵士，進攻莎車(在今新疆莎車縣)，經過複雜的鬥爭，莎車雖未征服，但於公元 86 年(元和 3 年)打通了西域南道。

公元 87 年(章和元年)，班超發動于闐諸國兵二萬五千餘人再擊莎車，而龜茲王則聯合温宿(在今新疆温宿縣)、姑墨、尉頭(在今新疆烏什縣)諸國兵共五萬人援助莎車。這是一場大規模的戰爭，班超這方面兵少本難取勝，但班超卻與于闐王定計分散了敵人的兵力，並以機動的戰術攻破了莎車的大本營，因而降服了莎車；龜茲等國的兵也都敗退而去，從此班超便"威震西域"① 了。

① "後漢書"卷七七"班超傳"。

自公元 89 年(和帝永元元年)竇憲擊破北匈奴之後,西域北道諸國失掉了匈奴的支持,因而班超在西域的活動更爲順利。公元 90 年(永元2 年)班超擊破了月氏七萬人的進攻,"月氏由是大震,歲奉貢獻"①。公元 91 年(永元 3 年)又降服了龜茲、姑墨、温宿諸國。這時只有焉耆、危須(在今新疆庫爾勒縣)、尉犁(在今新疆尉犁縣)三國因曾攻殺了東漢的西域都護陳睦,心懷疑懼,沒有通好。東漢政府乃以班超爲西域都護,徐幹爲長史。

到了公元 94 年(永元 6 年),班超發動龜茲、鄯善等八國兵共七萬人,攻服了焉耆、危須、尉犁三國,於是西域五十餘國完全依附東漢。

從此以後,阻塞了數十年的東西交通大道又暢通了,中國和西域在經濟與文化上的交流也繼續展開了。

班超從奉命出使到完全開通西域,前後共歷二十二年。他之所以能夠完成這個重要的歷史任務,主要是依靠東漢帝國的強大力量,及西域各國人民希望擺脫匈奴的苛重剝削的要求,若沒有這種有利的基本條件,他的活動是不會成功的。但他以堅決的意志及卓越的外交、軍事、政治才能,在艱苦的鬥爭中,得到了符合祖國人民利益的光輝的勝利,確是值得崇敬的。所以班超是中國歷史上出色的英雄人物。

東漢與烏桓、鮮卑的關係 烏桓、鮮卑原屬東胡。東胡自西漢初年被匈奴單于冒頓攻滅後,其中一部分聚保烏桓山(在今內蒙古自治區阿魯科爾沁旗西北),遂稱爲烏桓;又有一部分聚保鮮卑山(在今內蒙古自治區科爾沁右翼前旗西),遂稱爲鮮卑。

烏桓自西漢時已與中國發生關係。漢武帝擊破匈奴左部後,即遷徙烏桓人於上谷、漁陽、右北平、遼東諸郡塞外,使他們爲漢朝偵察匈奴的動靜,並置護烏桓校尉以監督他們。直到西漢末年,烏桓都在中國北邊塞外。王莽時,曾強徵烏桓兵攻擊匈奴,烏桓不肯,遂與王莽結怨,而依附匈奴。

東漢初年,烏桓與匈奴連兵入侵,在代郡以東地區掠奪。公元 46 年(建武 22 年)烏桓乘匈奴內部分裂之際,擊破匈奴,勢力益爲強大。劉秀恐其再入塞搶掠,乃送給他們幣、帛等物並與之聯絡。這時,南匈奴降

① "後漢書"卷七七"班超傳"。

漢，烏桓便也願與東漢通好。公元49年（建武25年），烏桓各部大人、渠帥等九百二十二人到洛陽會見劉秀，並贈送禮物，劉秀也送以珍寶。於是東漢在上谷郡寧縣（今河北宣化）置烏桓校尉，設立軍營，以防備烏桓再乘機入侵；並與之進行物資交易。此後在明帝、章帝、和帝時期，都與烏桓相安無事。

自和帝以後，因東漢政治日見腐敗，國力衰弱，烏桓又屢次入侵，如在安帝時侵入代郡、上谷、五原；順帝時侵入雲中；桓帝時侵入北邊九郡地區。到了靈帝時，烏桓各部大人，在"上谷有難樓者，衆九千餘落；遼西有丘力居者，衆五千餘落，皆自稱王；又遼東蘇僕延，衆千餘落，自稱峭王；右北平烏延，衆八百餘落，自稱汗魯王。並勇健而多計策"①。曾於公元187年（中平4年）侵入青、徐、幽、冀四州進行掠奪。東漢末年獻帝時，遼西烏桓大人蹋頓總領烏桓諸部，遣使與袁紹通好，並出兵幫助袁紹擊破公孫瓚。袁紹死後，其子袁尚因被曹操攻破，乃奔依蹋頓，企圖憑借烏桓的兵力向曹操反攻。但在公元207年（建安12年），烏桓爲曹操攻破，蹋頓被殺，被俘虜者有二十餘萬人，從此烏桓便衰落了。

鮮卑在烏桓之北，在西漢時尚未與中國接觸。到東漢初年，開始與匈奴、烏桓聯合侵入中國北部邊境進行殺掠。到南匈奴投降後，才與東漢通好，並助擊北匈奴。公元54年（建武30年），鮮卑大人於仇賁、滿頭等到洛陽表示依附之意，劉秀遂封於仇賁爲王，滿頭爲侯。此後鮮卑各部大人都來依附，歷經明帝、章帝時期，與中國沒有衝突。

和帝時，北匈奴單于從金微山向西逃跑之後，鮮卑乘機佔據北匈奴故地，當時留下的北匈奴人便與鮮卑融合在一起，於是鮮卑勢力漸盛，又開始侵擾中國北部邊境。自公元97年（和帝永元9年）至公元133年（順帝陽嘉2年）的三十多年之間，鮮卑各部時常侵入遼東、右北平、漁陽、遼西、代、上谷、雲中、雁門、定襄等北邊諸郡，燒殺搶掠，除與東漢展開多次激戰外，並與南匈奴、烏桓相攻擊。

桓帝時，鮮卑大人檀石槐統一東西諸部，又"南抄緣邊，北拒丁零，東卻夫餘，西擊烏孫，盡據匈奴故地，東西萬四千餘里，網羅山川水澤鹽池"②。勢力空前強盛，屢次侵入中國邊郡大肆殺掠。東漢政府不能抵制，遂遣使封檀石槐爲王，並想與和親，但檀石槐不肯接受，反而侵略更甚。這時鮮卑土地廣大，爲了便於統馭，"乃自分其地爲三部：從右北平東至遼東接夫餘、濊貊二十餘邑，爲東部；從右北平以西上谷十餘邑，爲中部；從上谷以西至敦煌、烏孫二十餘邑，爲西部。各置大人主領之，皆屬檀石槐"③。到靈帝時，幽、并、涼三州緣邊諸郡，每年都遭受鮮卑的蹂躪，損失極重。靈帝曾於公元 177 年(熹平 6 年)派遣夏育、田晏、臧旻各率萬騎分三路出塞進攻，但被鮮卑三部大人迎擊潰敗。這時的鮮卑，已如西漢初年的匈奴一樣，成爲中國北方最強大的敵人了。

東漢的國外交通 東漢時代的國外交通，無論陸路或海路方面，都在西漢時代的基礎上有了進一步的發展，因而與更多的國家有了往來，擴大了人民的地理知識，促進了國際間經濟與文化的交流。

在西方，開通西域之後，班超曾於公元 97 年 (和帝永元 9 年)派遣其屬吏甘英出使大秦(即羅馬帝國，又稱犁鞬、犁軒或犁靬)。甘英到了條支(今伊拉克地)將渡大海④ 時，因聽安息(今伊朗) 西界船人說："海水廣大，往來者逢善風，三月乃得度；若遇遲風，亦有二歲者，故入海人皆齎三歲糧。海中善使人思土戀慕，數有死亡者。"⑤ 遂又折回。同時，大秦王也 "常欲通使於漢，而安息欲以漢繒綵與之交市，故遮閡不得自達"⑥。由此看來，東漢與大秦的不得通使是由於安息人的阻梗。直到公元 166 年(桓帝延熹 9 年)，"大秦王安敦遣使自日南徼外獻象牙、犀角、瑇瑁，始乃一通焉"⑦。東漢雖然未能派使者到達大秦，但甘英卻是歷史上第一個西行最遠的人；而且對於通往大秦的路綫也比過去有更多的了解。據"後漢書"卷一一八"西域傳"載："自安息西行三千四百里，至阿蠻國；從阿蠻西行三千六百里，至斯賓國；從斯賓南行度河，又西南至于

---

① "後漢書"卷一二〇"烏桓傳"。

② "後漢書"卷一二〇"鮮卑傳"。

③ 同上書。

④ 這個大海也稱西海，"史記"卷一二三"大宛列傳"云："條支在安息西數千里，臨西海。""後漢書"卷一一八"西域傳叙"云："班超遣掾甘英窮臨西海而還。"當即今之波斯灣。

⑤ "後漢書"卷一一八"西域傳"。

⑥ 同上書。

⑦ 同上書。

羅國，九百六十里，安息西界極矣。自此南乘海，乃通大秦。"又載："從安息陸道繞海北行，出海西，至大秦，人庶連屬，十里一亭，三十里一置（驛站），終無盜賊寇警，而道多猛虎、師（獅）子，遮害行旅，不百餘人齎兵器，輒爲所食。"自西漢張騫第二次出使西域後，安息即與中國有了往來，東漢時，安息王又曾兩次遣使到中國通好，"後漢書"卷一一八"西域傳"載："安息國……章帝章和元年（公元 87 年）遣使獻師子、符拔。符拔形似麟而無角。……（和帝）永元 13 年（公元 101 年）安息王滿屈復獻師子及條支大鳥，時謂之安息雀。"而且中國的絲是由安息人販運到歐洲去的，在商業上的往來更多，當時中國所知道的關於通往大秦的道路及其他情況，也大半從安息人得來。

在東漢初印度（當時稱身毒或天竺）與中國的交通往來，原經西域的陸路，到東漢末期乃改由海路，"後漢書"卷一一八"西域傳"載："天竺國……和帝時數遣使貢獻，後西域反畔，乃絕。至桓帝延熹 2 年、4 年（公元 159 年、161 年），頻從日南徼外來獻。"至於印度佛教傳入中國的情形，另在本書第七章中敘述。

在西漢時代，已開闢了與今日緬甸及南洋一帶的交通路綫。① 東漢時，這一帶的國家與中國的關係更有進展。"後漢書"卷一一六"西南夷傳"："（和帝永元）9 年（公元 97 年），徼外蠻及撣國王雍由調遣重譯奉國珍寶，和帝賜金印紫綬，小君長皆加印綬錢帛。……（安帝）永寧元年（公元 120 年），撣國王雍由調復遣使者詣闕朝賀。獻樂及幻人，能變化吐火，自支解易牛馬頭，又善跳丸，數乃至千，自言我海西人。海西即大秦也，撣國西南通大秦。"又卷六"順帝紀"載："永建 6 年 12 月（公元 132 年初），南徼外葉調國、撣國遣使貢獻。"注引"東觀記"云："葉調國王遣使師會詣闕貢獻。"撣國即在今緬甸，葉調國即在今印度尼西亞，尤以撣國在三十幾年之中遣使三次，可見在東漢時已與中國有相當密切的外交關係了。

中國與日本的交通，到東漢時也較前開展，除日本遣使與中國通好外，中國使者曾到過日本各地，瞭解了一些情況。"後漢書"卷一一五"東夷傳"載："建武中元 2 年（公元 56 年），倭奴國奉貢朝賀，使人自稱大

① 見本書第三章第二節。

夫,倭國之極南界也。光武賜以印綬。安帝永初元年(公元 107 年),倭國王帥升等獻生口百六十人,願請見。桓、靈間,倭國大亂,更相攻伐,歷年無主。有一女子,名曰卑彌呼,年長不嫁,事鬼神道,能以妖惑衆,於是共立爲王。侍婢千人,少有見者,唯有男子一人給飮食、傳辭語。居處宮室,樓觀城柵,皆持兵守衛,法俗嚴峻。自女王國東度海千餘里,至拘奴國,雖皆倭種,而不屬女王。自女王國南四千餘里,至朱儒國,人長三四尺。自朱儒東南行船一年,至裸國、黑齒國,使驛所傳,極於此矣。"由此可見東漢時對於日本一帶的地理知識是比以前廣闊得多了。

第六章　東漢社會階級矛盾的
增長　黃巾大起義

第一節　豪族勢力的發展

如前章所說，東漢政權是由豪族地主利用農民起義的力量、奪取了農民革命的勝利果實而建立的，主要地代表了豪族的利益。因而，在這個政權下，豪族的政治力量和經濟力量便更加擴大了。到了東漢中葉以後，豪族已形成為社會上強固的勢力，其結果是加深了農民的痛苦，分割了中央集權的統治，阻礙了社會生產的發展。

上層統治集團中的功臣、外戚豪族　建立東漢政權的劉秀原是豪族地主，他的親戚也都是豪族地主。如他的外祖家樊氏"為鄉里著姓，…世善農稼，好貨殖，……財利歲倍，至乃開廣田土三百餘頃。其所起廬舍皆有重堂高閣，陂渠灌注，又池魚牧畜，有求必給。……貲至巨萬，……其素所假貸人間數百萬"①。他的岳家陰氏自西漢宣帝以來便是"田有七百餘頃，輿馬僕隸比於邦君"的"巨富"。他的妻兄陰識，在劉縯起兵時"率子弟宗族賓客千餘人"參加。②東漢的一些"開國功臣"也多是出身於富家豪族③，而他們在東漢政權建立之後，又長期佔據着優越的政治地位，如："鄧氏自中興後，累世寵貴，凡侯者二十九人，公二人，大將軍以下十三人，中二千石十四人，列校二十二人，州牧、郡守四十八人，其餘侍中、將、大夫、郎、謁者，不可勝數，東京莫與為比。"④又如："耿氏自

---

① "後漢書"卷六二"樊宏傳"。

② "後漢書"卷六二"陰識傳"。

③ 見"後漢書"卷四五至卷五四各傳。

④ "後漢書"卷四六"鄧禹傳"。

中興已後，迄建安之末，大將軍二人，將軍九人，卿十三人，尚公主三人，列侯十九人，中郎將、護羌校尉及刺史、二千石數十百人，遂與漢興衰云。"① 依仗着這種政治勢力，自然也就擴大了他們的經濟力量。

東漢的皇室，時常是和功臣豪族互通婚姻的。如明帝的馬皇后是功臣馬援的女兒，章帝的竇皇后是功臣竇融的曾孫女，和帝的鄧皇后是功臣鄧禹的孫女；而皇室的女兒嫁給功臣的子孫的更多，於是功臣豪族往往也就是外戚豪族，他們的政治和經濟勢力也就愈益強大。如光武帝時竇融一家"一公、兩侯、三公主、四二千石，皆相與並時。自祖及孫，官府邸第相望京邑，奴婢以千數，於親戚、功臣中莫與爲比②。"明帝、章帝時，馬援的兒子馬防"兄弟貴盛，奴婢各千人以上，資產巨億，皆買京師膏腴美田；又大起第觀，連閣臨道，彌亘街路，多聚聲樂，曲度比諸郊廟；賓客奔湊，四方畢至，京兆杜篤之徒數百人，常爲食客居門下；刺史、守、令，多出其家。……防又多牧馬畜，賦斂羌胡"③。章帝時，竇憲依恃他妹妹竇皇后的勢力，曾以賤價強奪沁水公主(明帝女)的園田，而沁水公主不敢和他計較，連章帝都說："今貴主尚見枉奪，何況小人哉！"④ 到了桓帝時，外戚梁冀當權，各地方所貢獻的物品，都是先把最好的送到他家，其次的才送給皇帝。他曾無故侵奪了一個富人孫奮的貲財一億七千萬；又把"西至弘農、東界滎陽、南極魯陽、北達河淇，包含山藪，遠帶丘荒，周旋封域，殆將千里"⑤ 的廣闊的土地，據爲己有；而且任意逼迫良民充做他的奴婢，名爲"自賣人"，有數千人之多。外戚豪族的勢燄可算達到極點了。

這些上層統治集團中的功臣、外戚豪族，由於握有特殊的政治權力，也就佔奪了更多的經濟利益，是勢力最大的豪族。

在官僚政治下發展起來的世家豪族 除了上層統治集團的功臣、外戚豪族外，還有一些官僚地主，依靠着腐敗的官僚政治制度，如任子、

① "後漢書"卷四九"耿弇傳"。
② "後漢書"卷五三"竇融傳"。
③ "後漢書"卷五四"馬援傳"。
④ "後漢書"卷五三"竇憲傳"。
⑤ "後漢書"卷六四"梁冀傳"。

察舉、徵辟等，長期佔據着一定的政治地位，以擴充其經濟利益，因而在社會上形成了擁有強大勢力的世家豪族。

任子制度是任用職位較高的官吏的子弟爲官，亦即高級官僚的子弟不需要其他條件就可得到官職。這種制度在西漢時早已實行了。"漢儀注"云："吏二千石以上，視事滿三歲，得任同產若子一人爲郞。"① 如汲黯因爲父親的關係得任爲太子洗馬，蘇武因爲父親的關係得任爲郞，霍光因爲哥哥的關係得任爲郞，蕭育因爲父親的關係得任爲太子庶子等。西漢宣帝時，諫大夫王吉曾上書反對這種制度，他說："今使俗吏得任子弟，率多驕驁不通古今，至於積功治人，亡益於民。……宜明選求賢，除任子之令。"② 但未被採納。到哀帝時雖曾明令廢除，而西漢政權已臨末日，難見成效了。到東漢政權建立後，爲了保障豪族的政治權利，任子制度仍然照舊實行，如明帝時桓郁、馬廖、耿秉等都因爲父親的關係得任爲郞。到安帝時，又於公元 121 年（建光元年）下詔重申任子之令："以公、卿、校尉、尚書子弟一人爲郞、舍人。"③ 這樣，一家中只要有一人做了大官，其子弟也就得到做官的權利，若連續幾代都是如此，自然就成爲世代爲官的豪族了。

察舉制度到東漢時已成爲豪族擴大其政治勢力的工具，察舉的標準已不是所謂"賢德"或"才能"，而是"閥閱"了。公元 76 年（建初元年）章帝所下的詔令中說："夫鄉舉里選，必累功勞。今刺史、守、相不明眞僞，茂才、孝廉歲以百數，旣非能顯，而當授之政事，甚無謂也。每尋前世舉人貢士，或起畎畝，不繫閥閱。"④ 大鴻臚韋彪也說："士宜以才行爲先，不可純以閥閱。"⑤ 其後順帝的詔令中也有"選舉不實，官非其人"⑥ 的話。到了桓帝時候，察舉更不出豪族之門，所謂"羣僚舉士者，或以頑魯應茂材，以桀逆應至孝，以貪饕應廉吏，以狡猾應方正，……名實不相副，求貢不相稱；富者乘其財力，貴者阻其勢要；以錢多爲賢，以剛強爲

① "漢書"卷一一"哀帝紀"注引。
② "漢書"卷七二"王吉傳"。
③ "後漢書"卷五"安帝紀"。
④ "後漢書"卷三"章帝紀"。
⑤ "後漢書"卷五六"韋彪傳"。
⑥ "後漢書"卷六"順帝紀"。

上"①。雖然有人想抑制這種流弊,從中小地主階層中選拔"人才",但終因遭受到豪族的打擊而失敗。如"(陳)蕃爲光祿勳,與五官中郎將黃琬共典選舉,不偏權富,而爲勢家郎所譖訴,坐免歸"②。於是察舉制度便完全失去了原來的作用,成爲世家豪族把持政治勢力的工具了。

在徵辟制度之下,皇帝所徵的官吏必然是能爲這個豪族政權服務並與豪族的利益一致的,這種人又多半出自世家豪族。公卿大臣及郡守本身多係世家豪族,他們所辟的官吏或是豪族子弟,或是附合他們、供他們驅使的地主士大夫。即使有的公卿大臣偶而辟用了非豪族的人爲官,也要受到處分,如順帝時太傅桓焉"坐辟召禁錮者爲吏,免"③。靈帝時司徒楊賜"坐辟黨人,免"④。所以徵辟制度也只是鞏固豪族勢力的手段。

基於上述情況,一些官僚地主便成爲累代佔有政治地位的世家豪族。最著名的如弘農(河南靈寶一帶)楊氏,一連四世(楊震、楊秉、楊賜、楊彪)居三公之官;汝南(河南汝南一帶)袁氏,四世有五人(袁安、袁敞、袁湯、袁逢、袁隗)爲三公,其他世代爲官的豪族不可勝數。以後魏晉南北朝時期的世族,便是由這類豪族發展下來的。

由於世家豪族控制了政治權柄,一般中小地主爲了取得政治地位,保持自己的利益,便依附於豪族的勢力之下,與豪族發生了屬從的關係,這就是所謂故吏與門生。凡曾爲公卿大臣或郡守的僚屬及被其辟召的人,都算是故吏;凡託庇於豪族之門以干求祿位,所謂"懷丈夫之容,而襲婢妾之態,或奉貨而行賂,以自固結,求志屬託,規圖仕進"⑤的人,都算是門生。於是一個世家豪族往往有衆多的故吏與門生,爲之增加聲勢,如四世五公的汝南袁氏"門生故吏徧於天下"⑥,形成爲社會上煊赫的政治勢力。

掌握雄厚的經濟力量的商人、地主豪族　還有一類豪族,雖然沒有

① 王符"潛夫論"卷二"考績篇"。
② "後漢書"卷九六"陳蕃傳"。
③ "後漢書"卷六七"桓焉傳"。
④ "後漢書"卷八四"楊賜傳"。
⑤ 徐幹"中論"卷下"譴交篇"。
⑥ "後漢書"卷一〇四"袁紹傳"。

甚麼政治地位，可是由於他們掌握雄厚的經濟力量，在社會上也有很大的勢力，這便是一些富商大賈及豪強地主，或兼具二者的豪族。尤以自東漢中葉以後，他們的勢力已發展到極爲強大的程度了。

東漢末年人仲長統，對於當時豪族的情況有詳盡的描寫。仲長統說他們的財產是："豪人之室，連棟數百，膏田滿野，奴婢千羣，徒附萬計。船車賈販，周於四方；廢居積貯，滿於都城。琦賂寶貨，巨室不能容；馬牛羊豕，山谷不能受。"① 他們的生活是："妖童美妾，填乎綺室；倡謳妓樂，列乎深堂。賓客待見而不敢去，車騎交錯而不敢進。三牲之肉，臭而不可食；清醇之酎，敗而不可飲。睇盼則人從其目之所視，喜怒則人隨其心之所慮。"② 至於他們的社會勢力則是："館舍布於州郡，田畝連於方國。身無半通青綸之命，而竊三辰龍章之服；不爲編戶一伍之長，而有千室名邑之役。榮樂過於封君，埶（勢）力侔於守令。財賂自營，犯法不坐；刺客死士，爲之投命。至使弱力少智之子，被穿帷敗，寄死不斂，冤枉窮困，不敢自理。"③ 由此可見，這類豪族雖無一官半爵，但因兼併了大量的土地，擁有鉅大的財富，就可爲所欲爲，橫行施威，而且有許多人受他們的奴役，供他們的驅使，其勢力也不下於達官貴戚了。

上述的三類豪族，雖然在與皇室的關係及政治地位上有所不同，但他們都是無限度地兼併土地，極端殘酷地剝削農民的。他們迫使大批的農民失去自己的耕田以至人身的自由，淪爲他們的"徒附"或奴婢，如崔寔的"政論"中說："父子低首，奴事富人，躬率妻孥，爲之服役。"他們又聚結宗族，收養賓客，構成了一個個的豪族集團，以擴大其對於土地及農民的掠奪。於是，各地豪族所控制的土地及農民愈多，地方勢力愈見強大，便削弱了中央集權的統治力量，造成了分裂割據的經濟基礎，阻礙了社會經濟的發展，並成爲此後魏晉南北朝時代長期分裂割據的主要根源。

第二節　統治階級內部的鬥爭

外戚、宦官的鬥爭　東漢帝國建立後，由於加強了君主專制的統治，政權即集中於宮廷，而出入宮廷、與皇室最接近的便是外戚與宦官，當皇室無力直接執行統治的時候，外戚與宦官就得到了把持政權的便

①②③　"後漢書"卷七九"仲長統傳"。

利。但由於外戚、宦官和皇室的關係及他們的社會地位不同，所以他們在政治與經濟的利益上時常發生矛盾，因而形成兩個對立的集團，為了各自擴大其政治力量與經濟力量，展開了奪取政權的鬥爭。

自和帝（公元 89 年—105 年）起，東漢的皇帝都是幼年即位，因為皇帝年幼，所以都是由皇太后臨朝稱制，外戚當權輔政。造成這種情況的原因是由於外戚想把持政權，而故意挑選年幼的皇子來做皇帝，所謂"外立者四帝，臨朝者六后，莫不定策帷幄，委事父兄，貪孩童以久其政，抑明賢以專其威"①。在外戚專權之下，外戚與皇權和宦官發生了尖銳的矛盾：當年幼的皇帝長大之後，逼於外戚的壓力，覺得只有和他朝夕相處的宦官最為親信可靠，於是就依靠宦官集團以打擊外戚；而宦官也藉此奪取政權，以滿足其政治與經濟的慾望。

東漢外戚與宦官的鬥爭從和帝時就開始了。和帝即位時才十歲，由竇太后臨朝稱制。竇太后的哥哥竇憲掌握政權。竇憲"內幹機密，出宣誥命"，尤其是自擊敗匈奴之後，官居大將軍，"威權震朝廷，公卿希旨"。"竇氏父子兄弟，並居列位，充滿朝廷"，"刺史、守、令、多出其門"。②和帝在"竇憲兄弟專總權威"之下，"內外臣僚莫由親接"③，於是與宦官鄭眾定謀，殺死竇憲及其兄弟、同黨，剷除了竇氏外戚集團的勢力。而鄭眾遂得參預政事，並封侯食邑。宦官自此開始取得了重要的政治地位。

和帝死後，他的皇后鄧氏立了一個出生僅百餘日的殤帝（公元 106 年），自己以太后的身份臨朝。不過八個月，殤帝死了，又立十三歲的安帝（公元 107 年—125 年）。鄧太后臨朝十五年。她的兄弟鄧騭、鄧悝、鄧弘、鄧閶等都居要職，把持朝政。鄧太后死後，安帝親政，宦官李閏等告發鄧氏兄弟的罪狀，逼鄧騭等自殺；安帝又信用他的皇后閻氏的兄弟閻顯、閻景、閻耀等，同時宦官江京、李閏等也執掌大權，形成外戚與宦官共同把持朝政的局面。就在這種局面下，外戚與宦官都很奢侈暴虐，廣收賄賂，在各地方布置爪牙，儘量向人民徵斂錢財，政治的黑暗便日益加甚了。

---

① "後漢書"卷十"后紀序"。

② 以上引文均見"後漢書"卷五三"竇憲傳"。

③ "後漢書"卷一〇八"宦者傳序"。

安帝死後，閻后與閻顯立了一個少帝，少帝數月即死，又擬另立皇帝，引起宦官孫程等十九人的不滿。孫程等擁立十一歲的順帝，並殺死閻顯兄弟；閻后被遷出內宮，次年亦死。於是宦官把外戚的勢力推倒，獨攬政權。

順帝即位（公元 126 年）後七年，立皇后梁氏。梁后的父親梁商於公元 135 年（順帝陽嘉 4 年）被任命爲大將軍，總管朝政。次年梁商的兒子梁冀也被任爲管理京都的河南尹。公元 141 年（順帝永和 6 年），梁商死，梁冀繼爲大將軍，而以其弟梁不疑爲河南尹。梁氏父子兄弟相繼掌握大權，梁冀尤爲專橫，此後歷經冲帝（公元 145 年）、質帝（公元 146 年）以至桓帝（公元 147 年－ 167 年），二十年間都由梁冀擅斷朝政。

梁冀本是一個浮蕩而貪暴的外戚子弟，爲河南尹時即"暴恣多非法"，做了大將軍後，更是擅作威福，"侈暴滋甚"。①公元 144 年（建康元年）順帝死，年僅二歲的冲帝繼立，梁太后臨朝。不到半年，冲帝死，梁冀又立年僅八歲的質帝。質帝年紀雖小，却已看出梁冀的"驕橫"，稱之爲"跋扈將軍"。梁冀聞知後，便派人用毒藥把質帝害死，另立十五歲的桓帝，這時名義上仍由梁太后臨朝聽政，實際是梁冀獨攬大權。梁冀的妹妹是桓帝的皇后，他的兩個弟弟（梁不疑、梁蒙）和他的兒子（梁胤）都封爲萬戶侯，他的妻子也封爲襄城君。過了幾年他的孫子和姪孫也封了侯，梁家男女都得到高官貴爵，總計他"一門前後七封侯、三皇后、六貴人、二大將軍、夫人女食邑稱君者七人、尙公主三人，其餘卿、將、尹、校五十七人"②。在梁冀專權之下，滿朝官吏都須聽從他的支配，若得升遷職位，要先到他家裏謝恩；如有不依附恭維他的人，隨時會遭受陷害殺戮，所謂"威行內外，百僚側目，莫敢違命"③。對於皇帝也派人監視，不許皇帝過問政事。同時，他又多方搜括錢財，聚斂各地的珍寶異產，大起房舍，廣開園囿，搶掠婦女，縱情聲色遊樂之中，過着窮奢極慾的腐化生活。

漢桓帝一直受着梁冀的脅制，只做空頭皇帝，久已懷恨在心；但因梁皇后是梁冀的妹妹，若在宮中計劃削除梁冀的勢力，梁皇后必然洩漏消息，所以只有隱忍。到了公元 159 年（桓帝延熹二年），梁皇后死，桓帝遂與親信的宦官單超、具瑗、唐衡、左悺、徐璜等五人合謀剷除梁冀。他

————————————

①②③ "後漢書"卷六四"梁冀傳"。

們發動了宮中衛士千餘人，包圍了梁冀的住宅，捕梁冀及其妻（二人後自殺）；又收捕梁氏一門親屬，不分長少全都處死；梁冀所親信的公卿、列校、刺史、郡守等重要官吏被捕殺者數十人，與梁冀有關係的官吏被黜免者三百餘人，一時"朝廷爲空"①。

當權最久、勢力最大的梁氏外戚被消滅後，接着又是二十多年的宦官專權的局面。

宦官專權下政治的愈加黑暗　宦官單超、具瑗、唐衡、左悺、徐璜五人於誅滅梁冀外戚集團後，同日被封爲侯，世稱"五侯"。東漢政權從此完全轉入宦官集團之手。宦官罪惡更甚於外戚，除"手握王爵，口含天憲"，把中央和地方的重要官吏都換上了他們的親屬外，又"皆競起第宅，樓觀壯麗，窮極伎巧。金銀罽眊，施於犬馬。多取良人美女，以爲姬妾，皆珍飾華侈，擬則宮人。其僕從皆乘牛車而從列騎。又養其疏屬，或乞嗣異姓，或買蒼頭爲子，並以傳國襲封。兄弟姻戚，皆宰州臨郡，辜較百姓，與盜賊無異"。連五侯的宗族賓客，也"虐徧天下，民不堪命"。②在宦官專權的局勢下，不但人民因遭受殘暴的掠奪而生活困絕，即連東漢政府的收入也被他們搶爲己有，所以當時的官吏陳蕃說："當今之世，有三空之戹。"即"田野空，朝廷空，倉庫空"③。而且他們樹植私黨，陷害異己，所謂"阿旨曲求，則光寵三族；直情忤意，則參夷五宗"④。致使封建統治階級的歷史家也對這種現象發出了"漢之綱紀大亂矣"⑤的慨嘆。

中小地主與世家豪族聯合反對宦官的鬥爭　宦官集團的黑暗統治，不但遭受到廣大人民的痛恨與反抗（詳見本章第四節），即在統治階級內部也引起很大的矛盾，發生了劇烈的鬥爭。

東漢的一般中小地主階層，過去在外戚與世家豪族得勢的時候，其政治出路本是很狹窄的，只有進入太學，依靠世家豪族的提拔，以求得一官半職。到桓帝時，太學生已增至三萬餘人，其中的大部分是中小地主

---

①　"後漢書"卷六四"梁冀傳"。

②　以上引文見"後漢書"卷一〇八"單超傳"。

③　以上引文見"後漢書"卷九六"陳蕃傳"。

④　"後漢書"卷九七"黨錮傳序"。

⑤　同上書。

階層出身。但在宦官專權之下，賄賂公行，若想求得官職，必須付出一筆鉅大的錢財，或者投靠宦官門下做他們的爪牙。而中小地主的經濟力量既不足以行賄，又因宦官的社會身份低下，這些太學生也不甘心依靠他們，所謂"國命委於閹寺，士子羞與爲伍"①。於是太學生們的政治出路便受了極大的限制。這樣，中小地主便對宦官專權深爲怨恨，時常對當時的政治作公開的抨擊，他們"激揚名聲，互相題拂，品覈公卿，裁量執政"②。利用太學爲進行反對宦官的活動中心。

世家豪族的政治勢力，也因宦官專權而受到嚴重的打擊，他們爲了鞏固自己的利益，也時常與宦官集團進行鬥爭。如太尉楊秉與司空周景，曾共同告發宦官集團的官吏——匈奴中郎將燕瑗、青州(州城在今山東臨淄)刺史羊亮、遼東(郡城在今遼寧遼陽北)太守孫諠等五十餘人的罪惡，或處以死刑，或免其官職；益州(州城在今四川廣漢)刺史侯參，是宦官侯覽的弟弟，在州貪財暴虐，楊秉也告發其罪惡，並派人前往逮捕，結果侯參惶恐自殺；濟北(國城在今山東長清)相滕延，把宦官侯覽與段珪在濟北附近的僕從賓客全部收捕，殺死數十人；杜密爲泰山(郡城在今山東泰安)太守及北海(國城在今山東壽光)相時，對於宦官子弟任縣令或縣長有惡迹者，都予以逮捕治罪；李膺爲司隸校尉時，曾把宦官張讓的弟弟張朔從張讓家中收捕，並殺死於獄中。凡此種種，都表現出世家豪族與宦官集團的鬥爭已是十分尖銳了。

在反對宦官的行動中，中小地主與世家豪族便因目標一致而聯合起來。中小地主以太學生郭泰、賈彪爲代表，世家豪族以李膺、陳蕃爲代表，他們之間又互相標榜稱譽，以增強聲勢，如在太學中流行着"天下模楷李元禮(李膺)，不畏強禦陳仲舉(陳蕃)"③的諺語；而李膺的聲望尤高，"士有被其容接者，名爲登龍門"④。成爲進行反對宦官的鬥爭的領導人物了。

宦官集團看到反對自己的力量逐漸強大起來，遂尋求機會施以嚴重的打擊，因而發生了兩次"黨錮之禍"。

第一次"黨錮之禍" 第一次"黨錮之禍"發生於公元166年(桓帝

①②③ "後漢書"卷九七"黨錮傳序"。
④ "後漢書"卷九七"李膺傳"。

延熹 9 年）。當時有一個以占卜之術與宦官相勾結的張成，因預卜將要大赦，遂令他的兒子去殺人，但被做河南尹的李膺捕獲殺掉。宦官集團乃乘機指使張成的弟子牢脩上書桓帝，控告李膺等"養太學遊士，交結諸郡生徒，更相驅馳，共為部黨，誹訕朝廷，疑亂風俗"①。於是桓帝下令逮捕了李膺及陳寔、杜密、范滂等二百餘人；對於逃往各地的"黨人"，也派使者四出搜尋，懸賞緝捕。這時陳蕃為太尉，上書為李膺等申辯，並請求停止捕人，結果也被免職。

桓帝竇皇后的父親竇武，在宦官專權之下，祇能做一個城門校尉。他為了恢復外戚的政治勢力，很同情反對宦官的鬥爭。於是賈彪乃潛入洛陽，請竇武及尚書霍諝向桓帝為李膺等訴冤，以營救被捕的人。

公元 167 年（永康元年），由於竇武及霍諝上書請求赦免李膺等人，同時李膺的供辭中又揭發宦官的罪惡，宦官也怕桓帝查問，願意就此了事。所以桓帝又下令開赦李膺和"黨人"二百餘人，放歸田里，但禁錮終身不許做官。

經過這一次事件，反對宦官的鬥爭並沒有停息，而且由於外戚竇武盡了營救李膺等"黨人"的力量，得到世家豪族與中小地主的擁護，於是外戚也正式參加了這一鬥爭，反對宦官的聲勢更見漲大了。他們進一步互相標榜，對於一些外戚、世家豪族以及中小地主中的"名流"，分別加以"三君"、"八俊"、"八顧"、"八及"、"八廚"等稱號②，以博取統治階級各階層人士的支持。

第二次黨錮之禍 公元 168 年，漢桓帝死，竇太后立了十二歲的靈帝（公元 168 年—189 年），以竇武為大將軍，陳蕃為太傅，共掌朝政。竇武、陳蕃免除了對於"黨人"的禁錮，起用李膺、杜密等到朝廷做官，並計議誅殺宦官。但因遲疑不決，事機洩露，宦官曹節、王甫等迫使竇太后

---

① "後漢書"卷九七"黨錮傳序"。
② "後漢書"卷九七"黨錮傳序"："竇武、劉淑、陳蕃為三君，君者，言一世之所宗也。李膺、荀昱、杜密、王暢、劉祐、魏朗、趙典、朱寓為八俊，俊者，言人之英也。郭林宗（郭泰）、宗慈、巴肅、夏馥、范滂、尹勳、蔡衍、羊陟為八顧，顧者，言能以德行引人者也。張儉、岑晊、劉表、陳翔、孔昱、范康、檀敷、翟超為八及，及者，言其能導人追宗者也。度尚、張邈、王考、劉儒、胡母班、秦周、蕃嚮、王章為八廚，廚者，言能以財救人者也。"

和靈帝下詔收捕竇武。竇武發動駐守京城的北軍討伐宦官，宦官指揮防衞宮廷的虎賁、羽林軍抵抗，結果竇武被圍自殺，陳蕃也被殺害。

公元169年（靈帝建寧2年），宦官侯覽指使其爪牙朱並上書控告張儉，說他與同郡二十四人結黨謀反。靈帝下詔收捕張儉等。張儉輾轉逃出塞外。宦官曹節乘機奏請靈帝收捕了李膺、杜密、范滂等百餘人，都下獄處死；並在各地陸續搜捕“黨人”，總計被殺、流徙、囚禁者共有六七百人。公元172年（熹平元年），又拘捕太學生一千餘人。公元176年（熹平5年），永昌（郡城在今雲南保山）太守曹鸞上書爲“黨人”訴冤，也被宦官捕殺。宦官又讓靈帝下詔各州郡查究“黨人”，凡“黨人”及其門生、故吏、父子、兄弟現居官位者，一概免職禁錮。

從此以後，政治便完全由宦官操縱，王甫、曹節等十餘人封侯，其“父兄子弟，皆爲公卿、列校、牧、守、令、長，布滿天下”①。王甫、曹節死後，靈帝又信任宦官張讓、趙忠等，常說：“張常侍是我父，趙常侍是我母。”②靈帝自己不問政事，只知縱情享樂。他爲了多斂錢財，公開賣官，自中央以至地方的官吏，都定出價錢，如公千萬，卿五百萬，二千石官二千萬，四百石官四百萬。那些買得官職的人，自然要從人民身上儘量搜括，以撈本取利，而人民則不堪其苦了。

中小地主與世家豪族聯合反對宦官的鬥爭，終究不過是封建統治階級內部爭權奪利的表現，等到農民階級的武裝鬥爭震撼到東漢的統治時，他們內部之間的矛盾便隨着階級利益的一致而消解了，所以當公元184年（中平元年）黃巾大起義以後，宦官呂強對靈帝說：“黨錮久積，人情多怨，若久不赦宥，輕與張角合謀，爲變滋大，悔之無及。”③於是靈帝遂下令大赦黨人，共同來鎮壓農民起義了。

第三節　東漢對羌族的戰爭

東漢以前與羌族的關係　羌族原居於今青海、甘肅一帶，過着“所

---

①　“後漢書”卷一〇八“曹節傳”。

②　“後漢書”卷一〇八“張讓傳”。

③　“後漢書”卷九七“黨錮傳序”。

居無常,依隨水草,地少五穀,以產牧爲業"①的遊牧生活。在戰國時代,因受秦國文化的影響,開始知道耕種,人口也逐漸增多。大約就從這時起,羌族確立了父系家長制的氏族公社制,"後漢書"卷一一七"西羌傳"所說的"爰劍敎之田畜,遂見敬信,廬落種人依之者日益衆,……其後世世爲豪。"便反映了這種情況。

秦統一全中國以後,由於秦始皇"西逐諸戎,北卻衆狄,築長城以界之"②,羌族遂與中國隔絕。西漢初年,匈奴強大,羌族爲匈奴所役屬。漢武帝時,爲了削弱匈奴的勢力,遂開置河西四郡,以斷絕匈奴與羌族的交通。

在羌族內部各種姓之間,隨着私有制的發展,時常爲了爭奪財富而發生戰爭,結下仇恨。同時,也時常爲了向外掠奪,又"解仇結盟",共同進入漢帝國的邊境,因而與漢朝發生了幾次的戰爭。公元前112年(元鼎5年),羌族的先零種和封養、牢姐種與匈奴通使,並聯合發兵十餘萬進攻令居(今甘肅永登)、安故(今甘肅臨洮),包圍抱罕(今甘肅臨夏);漢武帝派李息和徐自爲率兵十萬人出戰,把羌族擊敗,羌族乃退居湟水以西。宣帝時,羌族的先零種及其他諸種又渡過湟水,將入侵漢邊。宣帝派義渠安國(姓義渠,名安國)率兵到邊境巡視,義渠安國先誘殺了先零種酋長四十餘人,又縱兵攻擊餘衆,殺死一千多人;羌族大爲怨怒,遂於公元前61年(神爵元年)聯合侵入邊境,並擊破義渠安國所率領的軍隊。宣帝又派趙充國率兵六萬人往擊,大獲勝利,結果羌族被殺死七千餘人,投降者三萬餘人,漢朝乃設金城(甘肅蘭州一帶)屬國以安置降羌。元帝時,羌族三萬人於公元前42年(永光2年)侵入隴西(甘肅臨洮一帶),又被漢將馮奉世率六萬餘人擊破。此後直到西漢末年,未再與羌族發生戰爭。

東漢統治階級對於羌人的壓迫 王莽末年,羌族乘機進入金城、隴西一帶,其後隗囂曾聯絡羌族酋長與劉秀對抗。隗囂死後,羌族又在西北邊郡進行掠奪。公元34年(建武10年),來歙曾率軍擊破先零等羌於金城,斬殺數千人,並奪獲牛、羊萬餘頭,穀數十萬斛。次年,馬援又在隴

---

① "後漢書"卷一一七"西羌傳"。

② 同上書。

西擊破先零羌,其後這一帶的羌人完全降服,被徙置於天水、隴西、扶風三郡(陝西、甘肅一帶)。公元 37 年(建武 13 年),馬援擊破參狼羌及塞外諸種羌,又有萬餘人降服。此後經明帝、章帝以至和帝時,常與羌族發生激烈的戰爭,羌族每當戰敗之後,即有很多人向漢朝投降。

這些降服的羌人,經常遭受東漢的官吏及地方豪強的壓迫。在東漢初年,班彪已經指出:"今涼州部,皆有降羌。羌胡被髮左袵,而與漢人雜處,習俗既異,言語不通,數爲小吏黠人所見侵奪。"① 而且有些自動歸附的羌人,因爲不懂東漢的法令竟慘遭官吏的殺戮,如在明帝初即位時,"比銅鉗乃將其衆來依郡縣,種人頗有犯法者,臨羌長收繫比銅鉗,而誅殺其種六七百人"② 。其後 "諸降羌布在郡縣,皆爲吏人豪右所徭役,積以愁怨"③ 。在這種情況下,羌人便懷着日益激漲的怨恨和仇恨,屢次進行反抗東漢統治階級的壓迫和奴役的鬥爭。同時,由於羌族的落後,在反抗壓迫和奴役的鬥爭中,也存在着掠奪財富的性質。

東漢中葉以後鎮壓羌族反抗的戰爭 自漢安帝時起,東漢政府爲了鎮壓羌族的反抗,曾與羌族發生了三次長期而又劇烈的戰爭。

公元 107 年(永初元年),安帝派遣騎都尉王弘強徵居住在金城、隴西、漢陽三郡的羌人隨征西域,引起了羌族的反抗。這些羌人因歸附日久,已經沒有兵器,他們"或持竹竿、木枝以代戈矛,或負板案以爲楯,或執銅鏡以象兵"④ ,展開激烈的戰鬥。安帝雖又派鄧騭及任尚等統兵鎮壓,但經過兩次戰爭,都被羌人擊敗。在西北各地的羌人又聯合起來四出進攻:東至趙國、魏郡、常山、中山一帶(今河北南部和河南北部);南入益州(今四川中部),殺死漢中(今陝西南鄭)太守;並進擾關中。羌族縱橫馳驅,勢力愈盛;漢兵數次迎戰,均遭挫敗。於是東漢在西北各郡縣的官吏都爭相內徙避難,同時又令人民一齊遷移。但"百姓戀土。不樂去舊",官府乃以強暴的手段,"刈其禾稼,發徹(拆)室屋,夷(平)營壁,破積聚"⑤ ,迫使人民失去田業,離開自己的家園,流散於各地,在途中老弱被棄喪命,更值旱蝗飢荒,以致死亡大半。東漢政府又調兵遣將,以全力對羌族進行鎮壓,經過多次的激戰,到公元 118 年(元初 5 年)才把在今陝西、四川一帶的羌族征服。然而,"自羌叛十餘年間,兵連師老,不暫寧

①②③④⑤ "後漢書"卷一一七"西羌傳"。

息,軍旅之費,輕運委輸,用二百四十餘億,府帑空竭,延及內郡。邊民死者不可勝數,幷涼二州遂至虛耗"①。社會人民所蒙受的損失已非常嚴重了。此後又經過八年的戰爭,到公元126年(順帝永建元年),才把在今甘肅境內的羌族征服。總計這一次對羌族的戰爭,前後綿延達二十年之久。

從這以後,東漢政府一面派兵監視羌族,一面在今甘肅、青海一帶廣事屯田,以侵逼羌族居住的地區。羌族因生產活動遭受限制,經濟生活日益困難,從公元134年(陽嘉3年)又開始對東漢統治階級進行反抗。及至公元139年(永和4年),東漢以來機爲幷州(州城在今山西太原)刺史,劉秉爲涼州(州城在今甘肅秦安)刺史,二人對當地羌族更加緊施行壓迫和剝削,於是激起了羌族大規模的反抗。自公元140年(永和5年)起,羌族各種陸續進攻金城、三輔、武都、隴西、北地、武威等地,與東漢統治階級展開劇烈的戰爭,直到公元145年(沖帝永嘉元年),戰爭才算結束。在這次戰爭中,東漢政府又消耗軍費八十餘億,而且"諸將多斷盜牢稟,私自潤入,皆以珍寶貨賂左右,上下放縱,不恤軍事,士卒不得其死者,白骨相望於野"②。這是第二次鎮壓羌族反抗的戰爭。

過了十餘年,羌族又進行第三次的大反抗。公元159年(桓帝延熹2年),燒當、燒何、當煎、勒姐等八種羌聯合進攻隴西、金城邊塞,其後零吾、先零、沈氐、牢姐、烏吾諸種羌相繼進攻張掖、三輔及幷涼二州各地,東漢政府派段熲、皇甫規、張奐等率軍征伐,戰爭達到前所未有的劇烈。僅段熲所率領的一支軍隊,就與羌族交戰一百八十次,用費四十四億。直到公元169年(靈帝建寧2年),始將羌族征服。

東漢對羌族的長期戰爭,使西北一帶地區遭受了嚴重的破壞,人口大爲減少,如隴西郡在西漢末年有二十三萬六千餘人,在東漢末年僅有二萬九千餘人;金城郡在西漢末年有十四萬九千餘人,在東漢末年僅有一萬八千餘人,都不及原來的十分之二。東漢政府在長期而又劇烈的戰爭中所支付的軍費,總計不下四百億之多,自然增重了廣大農民的負擔,加深了農民生活的痛苦,因而促成階級矛盾的日益尖銳,各地農民反抗東漢統治階級的鬥爭也更爲激烈了。

①② "後漢書"卷一一七"西羌傳"。

第四節 東漢的農民起義

東漢中葉後連續不斷的農民起義 東漢中葉以後，由於豪族地主的大量兼併土地，外戚、宦官專權下政治的腐敗以及對羌族的長期戰爭的消耗，農民陷於貧困無以生存的境地，因而起來進行英勇的階級鬥爭。從公元 109 年(安帝永初 3 年)起，直至公元 184 年(靈帝中平元年)黃巾大起義爆發前，凡七十餘年，農民起義連續不斷地進行着。

公元 109 年，沿海農民在張伯路等領導下起義，範圍擴及於沿海九郡的地區，東漢政府派遣侍御史龐雄督率州郡兵鎮壓。公元 110 年(安帝永初 4 年)，張伯路又與勃海(郡城在今河北南皮縣)、平原郡(郡城在今山東平原縣)農民領袖劉文河、周文光等率領農民軍進攻厭次縣(今山東陽信)，殺其縣令，東漢政府派遣御史中丞王宗與青州刺史法雄率官軍鎮壓。公元 111 年(永初 5 年)，漢陽郡(郡城在今甘肅甘谷縣)又有杜琦、王信領導的、與羌族聯合的起義，漢陽太守趙博派人刺殺了杜琦，次年王信亦被東漢官軍所殺。這是東漢最早的幾次農民起義。

順帝時，各地農民起義相繼發生。公元 132 年(陽嘉元年)春天，會稽郡(郡城在今浙江紹興縣)沿海農民在曾旌等領導下，攻殺了句章(浙江慈谿縣)、鄞(浙江奉化縣)、鄮(浙江鄞縣東)三縣的縣長；揚州六郡的農民在章河等領導下反抗東漢政府，捕殺地方官吏，區域廣至四十九縣。其後，公元 134 年(陽嘉 3 年)在益州，公元 137 年(永和 2 年)在江夏郡邾縣(湖北黃岡縣)，公元 138 年(永和 3 年)在九江郡(郡城在今安徽定遠縣)及廣陵郡江都縣(廣陵郡郡城所在地，即今江蘇江都縣)，公元 142 年(漢安元年)在廣陵郡，公元 143 年(漢安 2 年)在揚州及徐州，公元 144 年(建康元年)在南郡(郡城在今湖北江陵)及江夏郡(郡城在今湖北黃岡縣)，又在揚州及徐州，都爆發了農民起義。農民軍攻打城邑，殺死貪污的官吏，表現了堅決的鬥爭意志，雖然屢次遭受官軍的鎮壓，但起義的隊伍却更見擴大、雄壯了。

僅冲帝在位(公元 145 年)的四五個月中，九江郡一郡內就有三支農民起義軍對統治者進行激烈的階級鬥爭，曾殺死了揚州刺史尹耀及九江太守鄧顯。質帝在位的一年(公元 146 年)中，在廣陵、九江、丹陽、盧江諸郡，接連發生規模較大的農民戰爭七次，農民軍在張嬰、徐鳳，馬勉、陸宮、華孟等分別領導下，曾殺死九江太守楊岑及堂邑（今江蘇六合縣）、江都、曲陽（今江蘇東海縣）、東城（今安徽定遠縣）等縣的縣長，給東漢統治階級以嚴重的打擊。

桓帝即位（公元147年）後，先是外戚梁冀當政，繼之宦官集團專權，政治的黑暗達於極點，再加以災荒和疾疫，廣大的人民已被逼到飢餓、死亡的境地了。如公元147年（桓帝建和元年）"荊揚二州人多餓死"；公元151年（元嘉元年）"九江、盧江大疫"；"京師旱，任城、梁國饑，民相食"；公元153年（永興元年），在三十二個郡國內"百姓飢窮，流冗道路，至有數十萬戶，冀州尤甚"；公元155年（永壽元年）"司隸、冀州饑，人相食"；公元166年（延熹9年）在荆州一帶"比歲不登，人多飢窮，又有水旱疾疫之困"；"司隸、豫州飢，死者什四五，至有滅戶者"①。在這種情況之下，農民對於統治階級的反抗也更為激烈，所以自公元147年至公元183年（靈帝光和6年）這三十幾年之中，農民起義在全國普遍展開，僅見於記載的就不下二十餘次，而在陳留、長平、泰山、琅邪、濟南、勃海、廣陵、盧江、丹陽、會稽、長沙、桂陽、零陵、蒼梧、南海、交趾諸郡的起義軍的聲勢尤為盛大，強有力地震撼了東漢政府的統治。農民革命的浪潮在全國各地日益增漲着，終於匯合成為空前的洪流，撲向東漢的統治階級——公元184年的黃巾大起義爆發了！

黃巾大起義 張角，鉅鹿（今河北平鄉縣）人，本為道教中太平道一派的首領，常在農村中用"符水""咒說"為農民醫病，稱"大賢良師"，日漸得到農民的信仰，並乘機利用宗敎的宣傳，組織農民，以反抗東漢政府的統治。

張角從過去數十年來農民起義的經驗中，知道各地農民對反動統治者雖然能英勇地進行武裝鬥爭，但因過於分散，力量薄弱，不免被東漢官軍各個擊破，遭受慘重的犧牲，所以他決定集合全國農民的武裝力量，以圖達到推翻東漢政權的目的。他派遣了八個弟子，分別到各地秘密進行活動，經過十餘年的努力，終於把青、徐、幽、冀、兗、豫、荆、揚八州（即現在的山東、河南、河北、江蘇以及安徽、湖北的北部）的農民團結

---

① 以上引文均見"後漢書"卷七"桓帝紀"。

在一起，合計三十六萬餘人，並重新編整，分爲三十六方，大方一萬多人，小方六七千人，每方立一"渠帥"，都統一於張角的指揮之下。

張角把八州的農民組織起來之後，就決定在甲子年（靈帝中平元年）全部同時起義，並頒下了四句口號："蒼天（指漢）已死，黃天（張角自稱）當立，歲在甲子，天下大吉！"① 又派人在京城（洛陽）寺門以及各州郡官府的牆壁上都用白土寫上"甲子"二字，做爲標誌。到了靈帝中平元年（公元184年），正是甲子年，大方渠帥馬元義等先調發荆、揚二州的數萬人趕到鄴縣（今河北臨漳）聚集，馬元義又暗自數次到京城洛陽結通了宦官封諝、徐奉等爲內應，約定在這年三月五日，內外俱起。但不幸在二月間，農民軍裏出了一個叛徒唐周，竟把馬元義的種種佈置活動向東漢政府告發，馬元義被捕犧牲；東漢政府又將在洛陽信奉太平道的人殺了一千多，並下令冀州官吏搜捕張角。張角知道事情已經洩露，遂連夜派人通知諸方，立即起義。因起義軍都用黃巾裹頭，所以當時稱爲"黃巾"。於是，這次準備已久的農民大起義便提前於二月裏爆發了。

張角在鉅鹿號召起義後，自稱"天公將軍"，他的弟弟張寶稱"地公將軍"，張梁稱"人公將軍"，率領着黃巾軍進攻州郡官府，捕殺地方官吏，十日之間，"天下響應，京師震動"② 。南陽郡的黃巾軍在張曼成領導下攻殺了郡守褚貢；潁川郡的黃巾軍在波才領導下大敗官軍；汝南郡的黃巾軍擊敗汝南太守趙謙於邵陵縣（今河南鄢城縣）；廣陽郡的黃巾軍攻殺了幽州刺史郭勳及廣陽太守劉衛。東漢政府惶恐之下，急忙徵調兵力，派盧植、皇甫嵩、朱儁等分頭率領來鎮壓黃巾軍。同時，各地的豪強、中小地主也集合其武裝力量，修築塢壁，與黃巾軍對抗。

這年四月，皇甫嵩與朱儁率領四萬餘人到潁川。潁川黃巾軍首領波才先把朱儁打敗，又圍困皇甫嵩於長社（今河南長葛西），本可將官軍消滅，但因"依草結營"，戒備不周，被皇甫嵩乘風放火，朱儁也趕來助戰，結果黃巾軍失敗，犧牲了數萬人。皇甫嵩與朱儁又乘勝擊敗汝南、陳國（今河南淮陽縣）的黃巾軍，俘虜了東郡黃巾軍的首領卜已，並屠殺七千餘人。

---

① "後漢書"卷一〇一"皇甫嵩傳"。

② 同上書。

南陽的黃巾軍數萬人在張曼成領導下,攻殺了郡守褚貢以後,聲勢極爲強大,在宛(今河南南陽縣)城附近戰鬥一百多天,連給東漢官軍以重大的打擊。東漢政府又另派秦頡爲南陽太守,增調軍隊,竭力鎮壓。張曼成雖不幸犧牲,但黃巾軍又推趙弘爲首領,戰鬥力更爲堅強,附近農民繼續參加起義隊伍,衆達十餘萬,終於佔據了宛城,驅走太守秦頡。東漢政府見南陽黃巾軍勢力強大,又把朱儁調來,與荆州刺史徐璆、南陽太守秦頡合力鎮壓,圍攻宛城。自六月至八月,經過無數次激烈的戰爭,趙弘壯烈犧牲,黃巾軍又推韓忠爲首領,英勇拒戰。官軍圍攻雖急,但黃巾軍團結一心,屢得勝利。朱儁等攻打無效,遂設計假意解圍,引誘韓忠出城交戰;韓忠見官軍解圍撤退,不知是詭計,於是出戰追擊,想一舉消滅敵人,然而因爲倉卒出城,沒有防備敵人的進攻,結果遭到官軍的截擊因而失敗。黃巾軍犧牲了一萬多人,韓忠也壯烈犧牲。起義軍見出戰不利,又推孫夏爲首領,還據宛城。後來因爲東漢官軍不斷增加,傾力攻城,黃巾軍孤處城中難以持久,遂於十一月間向宛城以南、西鄂縣(河南南陽縣南)境的精山轉移。就在這時,朱儁等率領的官軍乘機追擊,孫夏戰死,黃巾軍失掉聯絡,大部被衝散,犧牲了一萬多人,於是在南陽的黃巾軍的力量便從此衰弱了。

東漢政府曾派盧植、董卓先後率軍進攻張角,都"無功而還",遂又調皇甫嵩北上。十月,皇甫嵩在廣宗(今河北威縣東)與黃巾軍相遇激戰。這時,張角已病死,由張梁率領黃巾軍抗擊官軍,屢獲勝利,但也因此對敵人比較疏忽大意,所以不幸於夜間被皇甫嵩軍襲入陣營因而失敗,結果張梁犧牲,黃巾軍被屠殺的有三萬多人,被逼赴河而死的有五萬多人。皇甫嵩又於十一月進攻張寶於下曲陽(今河北晉縣西),張寶也壯烈犧牲,黃巾軍被屠殺的有十萬多人。皇甫嵩這個屠殺農民的大劊子手做出這種滔天的罪行以後,東漢政府對他大加獎賞,升官封侯,冀州一帶的地主都對他推崇歌頌,足見統治階級是如何殘忍!

在張角領導下的黃巾大起義,經過了九個月轟轟烈烈的戰鬥,雖然被東漢統治階級殘暴地鎮壓下去了,但散處各地的起義軍仍繼續進行反抗東漢封建壓迫的鬥爭。

黃巾大起義失敗後各地的農民起義軍 公元 185 年春天(中平2年

2月），散處各地的農民軍又紛紛起義，不可勝數。在黃河以北的尤其衆多，有黑山、白波、黃龍、左校、郭大賢、于羝根、青牛角、張白騎、劉石、左髭丈八、五鹿、苦蝤、平漢、大洪、司隸、緣城、羅市、雷公、浮雲、飛燕、白雀、楊鳳、于毒、李大目、白繞、畦固等。他們多以其首領爲稱號，如騎白馬的稱張白騎，大聲的稱雷公，輕便的稱飛燕，多鬚的稱于羝根，大眼的稱李大目。每支起義軍人數多的有二三萬人，少的也不下六七千人，一時並起。其中最强的一支是黑山軍，首領是常山人張燕，因他輕勇趫捷，農民們稱他爲飛燕。張燕又與中山、常山、趙郡、上黨、河內諸郡（河北南部、河南北部、山西東南部）的農民軍聯合，總計達一百萬人，在黃河以北各地抗擊東漢政府的軍隊，殺除郡縣官吏，摧毀了這一帶地主階級的統治。後來勢力更加發展，逼近京城洛陽，連東漢中央政府都受震動。但因東漢政府一面用暴力鎮壓，一面設計誘降；各支起義軍不能很好的團結，後來終在與朱儁、袁紹等大軍閥作戰時失敗了。

公元188年（中平5年），各地黃巾餘衆又相繼起義。郭大等起於西河白波谷（今山西汾城東南），進攻太原、河東二郡；汝南郡葛陂（今河南新蔡北）的黃巾軍攻佔郡縣；益州黃巾軍由馬相領導，攻殺了益州刺史郤儉及巴郡太守趙部；青州、徐州的黃巾軍也重新聚集，攻佔郡縣，總數不下數十萬。

公元190年（獻帝初平元年），起於白波谷（今山西汾城東南）的黃巾軍（當時稱爲白波軍）又發展到東郡（郡城在今河南濮陽縣）。公元191年（初平2年）青州的黃巾軍又進攻泰山、渤海二郡。公元192年（初平3年）青州的黃巾軍又發展到兖州，在東平（今山東東平）攻殺了兖州刺史劉岱。此後，直到公元207年（建安12年）以前，各地的黃巾軍都沒有停止活動，如濟南的黃巾首領徐和與司馬俱等，汝南的黃巾首領劉辟與黃邵等，揚州的黃巾首領陳敗與萬秉等，仍然繼續領導農民軍進行反抗封建統治階級的鬥爭。

東漢農民起義的特點　東漢一代的廣大的農民羣衆，對統治階級進行了長期的武裝鬥爭，從公元109年（安帝永初3年）起到公元207年（獻帝建安12年）約歷一百年之久，而以公元184年的黃巾大起義爲最高潮。雖然每次起義都遭遇到殘暴的鎮壓，受了重大的犧牲，但起義的範圍却愈益擴大，東至沿海，西至涼、益，北至幽、冀，南至荊、揚、交阯，都掀起了轟轟烈烈的武裝鬥爭。即在黃巾大起義失敗以後，還繼續了二十餘年。前後一百年綿延不斷的起義，而且一開始即攻城邑，殺官吏，其鬥爭的激烈爲以前所未有，這可以看出東漢的階級矛盾的尖銳;同時，也充分表現出勞動人民反抗階級剝削和階級壓迫的不屈不撓的鬥爭精神。

黃巾大起義的領導者張角，分別派遣弟子到各州秘密進行宣傳和組織農民的活動，歷時十餘年，並預先決定各地同時起義的年月日;渠帥馬元義又數次冒險出入洛陽，設法利用宦官，準備裏應外合。這種比較長久的準備與相當周密的計劃，也是以前的農民起義所沒有的。足見在東漢中葉以來的長期階級鬥爭中，被壓迫階級已取得了許多的經驗，鬥爭的策略也較前進步了。

東漢的農民起義，第一次利用宗教的形式以組織羣衆，建立統一的領導，推動了階級鬥爭的發展，這在起義方式上是一個顯著的進步。因爲當時農民的階級覺悟還處於低級的、幼稚的階段，而封建統治階級又是非常的殘暴，通過宗教的形式可以比較迅速、堅強地組織農民的隊伍，擴大起義的範圍，對於進行反對封建統治的鬥爭，是起了促進的作用的。在此以後的農民起義也時常有這種情況。不過，由於宗教本身包含着濃厚的迷信成分，不能提高農民的政治認識，無力改變分散在各地的農民軍各自爲戰的形勢，使之匯集爲一支強大的力量，更有效地打擊敵人，以致終被敵人各個擊破，而歸於失敗。

東漢的農民起義雖然終於失敗了，但是已經給予封建地主階級以無數次的嚴重的打擊，強烈地震撼了東漢帝國的統治。自黃巾大起義後，各地軍閥之間便逐漸展開了互相爭奪地盤的鬥爭，形成了分裂割據的局面，而東漢帝國的統治也就趨於瓦解了。

第七章　秦漢時代的文化

第一節　文學與藝術

辭賦　辭賦是長篇的韻文，是由戰國時代的"楚辭"發展下來的，如"文心雕龍""銓賦篇"所說："賦也者，受命於詩人，拓宇於'楚辭'也。"漢初陸賈曾作賦三篇；文帝時賈誼作"弔屈原賦"、"服鳥賦"等七篇；景帝時枚乘作"七發"、"菟園賦"等九篇；到了武帝時，辭賦大興，作者有司馬相如、枚皋、東方朔等；以後直到東漢末年，賦家輩出，如王褒、劉向、揚雄、班固、傅毅、張衡、馬融、王逸、蔡邕等。

漢賦在形式上的特點，是堆砌了豐富的字彙，運用了華麗的辭藻，包含着繁多的典故，行文變化多端，看起來富麗堂皇；然而在內容上則不過是歌頌帝王的"功德"，描寫皇室的浮華生活，未能反映出當時社會及人民生活的真實情況，沒有什麼文學價值。如司馬相如的"子虛賦"及"上林賦"，以游獵為題材，描寫皇家園囿的廣闊，林木的茂盛，禽獸的衆多，遊獵場面的壯觀，以及音樂，美女等；"大人賦"描寫皇帝追求神仙的樂趣；"長門賦"的寫作動機，完全為了宮廷間的私事——因為漢武帝初立陳皇后，後另有所愛，陳皇后別居長門宮，冷落愁苦，乃送給司馬相如黃金百斤，請他作賦以感動漢武帝，希望復得親幸。這樣的作品當然不會有什麼文學價值。揚雄的"甘泉賦"、"河東賦"、"羽獵賦"、"長楊賦"，都是為歌頌漢成帝及描寫遊獵而作。完全是模仿司馬相如的風格，以供皇帝賞玩。後來還作賦歌頌王莽。班固的"兩都賦"，描寫東、西兩都的富麗情況，包括地勢、出產、郊畿、宮闕、園囿、田獵、嬉遊、頌德等方面，雖然也反映了一點事實，但主要是撥弄文采，鋪張粉飾，以宣揚封建統治者的"功德"。張衡的"二京賦"，是模仿班固的"兩都賦"，並且為了堆砌辭藻，錘練字句，歷時十年才得作成。這樣，漢賦就益趨於形式上的雕琢，而缺乏生動的現實內容,成爲封建帝王、貴族、士大夫的娛樂品,完全與人民羣衆脫節了。不過,由於漢賦的作者在形式技巧上鑽研的結果,也多少推進了文學的描寫方法,對於後代的文學作品發生了一定的影響。

民歌、樂府詩、五言詩 民歌是人民自己創作的詩歌,它的詞句通俗,情感眞摯,聲調優美,爲人民羣衆所喜愛;它的內容切實生動地反映了社會情況,暴露了政治的黑暗,申訴了人民的痛苦,同時,也表現了人民在勞動及愛戀中的歡樂,最富有人民性與現實性,與漢賦的"虛辭濫説"① 有本質的不同。

漢武帝時候,設立了一個掌管樂歌的機構,稱爲樂府,並以有名的樂曲家李延年爲協律都尉。樂府中的歌曲,除了爲皇室貴族祭祀、朝會及宮廷享樂而作的以外,還採用了一些各地的民歌,配合着樂曲演奏,如"漢書"卷三十"藝文志"所說:"自孝武立樂府而采歌謠,於是有趙、代之謳,秦、楚之風,皆感於哀樂,緣事而發,亦可以觀風俗,知厚薄云。"這些被採用的民歌,便是所謂樂府詩,雖然不免要經過一番修改,但大體上還保留着原來的內容與形式,不失爲優秀的文學作品。如"陌上桑"描寫一個採桑婦女的美麗和勤勞,及其拒絕官吏無理求婚的智慧;"戰城南"反映了人民厭惡並反對戰爭的情緒;"平陵東"描述了官吏的貪暴;"羽林郎"描寫了貴族家奴的蠻橫;"東門行"、"病婦行"及"上留田"描寫了人民生活的痛苦;"孤兒行"描寫孤兒的悲慘遭遇等。這些詩篇都生動地暴露了現實的社會及人民生活,有很高的文學價值。

樂府詩有許多都是五言的,由於這些詩具有優美的內容與形式,便逐漸爲一般人所傳誦,到了東漢時代,五言詩已在社會上普遍流行,封建統治階級的文人也都喜歡摹擬仿作,遂發展成爲主要的文學形式了。

東漢的五言詩中,最著名、最有文學價值的是所謂"古詩十九首"。"古詩十九首"沒有留傳下作者的名字(稱"無名氏"作),每首也沒有題目(後人以每首的第一句爲題目),大概不是出於一人之手,也不是在一個時間內同時作成的。其內容多是描寫戰爭期間家人、夫婦、朋友別離相思的情狀,如"行行重行行"、"冉冉孤生竹"、"孟冬寒氣至"、"明月何皎皎"等;也有反映對於現實生活的不滿而流露厭世之感的,如"青青陵

① "史記"卷一一七"司馬相如傳"。

上柏"、"生年不滿百"等,都情意眞摯,樸實自然,生動地表現了東漢中葉以後的一部分社會景況。

五言詩經過東漢時代的發展,已極爲盛行,到了魏晉南北朝時代,所有的詩人幾乎全都接受了這種文學形式,並產生了很多承繼了民歌、樂府詩的優秀傳統的作品。

石刻 漢代石刻保留到現在的很多,如陝西咸陽霍去病墓前的馬踏匈奴像、石虎、石熊、石馬,四川西部高頤墓前的石獅,山東肥城孝堂山祠、嘉祥武梁祠、沂南漢墓中的石刻等,都具有很高的藝術價值。

即以上述的石刻來說:霍去病墓前的馬踏匈奴像顯示了緊張有力的姿態;高頤墓前的石獅也雄健有生氣。孝堂山祠是西漢末年郭巨的墓祠,其中有十個石壁上刻着圖像,如行軍時車騎的行列,戰爭、狩獵、演戲、奏樂的情狀,人物、鳥獸的形象等。圖像都是陰刻,雖然不甚細緻,但樸素自然,靈活生動。武梁祠是東漢桓帝建和元年(公元147年)建造的,爲武氏家墓的祠室,石壁上的圖像大都是陽刻,內容多爲歷史故事,傳說,人物,奇禽怪獸,車馬,戰爭,宴會,樂舞,狩獵,禮俗等。其中有在一塊長四尺許的石壁上的兩幅圖畫,一爲西王母接見周穆王的故事,一爲公侯之家送葬的情景,所刻人物的形態,樓閣的排列,鳥獸的陪襯,都很複雜。最近(1954年)在山東沂南北寨村漢墓所發現的畫像石,尤爲珍貴,不但具有高度的藝術價值,且更能表現出當時的社會生活。畫像石一共有五十多方,內容極爲豐富,有人物,車馬,鳥獸,歷史故事,宴飲祭祀,樂舞百戲,以及日常生活等等的圖象,尤以大幅的百戲圖及祭祀圖,場面複雜雄偉。在雕刻的技巧上,比孝堂山及武梁祠的石刻更爲精細,除了平浮雕之外,又大量應用了細緻的綫條,流動自然,所表現的形態情景也顯得非常生動活潑,充分證明了漢代勞動人民在雕刻藝術上卓越的成就。

繪畫 漢代著名畫家見於史籍記載的,如西漢元帝時毛延壽"畫人形醜好老少,必得其眞"①;東漢時張衡善畫神獸;趙岐、蔡邕善畫人物;劉褒"畫'雲漢圖',人見之覺熱,又畫'北風圖',人見之覺涼"②。但使我

---

① 葛洪"西京雜記"。

② 張華"博物志"。

們對於漢代繪畫藝術有眞實的認識的，還是在漢墓中發現的壁畫及畫像磚。過去在遼寧、河南、山東、陝西都曾發現漢代繪畫的重要材料，如人物、鳥獸、宴會、出獵等景象，而最近（1953 年）在河北望都及四川成都等地漢墓中出土的壁畫和畫像磚，尤爲珍貴的藝術遺產。

在河北望都縣東關發現的漢墓中的壁畫，內容以人物爲主，畫上用墨書標明人物的身份，如"主簿"、"主記史"、"門下賊曹"、"門下游徼"、"門下小史"、"寺門卒"等，都是墓主的侍從。人物之外，還繪有羊、麋子、雞、鸞鳥、白兔、鴛鴦等鳥獸，也間雜繪些器物。繪畫的技巧比過去在遼寧營城子漢墓及遼陽漢墓中發現的壁畫更高明、細緻。人物畫和動物畫都是先用墨筆描繪輪廓，再塗以紅、黃、綠、白等顏色，色彩至今還很鮮豔；並以渲染的方法，顯示光綫的明暗；又參用粗細兩種綫條，剛勁有力，都生動活潑地畫出了人物和動物的情態。

在山東梁山縣後銀山村也發現了帶彩繪壁畫的漢墓，其中有人物及動物畫，如格打野獸的勇士，騎馬人，駕車馬人，女子，高約一公尺的大幅的老人像，飛鳳，奔馬等，都用紅、黑、白三色，顏色極爲鮮明，形象生動，有隸書題名，與河北望都的漢墓壁畫有相同的地方。

在四川成都揚子山、德陽黃滸鎮及寶成鐵路綫上的漢墓中發現的畫像磚，又別具一種題材和作風。畫像磚是用模子壓印在濕的泥磚上的，等到乾了，再繪上顏色。雖是用模子壓印的，綫條和形態卻極爲活潑生動，毫無生硬的感覺。如有一幅描繪打鹽井及熬鹽的景況：四個人在井中汲上鹽水，通過竹管，流入釜中；兩個人從山上運木柴下來；一個人在竈口燒火。還有農民割稻圖，獵人射雁圖，以及四合院式的建築圖等。都是前所未見的漢代生活的寫實的作品，使我們對於漢代繪畫的內容與技巧有更多的認識。

第二節　司馬遷、班固等的歷史學

司馬遷與史記　司馬遷字子長，漢武帝時人，生於左馮翊夏陽縣（今陝西韓城）的龍門。他的父親司馬談，官居太史令，是一個著名的學者。

司馬遷於十歲時到長安正式讀書研究學問。二十歲時曾到各處遊歷，訪問、考察名勝古蹟，到過現在的陝西、河南、山東、江蘇、浙江、安徽、江西、湖南、湖北諸省。二十歲後開始做官，爲郎中（皇帝的侍從官）。公元前 112 年（元鼎 5 年），曾隨漢武帝由長安到今甘肅一帶巡行。公元前111年（元鼎6年），因漢武帝經略西南地區，又奉命出使到現在的四川、雲南一帶。公元前 109 年（元封 2 年）爲太史令，開始整理漢朝政府所藏的史料。其後數年中又曾隨漢武帝出巡至今山西、河北、山東、安徽、江西、湖北、湖南諸省。公元前 104 年（太初元年），開始著作“史記”（原名“太史公書”）。公元前 98 年（天漢 2 年），因李陵案獲罪繫獄①，次年受“腐刑”②。公元前 96 年（太始元年）逢大赦出獄，爲中書令（宮廷中的宦官），此後繼續專心著作史記。死年不詳，約在公元前 87 年左右。

司馬遷是我國古代第一個傑出的歷史家，他所著作的“史記”，大大地推進了古代史學的發展，發生了深遠的影響。

“史記”是綜合了漢代以前的各種記事方法，用本紀、表、書、世家、列傳五種體裁寫成的紀傳體的歷史書，有本紀十二、表十、書八、世家三十、列傳七十，共一百三十篇，五十二萬六千五百字，包括自黃帝至漢武帝時期約近三千年間的史事。

本紀十二篇③是按帝王世系年代的次序來叙事的。雖以帝王的事蹟爲主，但由此記錄了連續不斷的歷史年代，保存了世世相傳的歷史資料，使後人認清了歷史發展的時間順序。

十表④是排列帝王諸侯將相的年代及爵位的。其中主要的是年表。

---

① 李陵是漢武帝時的騎都尉，與匈奴作戰時力竭投降，漢武帝大怒。司馬遷認爲李陵的投降是迫不得已，在漢武帝面前説了些同情李陵的話，得罪了武帝，因而下了監獄。

② 漢武帝時代，犯死罪的人，根據兩種舊例可以免死：一種是拿錢贖罪；另一種是受“腐刑”。腐刑是一種殘酷的受辱的刑罰，司馬遷犯的是死罪，因爲沒有錢贖罪，又不願輕易死去，因而被迫受腐刑。

③ 本紀十二篇是：“五帝（黃帝、顓頊、嚳、堯、舜）本紀”、“夏本紀”、“殷本紀”、“周本紀”、“秦本紀”、“秦始皇本紀”（包括秦二世）、“項羽本紀”、“高祖本紀”、“呂后本紀”、“孝文本紀”、“孝景本紀”、“今上（漢武帝）本紀”。

④ 十表是：“三代世表”、“十二諸侯年表”、“六國年表”、“秦楚之際月表”、“漢興以來諸侯年表”、“高祖功臣侯者年表”、“惠景間侯者年表”、“建元以來侯者年表”、“王子侯者年表”、“漢興以來將相名臣年表”。

但三代時期年次不明,只能按世系列為世表;而在秦楚之際政治變化急劇複雜的時候,僅按年排列不足概括,須逐月表明,又列為月表,因此在十表中分為世表、年表、月表三種。表的作用在於更清楚地表示出時間的順序,使讀者一目瞭然。司馬遷把表作為"史記"的一部分,與本紀、世家、列傳相互對照,是歷史著作的一大進步,在封建時代的歷史學者已指出其重要的意義,如唐朝人劉知幾說,"使讀者閱文便覩,舉目可詳"①;宋朝人鄭樵說,"太史公囊括一書,盡在十表"②;清朝人趙翼說,"作史體裁,莫大於是"③。雖然"史記"的十表在內容方面不能完全標列重要的歷史事蹟,但在體例方面是很值得重視的。

書八篇④是專載典章制度、天文、地理及經濟情況的。紀傳體的歷史書基本上是以人物為主的,有了八書就可補本紀、世家、列傳的不足,把整個社會情況分門別類來叙述。雖然八書的內容並不能比較詳備地記錄社會各方面的情況,而司馬遷能用這種體例來歸納本紀、世家、列傳之外的資料,對於歷史學的貢獻確是很大的。

世家三十篇,基本上可分為兩類:一類是叙述一個諸侯國家興亡的歷史,以國名為一篇的名目,或以一國最初的封君的稱號為一篇的名目,如"晉世家"、"楚世家"、"鄭世家"、"吳太伯世家"、"齊太公世家"、"魯周公世家"等;一類是叙述貴族及地位最高的大臣的事蹟,如"楚元王世家"、"外戚世家"、"蕭相國世家"、"曹相國世家"等。但其中有兩篇特殊的,一是"孔子世家",因孔子"垂六藝之統紀於後世"⑤,在文化思想上有重大的影響;一是"陳涉世家",因"秦失其政而陳涉發跡"⑥,推翻秦朝的革命運動是由陳涉倡導的,在政治上有重大的作用,所以也都列為世家。

列傳七十篇佔全書最多的篇幅,除了有關政治、軍事的重要人物和

① "史通""外篇""雜說"上。
② "通志總序"。
③ "二十二史劄記"卷一"各史例目異同條"。
④ 書八篇是:"禮書"、"樂書"、"律書"、"曆書"、"天官書"、"封禪書"、"河渠書"、"平準書"。
⑤ "史記"卷一三○"太史公自序"。
⑥ 同上書。

一些官吏的傳記外，還有社會上各種各樣的人物及中國四周各族的傳記。如記述學術思想家的"老莊申韓列傳"、"孟子荀卿列傳"，記述文學家的"屈原賈生列傳"、"司馬相如列傳"，記述醫藥方術之士的"扁鵲倉公列傳"，記述商人的"貨殖列傳"，記述卜者的"日者列傳"，記述巫祝的"龜策列傳"，以及"游俠列傳"、"刺客列傳"、"滑稽列傳"等；記述四周各族的有"匈奴列傳"、"朝鮮列傳"、"西南夷列傳"、"大宛列傳"等，其內容較之以前的史書是豐富得多了。而最後一篇"太史公自序"，敘述作者的家世、事蹟、著書的經過和目的、以及對於歷史的見解等等，更可使讀者了解全書的內容與價值，並開了寫史者的先例。

司馬遷能寫出一部包括豐富的內容並有高度的價值的歷史書，絕不是偶然的，是由於他具有深厚的學術修養、進步的治史方法與負責的著作態度，是他辛勤勞動的成果，具體地說，約有以下幾點：

（一）博採典籍——司馬遷著作"史記"，不是簡單地根據幾部已有的歷史書編纂而成，而是博採當時所有的典籍，融會了眾多的史料之後寫出的。他在太史公自序中說："百年之間，天下遺文古事，靡不畢集太史公。"他做了太史令之後，便"紬史記石室金匱之文"，"網羅天下放失舊聞"，以從事歷史的著作。凡是能夠得到的資料，他都充分地利用了。在"史記"一書裏，常常提到他所採用的典籍，如："余以頌次契之事，自成湯以來，采於'詩''書'"①；"余讀'春秋'古文，知中國之虞，與荊蠻句吳乃兄弟也"②；"余讀孔氏書，想見其為人"③；"吾讀管氏'牧民'、'山高'、'乘馬'、'輕重'、'九府'，及'晏子春秋'，詳哉其言之也。既見其著書，欲觀其行事，故次其傳"④；"余讀'司馬法'，閎廓深遠，雖三代征伐，未能竟其意如其文也"⑤；"余讀商君'開塞'、'征戰書'"⑥；"余讀'離騷'、'天問'、'招魂'、'哀郢'，悲其志"⑦；"余讀陸生'新語'書十二篇，

① "史記"卷三"殷本紀"。
② "史記"卷三一"吳太伯世家"。
③ "史記"卷四七"孔子世家"。
④ "史記"卷六二"管晏列傳"。
⑤ "史記"卷六四"司馬穰苴列傳"。
⑥ "史記"卷六八"商君列傳"。
⑦ "史記"卷八四"屈原賈生列傳"。

固當世之辯士"①等等例子很多。從前鄭樵曾錯誤地認爲司馬遷作"史記"只根據"詩經"、"尚書"、"左傳"、"世本"、"國語"、"戰國策"、"楚漢春秋"等七八種書,並說:"所可爲遷恨者,博不足也。"② 其實從"史記"的內容可以看出,在這些書之外,凡諸子百家的著作,歷世學者的文章,以及一切典章制度、公文法令、軼事舊錄,他都採用爲著作"史記"的資料了。

(二)實地考察——司馬遷到過很多地方,東至海邊,南至現在的湖南、江西,西至現在的陝西、四川、雲南,北至現在的山西、河北、內蒙古自治區,而且每到一地,都留心考察歷史事蹟,以與典籍的記載相對證,並補充典籍的缺漏。所以他的作史,不是僅僅坐在書房裏整理典籍中的材料,而且費了實地考察研究的功夫。在"史記"中常常記述他實地考察研究的結果,如:"余嘗西至空峒,北過涿鹿,東漸於海,南浮江淮矣。至長老皆各往往稱黃帝堯舜之處,風教固殊焉。"③ "余南登廬山,觀禹疏九江,遂至於會稽、太湟,上姑蘇,望五湖;東闚洛汭大邳,迎河行淮泗濟漯洛渠;西瞻蜀之岷山及離碓;北自龍門至於朔方。曰:甚哉!水之爲利害也!"④ "余登箕山,其上蓋有許由冢云。"⑤ "吾適楚,觀春申君故城宮室,盛矣哉!"⑥ "吾適北邊,自直道歸,行觀蒙恬所爲秦築長城亭障,塹山湮谷,通直道,固輕百姓力矣。"⑦ "史記"的敘事切實生動,不僅由於司馬遷的文章技巧的高明,也得益於他的實地考察,如顧炎武說:"秦漢之際,兵所出入之途,曲折變化,唯太史公序之如指掌。……蓋自古史書兵事地形之詳,未有過此者。太史公胸中固有一天下大勢,非後代書生之所能幾也。"⑧

(三)親身訪問——司馬遷到各地遊歷時,除了考察歷史遺跡,還要

---

① "史記"卷九七"酈生陸賈列傳"。
② "通志總序"。
③ "史記"卷一"五帝本記"。
④ "史記"卷二九"河渠書"。
⑤ "史記"卷六一"伯夷列傳"。
⑥ "史記"卷七八"春申君列傳"。
⑦ "史記"卷八八"蒙恬列傳"。
⑧ "日知錄"卷二六"史記通鑑兵事條"。

親身訪問史事,以豐富其著作的內容及解決過去典籍中存在的疑問。如:"吾適故大梁之墟,墟中人曰:秦之破梁,引河溝而灌大梁,三月城壞,王請降,遂滅魏。"① "吾嘗過薛,其俗閭里率多暴桀子弟,與鄒、魯殊。問其故,曰:孟嘗君招致天下任俠姦人入薛中,蓋六萬餘家矣。世之傳孟嘗君好客自喜,名不虛矣。"② "吾過大梁之墟,求問其所謂夷門。夷門者,城之東門也。"③ 尤以漢初的史事, 得之於親身訪問者爲多,如:"吾如淮陰,淮陰人爲余言,韓信雖爲布衣時,其志與衆異。其母死,貧無以葬,然乃行營高敞地, 令其旁可置萬家。余視其母冢,良然。"④ "吾適豐沛,問其遺老,觀故蕭、曹、樊噲、滕公之家及其素,異哉所聞!……余與他廣(樊噲之孫)通,爲言高祖功臣之興時若此云。"⑤ 其他如關於劉邦、蕭何、曹參、張良的故事及"游俠列傳"、"滑稽列傳"等篇中的材料, 也有很多是親身訪問得來的。

　　(四)慎重取材——司馬遷雖然佔有了大量的歷史材料, 但並非把所有的材料都堆積在"史記"一書裏,而是經過慎重地選擇鑒別,以決定取捨的。對於不可靠的傳說異聞,則棄而不用;對於沒有根據的事蹟,則缺而不載,並且說明其原由。如在"五帝本紀"中說:"百家言黃帝,其文不雅馴,薦紳先生難言之。"在"三代世表"中說:"五帝三代之記尚矣。自殷以前,諸侯不可得而譜;周以來,乃頗可著。孔子因史文,次'春秋',紀元年,正時日月, 蓋其詳哉!至於序'尚書', 則略無年月,或頗有,然多闕,不可錄。故疑則傳疑,蓋其慎也!"在"平準書"中說:"自高辛氏之前尚矣,靡得而記云。"在"大宛列傳"中說:"故言九州,'尚書'近之矣,至'禹本紀'、'山海經'所有怪物,余不敢言之也。"因此, 在"史記"一書中,記事的詳略也由於資料的多少而有所不同, 如秦朝以前二千多年的事蹟僅佔全書篇幅的十之二三,而秦漢百餘年間的事蹟則佔全書篇幅的大半。

────────────────

① "史記"卷四四"魏世家"。
② "史記"卷七五"孟嘗君列傳"。
③ "史記"卷七七"信陵君列傳"。
④ "史記"卷九二"淮陰侯列傳"。
⑤ "史記"卷九五"樊酈滕灌列傳"。

總之,司馬遷整理了漢武帝以前的散漫的史料,創立了紀傳史書的體例,寫成了第一部通史性質的歷史書,對於我國古代史學的發展有不可磨滅的功績。所以,他一直被崇奉為我國古代的史學大師,"史記"被認為我國古代史籍中最卓越的著作,至今仍有不朽的價值。

班固與漢書 班固字孟堅,東漢扶風郡安陵縣(今陝西咸陽東)人。生於公元 32 年(漢光武帝建武 8 年),卒於公元 92 年(漢和帝永元 4 年)。青年時曾在洛陽的太學讀書,"博貫載籍,九流百家之言,無不窮究"①。在漢明帝時為校書郎、蘭臺令史。章帝時屢在宮中講書作文。和帝時隨竇憲出征匈奴,為中護軍,此後即充任竇憲的幕僚。竇憲被殺後,班固也受牽連被捕,死於獄中。

班固的父親班彪,是一個潛心史籍有志著述的人。因司馬遷的"史記"敘事止於漢武帝時期,漢武帝以後的史事雖有劉歆、馮商、揚雄等相繼撰述,"然多鄙俗,不足以踵繼其書"②,班彪遂博覽典籍,採集遺聞舊事,作"後傳"六十五篇,以接續"史記"。班彪死後,班固覺得他父親的著作不够詳備,又以為西漢一代的事蹟應有專書記載,遂決意把從漢高祖建國起到王莽滅亡止,共二百三十年的歷史,著為"漢書"。約於公元 58 年(漢明帝永平元年)開始著作,寫了二十多年,才大致完成。

"漢書"沿用"史記"的紀傳體例,分為十二紀、八表、十志(等於史記的書)、七十傳,共一百篇,八十餘萬字。其內容詳贍豐富,有很高的史料價值,如在漢武帝以前的事蹟,雖基本上依據"史記",而頗有增加③;尤其值得重視的是十志的材料比"史記"的八書豐富多了。"漢書"的志,除"禮樂志"(合"史記"的"禮書"、"樂書"二目為一)、"律歷志"(合"史記"的"律書"、"歷書"二目為一)、"天文志"(相當於"史記"的"天官書")、"郊祀志"(相當於"史記"的"封禪書")、"溝洫志"(相當於"史記"的"河渠書")、"食貨志"(相當於"史記"的"平準書")與"史記"八書的例目相同外,又增加了"五行志"、"刑法志"、"地理志"、"藝文志"四種,這就擴充

---

① "後漢書"卷七十"班固傳"。
② "後漢書"卷七十"班彪傳"。
③ 趙翼"二十二史劄記"中"漢書多載有用之文"、"漢書增傳"、"漢書增事蹟"諸條曾舉出若干實例,可以參看。

了紀傳體史書的內容,記錄了更多的歷史事實,使歷史編纂方法向前推進了一步。

班固綜合西漢一代的事蹟著成"漢書",開創了斷代史的方式,對於我國的歷史學發生了極大的影響。自此以後,用紀傳體例編纂的斷代史連續不絕,遂形成了所謂"正史"的二十四史。而且除了"正史"外,還有一些編年體的斷代史。斷代史連續地出現,也是由於我國封建社會長期延續的客觀情況所決定的。因為在長期的封建社會之中,雖然屢次改朝換代,但生產關係並沒有變化,因而歷史觀點沒有基本的改變,也很少發現新的歷史資料,如果研究歷史的人都來編寫自古及今的通史,必然多半內容重複,轉相抄襲。所以每當朝代更易之後,即搜集前一朝代的事蹟編寫成書,接續以往的史籍,是合乎需要的。當然,在揭示整個歷史發展情況的要求上來講,斷代史是存在着割斷歷史的根本缺點的,過去的歷史學者也已經指出,如鄭樵所說"是致周秦不相因,古今成間隔"①。但對於及時保存、整理前一朝代的史料,却有很大的便利,如劉知幾說:"包舉一代,撰成一書,言皆精練,事甚該密,故學者尋討,易為其功。"②我國有悠久的歷史,自秦漢以來二千多年的史料,都還能相當豐富而沒有間斷地保存到現在(雖然遠不能滿足我們的要求),確是有賴於過去歷朝銜接的紀傳體和編年體的斷代史書。班固開創了斷代為史的方式,也就是他對於我國歷史學的重大貢獻。

東漢的官修史書——東觀漢記 東漢政府自明帝時起至靈帝時止,陸續編纂了一部記載東漢事蹟的歷史書,因為從事編纂的史官多聚集在官家藏書之所的"東觀",所以後人稱這部書為"東觀漢記"。

漢明帝時始令班固與陳宗、尹敏、孟異等共作"世祖本紀",又令班固搜集"開國功臣"及新市、平林、公孫述等事蹟作成列傳和載記二十八篇。安帝時令史官劉珍與李尤撰述自劉秀稱帝以來的事蹟(公元25年至公元113年),作紀、表及"名臣"、"儒林"、"節士"、"外戚"等列傳。桓帝時令伏無忌與黃景作"諸王王子功臣恩澤侯表"、"匈奴南單于傳"、"西羌傳"、"地理志";又於公元151年(元嘉元年)令邊韶、崔寔、朱穆、

① "通志總序"。
② "史通""六家篇"。

曹壽等作"皇后傳"及"儒林傳"多篇。崔寔、曹壽又與延篤共作"百官表"及鄭衆、蔡倫、孫程、郭願等宦官的傳，連同以前所作，共有一百十四篇，稱爲"漢記"。靈帝時，令馬日磾、蔡邕、楊彪、盧植等繼續作紀、傳，蔡邕又獨自寫成十意（即十志）。到董卓之亂時，洛陽殘破，這自自漢明帝以來連續修撰的歷史書遂多散佚。現在所見到的"東觀漢記"，僅是後人輯錄的、殘餘的一小部分了。

"東觀漢記"是最早的官修的紀傳體史書。此後因歷朝都設置史官，時常從事於歷史書的編纂，自唐朝以後，官修的史書更多。這種官修史書，由於是直接奉承皇帝的旨意寫成的，往往只顧宣揚封建統治者的"功德"，而不能比較眞實地記錄社會各方面的事蹟。

荀悅與漢紀 荀悅字仲豫，東漢潁川郡潁陰縣（今河南許縣）人。生於公元 148 年（桓帝建和 2 年），卒於公元 209 年（獻帝建安 14 年）。在漢獻帝時歷爲黃門侍郎、秘書監、侍中等官。

漢獻帝因班固的"漢書"篇幅繁多，不易閱讀，乃令荀悅仿效"左傳"的體例，將"漢書"的內容刪略爲編年體的史書。荀悅遂按年月的順序，編排"漢書"中散見於紀、傳、表、志的有關政治的重要事蹟，著爲"漢紀"三十卷。於公元 198 年（建安 3 年）開始寫，到公元 200 年（建安 5 年）寫成。

紀傳體的史書雖然能够容納較多的史料，但因散見於紀、傳、表、志之中，不能使讀者對歷史事蹟的時間性得到清楚的了解，感覺紛紜雜亂；荀悅用年月次序以貫串歷史事蹟，可以補充紀傳體的不足。從此以後，編年體的史書又大爲盛行，與紀傳體互濟長短，如劉知幾所說："班、荀二體，角力爭先，欲廢其一，固亦難矣。後來作者，不出二途，故晉史有王、虞，而副以干'紀'；宋書有徐、沈，而分爲裴'略'。各有其美，並行於世。"① 所以荀悅"漢紀"的內容雖然不出班固"漢書"的範圍，但是創行了斷代的編年史的體例，對於後來歷史學的影響也是很大的。

第三節　經今古文學派之爭

經今古文學派的由來 自漢武帝尊崇儒術，立太學，增置博士及弟

_____
① "史通""二體篇"。

子員,逐廣徵圖書,收藏於天祿閣、延閣、廣內、秘室等處,並專設抄寫書籍的官,於是漢朝政府所收集的書籍逐漸增多。到成帝時,又於公元前26年(河平3年)使謁者陳農至各地搜求遺書;並派人將藏書分別門類整理校訂,由光祿大夫劉向校六經、傳記、諸子、詩賦,步兵校尉任宏校兵書,太史令尹咸校數術(天文及占卜等)書,侍醫李柱國校方技(醫學)書,並命劉向總負其責。劉向的兒子劉歆也襄助校理。每校完一部書籍,即由劉向列舉篇目,摘錄要點。到了公元前7年(哀帝綏和2年),劉向死去,校書的工作還沒有完成,哀帝又命劉歆繼續擔負總責,終於將藏書校訂完畢,並編成目錄,名爲"七略",包括"輯略"(總論)、"六藝略"、"諸子略"、"詩賦略"、"兵書略"、"術數略"、"方技略"。這是中國最早的一部目錄書,第一次總結了古代學術著作的內容,在學術史上具有重大的意義。班固的"漢書藝文志",就是根據劉歆的"七略"寫成的。

劉歆在襄助他父親校書的時候,曾發見一部用古文字書寫的"春秋左氏傳",他非常高興,"以爲左丘明好惡與聖人同,親見夫子,而公羊、穀梁在七十子後,傳聞之與親見之,其詳略不同"①,遂認定"左氏傳"是解釋"春秋"的最可靠的書。後來又發見了一部"毛詩"(戰國時趙人毛公所傳),一部"逸禮"(在當時博士所傳的十七篇"禮"經之外),一部"古文尚書",都是過去沒有見到的。當他代替父職之後,就請朝廷把這些書都列於學官。哀帝讓他先和博士們商量,但博士們多不贊成,他便寫了一封信去指責那些博士,信中說:"……孝成皇帝閔(憫)學殘文缺,稍離其眞,乃陳發秘藏,校理舊文,得此三事(指"春秋左氏傳"、"逸禮"、"古文尚書")。以考學官所傳,經或脫簡,傳或間編。傳問民間,則有魯國桓公、趙國貫公、膠東庸生之遺學與此同。抑而未施,此乃有識者之所惜閔,士君子之所嗟痛也。往者綴學之士,不思廢絕之闕,苟因陋就寡,分文析字,煩言碎辭,學者罷老且不能究其一藝;信口說而背傳記,是末師而非往古,至於國家將有大事,若立辟雍、封禪、巡狩之儀,則幽冥而莫知其原。猶欲保殘守缺,挾恐見破之私意,而無從善服義之公心;或懷妬嫉,不考情實,雷同相從,隨聲是非,抑此三學,以'尚書'爲不備,謂'左氏'爲不傳'春秋',豈不哀哉!今聖上(指哀帝)德通神明,繼統揚業,亦閔文

① "漢書"卷三六"劉歆傳"。

學錯亂,學士若茲,雖昭其情,猶依違謙讓,樂與士君子同之,故下明詔試'左氏'可立不?遣近臣奉指銜命,將以輔弱扶微,與二三君子比意同力,冀得廢遺。今則不然,深閉固距而不肯試,猥以不誦絕之,欲以杜塞餘道,絕滅微學。夫可與樂成,難與慮始,此乃衆庶之所爲耳,非所望士君子也。且此數家之事,皆先帝所親論,今上所考視,其古文舊書皆有徵驗,外內相應,豈苟而已哉?夫禮失求之於野,古文不猶愈於野乎?……若必專己守殘,黨同門,妒道眞,違明詔,失聖意,以陷於文吏之議,甚爲二三君子不取也。"① 這封信引起了一般儒者對他的怨恨, 如名儒光祿大夫龔勝以辭職表示反對;當時的大司空師丹也是一個儒者,他控告劉歆"改亂舊章, 非毀先帝所立"②。劉歆雖然得到哀帝的迴護,但因經受不住許多儒者的抨擊,不敢留在京城,遂請求到外地做官,所以在此後數年中,他曾歷任河內、五原、涿郡的太守。

劉歆所要表章的幾部書,是用先秦時代的古文字寫的,所以稱爲古文經;當時博士所掌的經書,是用漢代通行的隸書寫的,所以稱爲今文經。今文經學者與古文經學者不但所根據的經書文字不同,而且對於經文內容的解釋也不同。從此以後,經學遂分成爲今文與古文兩派了。

經今古文學派之爭的內容及其意義 劉歆提倡古文經,在哀帝時雖然受到信奉今文經的大臣及博士們的排斥,但到哀帝死後,隨着王莽的當權,古文經學又抬頭了。

哀帝死後,王莽復爲大司馬,執掌政權。因劉歆和王莽從前曾同時爲黃門郎,感情很好,王莽遂把劉歆召回朝中爲官,歷任右曹太中大夫、中壘校尉、羲和、京兆尹,不久又封他爲紅休侯,並使他典掌儒林、史卜之官。這時的劉歆已成爲學術文化事業的領導人物,可以實現其表章古文經的願望了,而王莽因要依託古制以奪取帝位,當然予以支持,所以"春秋左氏傳"、"古文尚書"、"逸禮"、"毛詩"都立了學官;又立"樂經"於學官,把過去的五經增爲六經;每一經的博士也增爲五人,六經共三十人,每一博士領弟子三百六十人,共有弟子一萬零八百人。這些博士和弟子自然必須要信奉古文經的。除此以外,並徵求各地能通曉"逸禮"、

① "漢書"卷三六"劉歆傳"。
② 同上書。

"毛詩"等古書典籍的人，到京城裏來共相討論，使他們"正乖謬，壹異說"①。這樣，凡與古文學派不合的便是"乖謬""異說"，都被王莽和劉歆用政治勢力壓倒了。同時，其他經書如"易經"、"孝經"、"論語"等的古文本也陸續出現了；王莽又發現了"周禮"，即以"周禮"作爲他定禮樂、改制度的根據。而且他們又製造出這些古文經的歷代傳授的淵源和系統，以加強古文經的宣傳，表示他們的學說不是憑空杜撰。古文經學派的勢力旣大，王莽在政治上的活動也就名正言順，尤其是"周禮"中的記載，更是他處處依託模倣的典範。

　　經今古文學派之爭，本是儒家內部的分裂，但由於自漢武帝以後儒生與政治的密切關係，這種學術的爭議遂形成爲政治派別的鬥爭。蓄懷野心的王莽，爲了實現他的政治慾望，必須改變當時一般儒生的政治理論，另外找出有力的根據，而劉歆所要表章的古文經正是他所要利用的工具，於是古文學派便很快地與盛起來了。

　　及至東漢政權建立以後，雖然恢復了今文經學派的政治地位，所有的博士都是研究今文之學的，但是由於古文經在學術思想界已經有了深厚的影響，而且它的解釋也同樣地適合當時統治階級的需要，所以東漢的統治者對古文經仍然重視。如漢章帝即位後，請當時著名的古文經學家賈逵到宮中講學，並令他自選二十名今文派的高才生，教以"左氏傳"；公元79年（建初4年）召集諸儒在白虎觀開會，講議五經的同異；到公元83年（建初8年），又令諸儒各選高才生受學古文家的經典，下詔說："五經剖判，去聖彌遠，章句遺辭，乖疑難正，恐先師微言，將遂廢絕，非所以重稽古、求道眞也。其令羣儒選高才生受學'左氏'、'穀梁春秋'、'古文尙書'、'毛詩'，以扶微學、廣異義焉。"② 當時不但今文學者研究古文，古文學者也研究今文，今古文之爭逐漸平息。東漢最有名的經學家如賈逵（公元30年—公元101年）及其以後的馬融（公元79年—公元166年）、服虔（生卒年不詳，約當桓帝、靈帝之時）、鄭玄（公元127年—公元200年）等，都是古文家兼通今文。尤其是在東漢末年經學界握有最大權威的鄭玄，注釋經書，不分今古，旣依據古文學說以改動今

① "漢書"卷九九"王莽傳"。
② "後漢書"卷三"章帝紀"。

文學說,也依據今文學說以改動古文學說,集兩漢經學之大成,今文與古文在學術上的界限就不那樣嚴格分明了。所以公元 175 年(靈帝熹平4 年),"靈帝乃詔諸儒正定五經,刊於石碑,爲古文、篆、隷三體書法,以相參檢,樹之學門,使天下咸取則焉"①。

經今古文之爭雖然脫離不了政治的關係,但在學術上的意義還是非常重要的。劉歆發見了幾部古書,確是學術上珍貴的收穫,若完全站在今文學派的立場,認爲那幾部古書全是劉歆僞造的,未免是主觀的偏見。因爲在當時大量遺存的典籍中發見幾部古書,是完全可能的;縱然劉歆爲了樹立自己在學術上的特殊地位,故意顯示與今文家不同,而有所竄改增删,也不過是局部的,這幾部古書的基本內容仍然是值得重視的。至於王莽爲了實現其政治慾望,曾利用一部分古書來做爲復古的根據,但不能因此即推斷凡經王莽和劉歆表章的書都是僞造的。反過來說,若完全站在古文學派的立場,認爲今文經都是靠不住的口說傳聞,因而一概抹煞,也是過於武斷。經今古文學派之爭,除去政治上的因素外,在學術上也是不可避免的,因爲兩種不同的學術傳統必然會發生激烈的爭執;而且只有經過一個相當時期的爭執,兩種不同的學術傳統才會趨於統一,才能促進學術的發展。所以到了東漢中葉以後,經學家兼用今文與古文來研究、整理經書,也就獲得了很多的新的成就,豐富了學術的內容。

第四節　王充的哲學思想

王充的生平及其所處時代的社會思想　王充字仲任,東漢會稽郡上虞縣(今浙江上虞)人。生於公元 27 年(漢光武帝建武 3 年),大約死於公元 90 餘年(漢和帝永元中),正當東漢帝國的初期。

王充的先世原爲魏郡元城縣(今河北大名)人。在他祖父以前,是"以農桑爲業"②;他的祖父因躱避仇人的迫害,帶着全家遷徙到會稽郡錢唐縣(今浙江杭州一帶),"以買販爲事"③;他的父親因在錢唐與豪家

① "後漢書"卷一〇九"儒林傳序"。

② 王充"論衡""自紀篇"。

③ 同上書。

結怨，又徙居上虞。當王充在少年時，他父親就死去了。

王充曾在洛陽的太學讀書，好博覽羣籍，因"家貧無書，常游洛陽市肆，閱所賣書，一見輒能誦憶，遂博通衆流百家之言"①。從洛陽回到上虞，以教書爲生。後來曾做過縣中的功曹，郡中的功曹及從事，州刺史的從事、治中。公元 88 年(漢章帝章和 2 年)辭官回家。他的朋友同郡人謝夷吾極推崇他的才學，上書薦於漢章帝，說："充之天才，非學所加，雖前世孟軻孫卿，近世揚雄劉向司馬遷，不能過也。"②章帝特詔徵入朝，王充稱病不行，以著書終老於家。

自從漢武帝時期(公元前 140 年—前 87 年)以來，儒家思想便居於社會思想的主導地位，而且還不斷地吸收了陰陽五行家的思想，以爲封建地主階級的永恆不變的統治製造根據。其後，儒家的陰陽五行思想發展起來，而形成了所謂"讖緯"之學。"讖"是預言，"緯"是對"經"來說的，即集錄過去的一些預言和神話傳說以解釋或附益經書，以加強儒家學說的政治作用，鞏固統治階級的權利與地位。在許多的圖讖、緯書中，包括的內容很廣，有天文、歷法、地理、文字、史事以及種種典章制度等等，這樣就以陰陽五行思想爲中心，把預言和神話交織滲入儒家經典之中，使儒家學說充滿了迷信的成分。在西漢末期以至東漢初期，讖緯在封建統治階級中極爲盛行，如王莽時常利用讖緯來促成其政治慾望的實現，當他輔政時即不斷發現他要做皇帝的預示；劉秀也深好緯書，曾因閱讀過久而感受風寒致疾；他的臣下多製造讖緯，以騙取官爵，如郎中尹敏奉命校訂圖讖時，在上面加了"君無口，爲漢輔"幾個字，企望得到高官，劉秀發見後向他質問，他說："臣見前人增損圖書，敢不自量，竊幸萬一。"③當時著名的學者桓譚曾給劉秀上書請禁絕讖緯，說："今諸巧慧小才、伎數之人，增益圖書，矯稱讖記，以欺惑貪邪，詿誤人主，焉可不抑遠之哉！"④竟使劉秀大怒，幾乎被斬首。此後，明帝、章帝都信奉讖緯。由於皇帝的提倡，一般儒生爲了干求祿位，除了研讀五經之外，也兼習讖緯，

① "後漢書"卷七九"王充傳"。
② "後漢書"卷七九"王充傳"註引謝承"後漢書"。
③ "後漢書"卷一〇九"尹敏傳"。
④ "後漢書"卷五八"桓譚傳"。

於是讖緯中的天命、災異、神鬼等迷信思想在社會上佔據着統治地位，淆亂是非，嚴重地阻礙着學術思想的進步。

然而，就在這期間，傑出的思想家王充，爲了闡揚眞理，乃以戰鬥的姿態，極力打擊儒家學派的謬說，與散布在社會上的迷信思想進行堅決的鬥爭。

王充所著的論衡 王充一生的主要著作是"論衡"。"後漢書"卷七十九"王充傳"云："充好論說，始若詭異，終有理實，以爲俗儒守文，多失其眞，乃閉門潛思，絕慶弔之禮，戶牖牆壁，各置刀筆，著'論衡'八十五篇，二十餘萬言，釋物類同異，正時俗嫌疑。"王充著作"論衡"的目的，即在於揭發讖緯的虛妄及駁斥在當時社會上流行的迷信思想，並批判過去一切不合事實的學說，以探求眞理，辨明是非。他自己曾說，因"傷僞書俗文，多不實誠，故爲'論衡'之書。"① 又說："是故論衡之造也，起衆書並失實，虛妄之言勝眞美也。……故論衡者，所以銓輕重之言，立眞僞之平，非苟雕文飾辭，爲奇偉之觀也。"② 又說："世信虛妄之書，以爲載於竹帛上者，皆聖賢所傳，無不然之事，故信而是之，諷而讀之，睹眞是之傳與虛妄之書相違，則並謂眞書不可信用。"③ 而且對於儒家"聖賢"的著作也加以評論，指出其不合情理的地方，並根據事實作了詳細的分析，糾正了傳統的學說思想中的錯誤。

像王充這樣對於當時佔有統治地位的學說思想進行"訂其眞僞，辯其實虛"的總批判，在一般的儒生看來，實爲"詭異"之談，但因王充的言論確有"理實"，他們是不能駁倒的，爲了排斥王充，只有憑藉政治勢力禁止"論衡"一書的流傳。所以自"論衡"寫成以後，百餘年之間，埋沒無聞，即使有人得到此書，也視同禁物，秘密閱讀，不敢讓別人知道；直到東漢末年以至三國時代，始得逐漸傳布於世。"後漢書"卷七十九"王充傳"注引袁山松"後漢書"說："充所作'論衡'，中土未有傳者。蔡邕入吳，始得之，恆秘玩以爲談助。其後王朗爲會稽太守，又得其書。及還許下，時人稱其才進。或曰：'不見異人，當得異書。'問之，果以'論衡'之益。由是

---

① "論衡""自紀篇"。

② "論衡""對作篇"。

③ "論衡""書虛篇"。

逐見傳焉。"又引"抱朴子"說："時人嫌蔡邕得異書，或搜求其帳中隱處，果得論衡，抱數卷持去。邕丁寧之曰：'唯我與爾共之，勿廣也！'"可見這部偉大的哲學著作雖然遭受了封建統治階級的壓制，但它在思想界所放射的特異的光芒却是掩蓋不住的。

王充的主要哲學思想　王充的主要哲學思想，用最簡括的話來說，是樸素的唯物論，承認客觀世界是物質的世界。

封建統治階級依據唯心論的思想，宣稱"天"是有意志的東西，經常假託天命或天意以欺惑人民，企圖達到鞏固其統治的目的。王充則極力駁斥天命、天意之說，以爲宇宙間的一切東西都是客觀存在的自然現象，萬物的生滅，都有其物質的原因，不是所謂天命或天意造成的；而"天"也不過是一個自然體，根本沒有什麼意志，絕不能干涉人的活動，像董仲舒所說的天會降下災害來譴告人。他說："夫天道，自然也，無爲。如譴告人，是有爲，非自然也。"① "何以天之爲自然也？以天無口目也。案有爲者，口目之類也。口欲食而目欲視，有嗜欲於內，發之於外，口目求之，得以爲利欲之爲也。今無口目之欲，於物無所求索，夫何爲乎！何以知天無口目也？以地知之。地以土爲體，土本無口目，天地夫婦也，地體無口目，亦知天無口目也。使天、體乎？宜與地同；使天、氣乎？氣若雲烟，雲烟之屬，安得口目？"② 這就指出天和地、氣都是無口目的、物質的東西，不會進行有意志的活動。因此，王充對於宇宙間的一些現象，便能根據物質運動的情況來說明其原因，打破了一般儒者的陰陽、天神等謬說。如關於"夏日長，冬日短"，"日中近而日出入遠"，"日蝕、月蝕"等現象，他都根據日、地、月的"運轉"關係來加以解釋；關於下雨的原因，他說："雨從地上，不從天下，見雨從上集，則謂從天下矣，其實地上也。然其出地起於山。……雨之出山，或謂雲載而行，雲散水墜，名爲雨矣。夫雲則雨，雨則雲矣。初出爲雲，雲繁爲雨。……雲霧，雨之徵也，夏則爲露，冬則爲霜，溫則爲雨，寒則爲雪。雨露凍凝者，皆由地發，不從天降也。"③ 雖然由於當時自然科學水平的限制，他還不能把自然界的變化做出完

① "論衡""譴告篇"。
② "論衡""自然篇"。
③ "論衡""說日篇"。

· 154 ·

158

全正確的解釋，但他已肯定地指出一切現象都有其物質運動的原因和規律，而不是所謂"天"的意志支配的結果，從而有力地駁倒了讖緯迷信的說法，揭穿了封建統治階級假託天意來欺騙人民的把戲。

王充在反對讖緯迷信思想的論述中，又極力駁斥神鬼之說的虛妄。因封建統治階級時常藉"神"來愚弄人民，宣稱人間的禍福是由神來支配的，如把雷電擊折樹木、毀壞房屋、震死人畜的現象，說成是龍神所加給的禍。王充根據事實，指出雷電之所以擊折樹木、毀壞房屋、震死人畜，是物質運動的結果，絕不是龍神在作怪。而且龍不過是在水中的動物，和魚鼈一樣，魚鼈既不能成神，龍又怎會成神？王充對於"人死不為鬼"的論述，尤為詳盡，他說："世謂死人為鬼，有知，能害人。試以物類驗之，死人不為鬼，無知，不能害人。何以驗之？驗之以物。人，物也；物，亦物也。物死不為鬼，人死何故獨能為鬼？……人之所以生者，精氣也，死而精氣滅。能為精氣者，血脈也，人死血脈竭，竭而精氣滅，滅而形體朽，朽而成灰土，何用為鬼？……天地開闢，人皇以來，隨壽而死，若中年夭亡，以億萬數計，今人之數，不若死者多。如人死輒為鬼，則道路之上，一步一鬼。人且死見鬼，宜見數百千萬，滿堂盈廷，填塞巷路，不宜徒見一兩人也。……天地之性，能更生火，不能使滅火復燃；能更生人，不能令死人復見。不能使滅灰更為燃火，吾乃頗疑死人能復為形。案火滅不能復燃，以況之死人不能復為鬼，明矣！"① 這些話很明確地辯說了世上沒有鬼的存在，是我國哲學思想史上第一篇精闢的"無鬼論"。而且他更進一步地說："人之死，猶火之滅也。火滅而耀不照，人死而知不慧，二者宜同一實；論者猶謂死有知，惑也。人病且死，與火之且滅何以異？火滅光消而燭在，人死精亡而形存，謂人死有知，是謂火滅復有光也。"② 在這裏，王充闡發了物質是第一性、精神是第二性的唯物論的觀點。

封建統治階級為了掩蓋他們壓迫和剝削人民的罪惡，總把農民反抗他們的鬥爭污衊為"壞人的作亂"，並說這些"作亂"的人都是天性惡劣的，企圖淆亂是非，蒙蔽人民，使人民都馴順地服從他們的統治。王充對此也根據事實駁斥了統治階級的謬說，指出農民的反抗是由於沒有

① "論衡""論死篇"。
② 同上書。

飯吃、沒有衣穿而造成的，所謂行爲的善惡並不是決定於性情的好壞，而是決定於物質生活條件。他說："夫世之所以爲亂者，不以賊盜衆多，兵革並起，民棄禮義，負畔其上乎？若此者，由穀食乏絕，不能忍饑寒。夫饑寒並至而能無爲非者寡，然則溫飽並至而能不爲善者希。……讓生於有餘，爭起於不足。……爲善惡之行，不在人質性，在於歲之饑穰。由此言之，禮義之行，在穀足也。"① 這就是說，農民在饑寒交迫之下起來反抗封建統治階級是必然的，是應當的，餓着肚子是不能講什麼禮義的。雖然王充還未能對農民的革命鬥爭作更進一步的分析，但他指出物質生活條件決定人的行爲，已足揭破封建統治階級用"善惡""禮義"以愚惑人民的幌子了。

　　孔子和孟子是儒家所尊奉的聖賢、宗師，而且被當做偶像一樣的崇拜着。在當時的儒者看來，孔、孟的言論是天經地義，不容懷疑的，若有人懷疑，必會遭受離經叛道的罪名。然而，王充却以實事求是的精神，對孔、孟的言論加以批評。他說："世儒學者，好信師而是古，以爲賢聖所言，皆無非專精講習，不知難問。夫賢聖下筆造文，用意詳審，尚未可謂盡得實況；倉卒吐言，安能皆是？不能皆是，時人不知難；或是而意沉難見，時人不知問。案賢聖之言，上下多相違，其文前後多相伐者，世之學者不能知也。"② 因而在他的著作中，曾指出孔、孟的許多言論不合事實及自相矛盾之處。例如孔子曾說："鳳鳥不至，河不出圖，吾已矣夫！"③ 以悲歎天下的不太平。王充在"論衡""問孔篇"中指出：鳳鳥、河圖是根據什麼才出現的呢？如果根據天下太平，但在太平之世並不見得出現鳳鳥、河圖，像"五帝三王"時就不是都有鳳鳥、河圖出現，而漢文帝時根本沒有出現鳳鳥、河圖的記載，假若孔子生在漢文帝時候，豈不也要悲歎"吾已矣夫"嗎？孔子又曾對子貢說"足食，足兵，民信之矣"④ 是爲政的三個要點，必不得已時，先去"兵"，再去"食"，惟有"信"最爲重要。王充也在"問孔篇"中指出：如果人民沒有飯吃了，還講究什麼"信"呢？他說：

---

① "論衡""治期篇"。
② "論衡""問孔篇"。
③ "論語""子罕篇"。
④ "論語""顏淵篇"。

"夫去信存食，雖不欲信，信自生矣。去食存信，雖欲爲信，信不立矣。"孔子敎導子貢的話，顯然是錯誤的。又如孟子曾說："五百年必有王者興。"① 王充在"論衡""刺孟篇"中指出：帝嚳、堯、舜、禹四個"王者"是"繼踵而興"，並沒有經過五百年；而從禹到湯、從湯到周，都幾乎隔了一千年才有王者興；從周到孟子之時，已過了七百多年，却還沒有王者興。所以孟子這句話是沒有根據的，是不合歷史事實的。

王充不但對儒者所盲目崇拜的孔子和孟子的一些言論予以無情的駁斥，對於道家、名家、墨家、法家等學說思想也都進行批判，以"訂其眞僞，辯其實虛"，從而豐富了他的樸素唯物論思想的內容。

王充對於社會歷史，也表露了進步的看法，認爲社會歷史是前進的，是發展的。他極力反對一般儒生貴古賤今、把古代理想化的論點，他說："述事者好高古而下今，貴所聞而賤所見。辯士則談其久者，文人則著其遠者，近有奇而辯不稱，今有異而筆不記。"② 而事實上則後世勝過古代，如"上世之民，飲血茹毛，無五穀之食；後世穿地爲井，耕土種穀，飲井食粟，有水火之調。又見上古巖居穴處，衣禽獸之皮；後世易以宮室，有布帛之飾"③。根據這種觀點，所以他在"論衡""宣漢篇"中說"周不如漢"，指出漢代比周代進步。

王充哲學思想批判 王充繼承並發揚了我國古代的樸素唯物論哲學，對當時盛行的讖緯迷信思想進行了堅決英勇的鬥爭，痛斥虛妄，闡明眞實，在我國哲學思想發展史上有偉大的貢獻。

不過，在王充的思想中，因爲歷史條件的限制，也存在着樸素唯物論者所不可避免的缺點。他雖然承認"天"是物質的、自然的東西，但對於自然的現象，又認爲是不可違抗、不可改變的。他不知道人們發現了自然或社會的發展規律以後，可以更好地利用這些規律，以滿足自己的願望。因此，反映在他的人生觀上，也就表現了宿命論的色彩。如他說："命，吉凶之主也。自然之道，適偶之數，非有他氣旁物厭勝感動使之然也。"④ 又說："凡人遇偶及遭累害，皆由命也。有死生壽夭之命，亦有貴賤貧富之命。自王公逮庶人、聖賢及下愚，凡有首目之類、含血之屬，莫不有命。命當貧賤，雖富貴之，猶涉禍患矣；命當富貴，雖貧賤之，猶逢福善矣。故命貴從賤地自達，命賤從富位自危。"⑤ 而且他竟信"骨相"之法,以爲"富貴之骨,不遇貧賤之苦;貧賤之相,不遭富貴之樂"⑥ 。基於這種思想,所以他在論述某些問題時,便或多或少地帶有唯心論的觀點。

然而,王充的這種缺點,絕不能掩蓋了他的哲學思想的進步意義。因爲我們不能要求古代的哲學家完全擺脫歷史條件的限制和統治思想的影響,而是要注重他在當時的歷史條件下對於思想發展所起的作用。王充以唯物的論點,深刻地揭破了讖緯迷信思想的虛妄,駁斥了各種阻礙思想發展的謬說,在思想鬥爭的歷史中,起了重要的進步作用,因而他也就是一個傑出的思想家。

第五節　佛敎的傳布與道敎的創立

佛敎的傳布　自漢武帝時期中國開通西域以後, 中國與中亞細亞各國的往來日益密切。這時,印度的佛敎已流行於中亞細亞一帶,遂逐漸傳入中國。"三國志""魏志"卷三十注引"魏略""西戎傳"說:"漢哀帝元壽元年(公元前 2 年),博士弟子景盧受大月氏王使伊存口授'浮屠經'。"這是佛敎傳入中國的最早的記載,可知至遲在西漢末葉中國已有佛敎傳布了。到東漢初期,統治階級中已有人供奉佛像,齋戒祭祀,當時的皇帝也予以提倡。如"後漢書"卷七十二"楚王英傳"中即記載着楚王劉英信仰佛敎,並於公元 65 年(永平 8 年)受到漢明帝的獎勸。漢明帝時曾派遣郎中蔡愔與博士弟子秦景等到印度訪求佛法,而印度僧人竺法蘭及迦葉摩騰也於此時來到中國傳敎譯經,並在洛陽建造了第一座佛寺——白馬寺。此後佛敎傳布漸廣,到東漢末年,已有了大規模的佛寺,並翻譯了很多的佛經。

漢桓帝倡信佛敎,曾在宮中立佛祠。到靈帝末獻帝初,有"笮融者,丹陽人。初聚衆數百,往依徐州牧陶謙,謙使督廣陵、彭城運漕,遂放縱擅殺,坐斷三郡委輸以自入。乃大起浮圖祠,以銅爲人,黃金塗身,衣以錦

① "孟子""公孫丑篇"下。
② "論衡""齊世篇"。
③ 同上書。
④ "論衡""偶會篇"。
⑤ "論衡""命祿篇"。
⑥ "論衡""骨相篇"。

朵。垂銅槃九重,下爲重樓閣道,可容三千餘人。悉課讀佛經, 令界內及旁郡人有好佛者,聽受道,復其他役,以招致之,由此遠近前後至者五千餘人戶。每浴佛,多設酒飯,布席於路, 經數十里,民人來觀及就食者且萬人,費以巨億計"①。可見這時佛教已相當盛行了。

在漢桓帝、靈帝時, 中亞的佛僧陸續來中國傳教並翻譯佛經, 著名的有安息僧人安世高及大月氏僧人支婁迦讖等。安世高除在洛陽譯經傳教外,又曾到過今浙江、江西、廣東、湖北一帶, 把佛教傳布到長江以南的地區;他在中國一直居住了二十多年(公元 148 年—公元 170 年),共譯經二十餘部,死於中國的南方。支婁迦讖在中國居住了四十年(公元 147 年—公元 186 年),多在洛陽譯經,並有兩個中國人(一名孟福,一名張蓮,都是洛陽人)幫助他。此外還有竺佛朔及安玄,也於漢靈帝時來到洛陽傳教譯經。

由於中亞佛僧在中國傳教譯經,中國人研究佛經的漸多。靈帝時嚴佛調曾從安世高受習佛學,又和安玄一同譯經, 並著"沙門十慧經",爲中國著作佛教書籍最早的人。

東漢末年佛教最盛行的地區, 一爲洛陽附近, 一爲長江與淮河之間。從事佛經翻譯的計有十二人,共譯經二百九十二部,三百九十五卷。東漢以後,佛教傳布的地區益廣,所翻譯的佛經更多,中國人已有因信奉佛教而出家爲僧的了。

佛教傳入中國後,首先得到統治階級中的人的信仰,並有皇帝加以提倡,逐漸流行。這是什麽原故呢?因爲佛家宣稱人的善惡都有報應,要想免禍求福,必須務靜去欲,行善修道;而且人死後精神不滅,如果在現實的人間得不到幸福,可以刻苦修行, 鍛鍊精神,以期"來世"轉化爲"佛";也就是告訴被壓迫、受苦難的人民,要忍耐目前所遭遇的貧困和痛苦,不要進行反抗鬥爭,只把幸福的希望寄托於死後的"來世"。這種主張當然合乎封建統治階級的心理, 可以被利用爲欺惑人民、統治人民的工具,所以東漢的皇帝不但獎勵信奉佛教的人,而且自己也在宮中立祠供佛。但又覺得佛教終是外來的宗教,恐怕不能完全勸服人心,遂把黃老的"清靜無爲""與世無爭"的思想與佛教的義理連結在一起,相互參證,

① "三國志""吳志"卷四"劉繇傳"。

表示佛教與中國固有的學說是一致的，而以"浮屠"和"黃老"並稱。如漢明帝給楚王英的詔書中說他"誦黃老之微言，尚浮屠之仁祠"①；漢桓帝在"宮中立黃老浮屠之祠"②，"設華蓋以祠浮屠、老子"③，曾兩次派宦官到老子的故鄉苦縣（河南鹿邑縣東）去"祠老子"，又"祠黃老於濯龍宮"④，於是黃老竟被利用爲幫助傳布佛教的工具了。

道教的創立　道教起源於神仙之說和巫術。神仙之說，本是戰國時代一般沒落的舊貴族企圖逃避現實的幻想，尤其是在濱海地區，最易引起對於海外神仙世界的嚮往，所以在燕、齊兩國盛傳渤海中有蓬萊、方丈、瀛洲三座神山，裏面有許多仙人和長生不死的仙藥，因而更促進了一些貴族追求神仙和仙藥的慾望。但追求神仙和仙藥不是一般人都能辦到的，據說必須具有望氣、驅邪、辟鬼等等的方術，於是又出現了一些自稱有追求神仙和仙藥的方術的人，這種人便是所謂"方士"。

秦始皇統一中國後，曾聽從方士們的話，先後派徐市、韓終等入海去求仙人和仙藥，但都沒有結果。漢武帝爲了要長生不死，也想求仙人仙藥，因而寵信方士，召集他們在宮中煉丹、候神、辟鬼、望氣，並封以官號，如方士少翁被封爲文成將軍，方士欒大被封爲五利將軍；又數次派遣大批的人入海求仙。可是漢武帝也始終沒有求得長生不死之藥，沒有會見過神仙。方士的法術旣無靈驗，也就失掉了皇帝的信任。到成帝時，便把豢養在宮廷中的方士們都遣散回家了。

方士們覺得專憑神仙之說不能得到人們的信仰，遂把曾經盛行一時的黃老思想拿來與他們的方術相結合，並尊奉黃帝和老子爲他們的祖師，於是又和道家發生了關係。到東漢時代，道家的"道"字便成了他們的稱號，而有"黃老道"之名。但東漢的統治階級正熱心於佛教的信仰，且要把黃老與佛教相結合，所以爲原來的方士們所宣傳的"黃老道"就得不到統治階級的重視，他們只有在民間用畫符念咒的方法爲農民治病，以取得信仰，吸收信徒。農民在疾病貧困之下，可以藉符水咒說得

① "後漢書"卷七二"楚王英傳"。
② "後漢書"卷六十"襄楷傳"。
③ "後漢書"卷七"桓帝紀"。
④ 同上書。

到一些精神上的安慰，於是黃老道逐漸在民間流行，信道的人日益增多，而發展成爲在社會上與佛教並行的宗教。这時的統治階級爲了提倡佛教，並嫉視道教在廣大的農民中間流行，便對黃老道加以"鬼道"、"妖巫"的名稱，說他們愚惑百姓。佛教和道教因信仰者的階級不同，到東漢末期，佛教便形成爲封建統治階級麻痹人民的工具，而道教則被農民階級利用爲組織反抗統治階級的武裝力量的手段了。

東漢末期的道教，又分爲太平道與五斗米道兩種。太平道最初起於冀州，後來發展到青、徐、兖、豫、荆、揚、幽等州之地；五斗米道則流行於巴蜀、漢中一帶。

太平道的名稱出於東漢中葉的"太平經"。"太平經"本爲方士們所假託的道家的經典，後來被黃老道首領之一的張角採用爲道名，而創立了太平道。太平道活動的方式，主要是用符水咒說來收徒傳道。"後漢書"卷一〇一"皇甫嵩傳"載："初、鉅鹿張角自稱大賢良師，奉事黃老道，畜養弟子，跪拜首過，符水咒說以療病，病者頗愈，百姓信向之。""三國志""魏志"卷八"張魯傳"注引"典略"云："太平道者，師持九節杖，爲符咒，敎病人叩頭思過，因以符水飲之，得病或日淺而愈者，則云此人信道；其或不愈，則云不信道。"由於張角是利用太平道來組織農民起義，太平道便成了東漢統治階級所要鎮壓、消滅的對象，所以在黃巾大起義失敗之後，太平道的活動也隨之終止了。

五斗米道是由受道者出米五斗而得名，也曾被農民利用爲反抗東漢統治的組織，其宗敎活動方式較太平道爲複雜。"三國志""魏志"卷八"張魯傳"注引"典略"云："(靈帝)光和中，東方有張角，漢中有張脩。……角爲太平道，脩爲五斗米道。……脩法略與角同，加施靜室，使病者處其中思過；又使人爲姦令祭酒。祭酒主以老子五千文，使都習，號爲姦令，爲鬼吏，主爲病者請禱。請禱之法，書病人姓名，說服罪之意，作三通：其一上之天，著山上；其一埋之地；其一沈之水，謂之三官手書。使病者家出米五斗，以爲常，故號曰五斗米師。""後漢書"卷八"靈帝紀"云："中平元年(公元 184 年)秋七月，巴郡妖巫張脩反，寇郡縣。"注引劉艾"紀"曰："時巴郡巫人張脩療病，愈者雇以五斗米，號爲五斗米師。"可見張脩也利用五斗米道組織農民起義，並與黃巾大起義同年發動。張脩死後，在巴蜀、漢中一帶，五斗米道流行仍很普遍。後來張魯佔據漢中，行用五斗米道的敎法，團結當地人民，抗拒東漢政府的統治，支持了二十餘年之久。"三國志""魏志"卷八"張魯傳"注引"典略"云："及魯在漢中，因其民信行惰業，遂增飾之。敎使作義舍，以米肉置其中，以止行人。又敎使自隱，有小過者，當治道百步則罪除。又依月令，春夏禁殺，又禁酒。流移寄在其地者，不敢不奉。""張魯傳"也說："魯遂據漢中，以鬼道敎民，自號師君。其來學道者，初皆名鬼卒；受本道已信，號祭酒，各領部衆，多者爲治頭大祭酒。皆敎以誠信不欺詐，有病自首其過，大都與黃巾相似。諸祭酒皆作義舍，如今之亭傳。又置義米肉，懸於義舍，行路者量腹取足，若過多，鬼道輒病之。犯法者，三原然後乃行刑。不置長吏，皆以祭酒爲治，民夷便樂之。雄據巴漢，垂三十年。"這種情況，說明道敎因長期在民間流行，已獲得多數農民的信仰，農民就在這種宗敎形式之下，結合成爲反抗東漢封建統治的堅強力量，所以張魯能憑藉五斗米道的敎法，取得人民的支持，保持了一個相當長時期的獨立的政治局面。

然而無論太平道或五斗米道，其本身的內容都是迷信的、消極的東西，並沒有推動階級鬥爭的積極作用；只因道敎是與東漢統治階級相對立的，所以在現實的鬥爭中，也就與農民階級發生了密切的聯繫，起了促進反對封建統治的鬥爭的作用。

第六節　科學研究與發明

算學　秦漢時代，隨着生產的發展，在各種社會活動中，如測量田地、運輸糧食、徵納賦稅、經營商業、建築工程等等，都需要更精密的計算方法，因而對於算學的研究，也比以前有了顯著的進步。

最能代表這時代的算學成就的是"九章算術"一書。這書分爲"方田"、"粟米"、"差分"、"少廣"、"商功"、"均輸"、"盈不足"、"方程"、"勾股"九章。"方田章"主要是計算各種田畝面積的幾何問題，如方田、梯形田、斜方形田、圓田、半圓形田等。在計算圓田時，正確地提出了半周半徑相乘可以得圓面積的結論。"粟米章"是糧食交易時的計算方法，其中有二元一次式的整數解法。"差分章"主要是按比例分配的計算方法，應用於分配歲收。"少廣章"是從田畝面積計算周長、邊長等的算術，正確地提出了開平方和開立方的方法。"商功章"是計算各種體積的幾何方法,主要是解決築城、建堤、挖溝、修渠等實際工程上的問題,並總結了土木施工的核算經驗。"均輸章"是管理糧食運輸均勻負担的計算方法,其中有些內容是一元一次式和等差級數的問題。"盈不足章"處理了各種二元一次聯立方程式的問題。"方程章"處理了各種三元一次和四元一次聯立方程式的問題。"勾股章"處理了各種幾何問題,正確地提出了勾方股方之和等於弦方的重要定理。可見"九章算術"不但包括多方面的計算問題,而且在代數學與幾何學的研究上已有相當的成就,在世界算學史上也有卓越的貢獻,如"少廣章"裏開平方和開立方的方法,外國最早爲歐洲的算學家所求出,是在此以後的一千多年;"方程章"裏聯立一次方程式的解法,外國最早爲印度的算學家所求出,是在此以後的四百多年。①

　　秦漢時代的著名算學家有張蒼、耿壽昌、許商、杜忠、劉歆、張衡、趙君卿等。張蒼"自秦時爲柱下御史,明習天下圖書計籍,又善用算律歷"②。在漢初又掌管郡國上計簿籍,精於算術。耿壽昌在漢宣帝時"以善爲算"③著名。許商、杜忠在漢成帝時都著有算術書。劉歆於漢成帝、哀帝時校理圖書,明習算術,曾求得圓周率爲三·一五四七,雖不精確,但爲研求圓周率最早的人。張衡是東漢時的著名學者,精研天文,深通算術,求得圓周率等於開方十。趙君卿是世界上最早用幾何方法證明了直角三角形的勾股弦定律的人。

　　天文學　秦漢時代的天文學研究有很多的成績,最重要的是對於星座研究的精密,及確立了比較進步的渾天學說。

　　漢武帝時司馬遷所著的"史記""天官書",是我國古代記載星座最詳細的典籍。二十八宿的全部名稱,也是到秦漢時代才有了完備的記載。尤其對於水、金、火、木、土五星的測驗,已達到非常精密的程度,如在西漢時測知木星繞天一周的時間爲一一一·九二年,東漢時測知爲一一一·八七年,與現今所測的一一一·八六年極爲相近;而東漢時測知水星

---

① 以上據錢偉長著"我國歷史上的科學發明"中的數學部分。中國青年出版社1953年版。

② "漢書"卷四二"張蒼傳"。

③ "漢書"卷二四"食貨志"。

繞天一周的時間爲一一五·八七天,與現今所測的正相吻合,更是驚人的成績。①

漢代對於宇宙的認識主要有蓋天說與渾天說兩派。蓋天說認爲天在上,地在下,地被天覆蓋着;渾天說認爲天體是圓的,地居於中央,天包於外。自西漢末年以來,這兩派時常發生爭論。到了東漢中葉,著名天文學家張衡根據他精心的研究及實際觀測天象的結果,主張渾天說。他說:"渾天如雞子,天體圓如彈丸,地如雞子中黃,孤居於內。天大而地小,天表裏有水,天之包地,猶殼之裹黃。天地各乘氣而立,載水而浮。周天三百六十五度四分度之一,又中分之,則一百八十二度八分之五覆地上,一百八十二度八分之五繞地下,故二十八宿半見半隱,其兩端謂之南北極。……天轉如車轂之運也,周旋無端,其形渾渾,故曰渾天。"②他對於天體的構造以及太陽、地球與月亮之間的運轉關係,雖還沒有很正確的認識,但他測定天體爲三百六十五度又四分之一,和地球圍繞太陽公轉一周的時間數字三六五·二四二二天極爲接近,並定出了赤道、黃道與南北兩極;又根據天象運轉的原則,說明夏天晝長夜短及冬天晝短夜長的原因;知道月亮本身不發光,月光是"生於日之所照";又已曉得常明的星有一百二十四個,定了名字的星有三百二十個,連同其他的小星共有二千五百個,且繪出了中國最早的星圖——"靈憲圖"。這都是在天文學研究上的輝煌的貢獻。

由於天文學的發展,曆法也有了很大的進步。在秦始皇統一中國後,採用以十月爲歲首的"顓頊曆",漢初百年間繼續行用。但因這種曆法不精確,行用旣久,已經顯然與天象不合,所謂"朔晦月見,弦望滿虧多非是"③。於是漢武帝乃令公孫卿、壺遂、司馬遷、鄧平、唐都、落下閎等共同製訂了比較精密的、以正月爲歲首的"太初曆",於公元前104年(太初元年)施行。這是我國曆法史上一次大改革。"太初曆"行用了一百八十八年,到公元85年(東漢章帝元和2年),又因"太初曆"不夠完善,改用更精密的"四分曆'。曆學是天文學的一部分,所以在天文學發展的過

---

① 據陳遵嬀著"中國古代天文學簡史"第四章93—95頁,上海人民出版社1955年版。

② "經典集林"卷二七"張衡渾天儀一卷"。

③ "漢書"卷二一"律曆志"。

程中,曆法也自然隨着改進了。

張衡發明渾天儀與候風地動儀 張衡不但對於天文學的理論研究與實際觀測有卓越的成績,而且還有兩種偉大的科學發明,一是觀測天象的渾天儀,一是測驗地震的候風地動儀。

相傳渾天儀在秦漢以前就有了,但不足信,到漢代才算有確實的記載。最早的是漢武帝時落下閎所造的渾天儀。其後在漢宣帝時耿壽昌又鑄銅爲象,也是一種渾天儀。東漢和帝時(永元15年,公元103年)賈達曾造黃道銅儀,以測定黃道宿度。張衡根據他的渾天學說及觀測天象的經驗,於公元117年(漢安帝元初4年)創製了前所未有的精巧的渾天儀。張衡的渾天儀係用銅鑄成,內有幾層圓圈,都可轉動,立黃道與赤道,相交成二十四度;又立南北兩極;分全球爲三百六十五度又四分之一,佈置日月五星、二十八宿及所有星辰,用滴漏使儀器自行轉動,某星始出,某星方中,某星今沒,和天空的實際現象完全一樣。張衡爲了說明渾天儀的原理及使用方法,又寫了"渾天儀圖注"與"漏水轉渾天儀註"。

張衡的渾天儀製成以後,給記錄和研究天文的人帶來了很大的便利,也給研究天文的人以更大的興趣。東漢末年的著名學者蔡邕對這個渾天儀至爲稱讚,並說願意終生躺在渾天儀中來研究天文。可惜後來因爲沒有很好保存,到東晉以後便不知這個渾天儀的下落了。

張衡於公元115年至公元121年(漢安帝元初2年至建光元年)及公元126年至公元133年(漢順帝永建元年至陽嘉2年)曾兩度任太史令之職,兼管記錄地震的工作,因而他又從事於地震的研究。公元132年(漢順帝陽嘉元年)他發明了世界上最早的測驗地震的儀器——候風地動儀。

候風地動儀是用精銅鑄成的形似酒樽的東西,圓徑八尺,中間有一根上粗下細的"都柱",連着分指八個方向的八根橫桿;儀器的外面排列着八條龍,也朝着八個方向,每個龍嘴裏含着一個銅丸,下面各有一個銅製的蟾蜍(俗稱癩蝦蟆)作張口承接的形狀。如果地面上有了地震,儀器裏面便發出激揚的響聲,而中間的"都柱"也倒向發生地震的那個方向,那個方向的龍嘴張開,銅丸落在下面的蟾蜍的嘴裏。這樣就測知了那個方向發生了地震。據說很有效驗。如在公元138年(漢順帝永和3年)時,有一天候風地動儀發出響聲，西面的龍嘴張開，過了幾天，果然有使者到京師來報告隴西發生地震的消息。

但這個候風地動儀也早已遺失了，我們現在僅能從"後漢書"卷八十九"張衡傳"的記載，得知其大概的情況，製造一個簡單的模型，至於儀器內部的詳細構造及關於張衡測驗地震的理論，已無從得知了。

醫學 我國醫學在先秦時代已有不少的成就，如" 黃帝內經"是講病理的，"難經"是講診病的方術的，都是集結醫療經驗的典籍；春秋時的醫緩、醫和，戰國時的扁鵲，都是高明的醫生，而扁鵲對於婦科、耳目口鼻科、小兒科的病症都能治療，尤為著名。到了秦漢時代，醫學更有進一步的發展。

西漢初年的名醫倉公，姓淳于名意，臨淄（今山東臨淄）人，善於診脈用藥，多有效驗。其後馬長、馮信、杜信、唐安等，都得到倉公的傳授，在民間醫病。

著名的醫藥書籍"神農本草經"，是西漢末年的作品，講述藥材極詳，把藥材分為上、中、下三品，計上品一百二十種，中品一百二十種，下品一百二十五種，共三百六十五種，可見這時對於藥材的研究已很有成績了。

東漢時代，蔡邕所著的"本草"，涪翁所著的"鍼經"，張機所著的"傷寒論"、"金匱"等書，都有很高的醫學價值。而張機對於醫學的研究最為精深，總結了以前病理、脈法、方藥等經驗，大大發展了內科學，在我國醫學史上佔有重要的地位。

張機字仲景，漢靈帝時舉孝廉，後來做過長沙太守。東漢末年，疾疫流行，他的宗族二百餘口死了三分之二，而多半是因患傷寒病死去的，於是他精心研究傷寒病，著"傷寒論"十卷，對於病理、診斷、治療、用藥等都有詳細的論述，如談到治療的方法與禁忌時說："不須汗而強汗之者，出其津液，枯竭而死；須汗而不與之汗者，使諸毛孔閉塞，令人悶絕而死。不須下而強下之者，令人開腸洞泄，不禁而死；須下而不與之下者，令人心內懊憹，脹滿煩亂，浮腫而死。不須灸而強灸之者，令人火邪入腹，干錯五藏（臟），重加其煩而死；須灸而不與之灸者，令人冷結重凝，久而深固，氣上衝心，無地消散，病篤而死。"又按照患病的具體情況,列出一百一十三方。"金匱"是研究各種雜病的醫書,對一般病人都能適用。張機的醫學著作,雖然由於時代的限制,不免含帶陰陽五行的思想,用迷信的說法來解釋病理現象,但基本上是根據多年的醫學研究與治療經驗,實爲我國寶貴的醫學遺產。

約與張機同時,還有一個著名的醫生華陀。據史籍所載,他"精於方藥,處劑不過數種,心識分銖,不假稱量。針灸不過數處。若疾發結於內,針藥所不能及者,乃令先以酒服麻沸散,旣醉,無所覺,因刳破腹背,抽割積聚。若在腸胃,則斷截湔洗,除去疾穢,旣而縫合,傅以神膏,四五日創愈,一月之間皆平復"①。由此看來,華陀的外科手術已達到高度的水平,而與現在的麻醉、開刀、縫口等方法相合,足證漢代的醫學已有非常偉大的成就了。華陀的兩個弟子吳普、樊阿,依照他的方術行醫療病,也救活了不少的人。

農學 由於秦漢時代農業生產的發展,農業科學的研究也有相當的成就,西漢末年的氾勝之便是一個著名的農學家,他所著的"氾勝之書",是關於農業科學的重要著作。這部書本有十八卷,後來逐漸散佚失傳,我們現在僅能看到從其他古書所引錄的一部分了。

氾勝之於漢成帝時爲議郎,曾在關中一帶敎民種田,後來又做過御史。在他的著作中,記載了耕作、選種、藏種、播種等方法及一些有關農業經濟、農業史實的論述,如關於怎樣耕作,他說:"凡耕之本,在於趣時和土,務糞澤,早鋤早穫。春凍解,地氣始通,土一和解;夏至天氣始暑,陰氣始盛,土復解;夏至後九十日,晝夜分,天地氣和。以此時耕田,一而當五,名曰膏澤,皆得時功。"②關於怎樣選種藏種,他說:"種傷濕鬱熱則生蟲也。取麥種候熟可穫,擇穗大強者斬束立場中之高燥處,曝使極燥,無令有白魚,有,輒揚治之;取乾艾雜藏,麥一石,艾一把,藏以瓦器、竹器。順時種之,則收常倍。"③又說:"使稼耐旱,常以冬藏雪汁,器盛埋於地中,治種如此,則收常倍。"④ 尤其重要的是適用於各種農作物的

① "後漢書"卷一一二"華陀傳"。
② "齊民要術""耕田篇"引"氾勝之書"。
③ "齊民要術""收種篇"引"氾勝之書"。
④ "齊民要術""種穀篇"引"氾勝之書"。

"區種法"。

區種法是氾勝之總結了農民的生產經驗而發明的一種進步的耕作方法,也稱區田法,是把小塊的田地劃成若干區,精耕細作,多施肥,多灌溉,以盡地力而提高單位面積的產量。按照田地的肥瘠,可分爲上、中、下三等:"上農區田法:區方深各六寸,閒相去七寸,一畝三千七百區,丁男女種十畝,至秋收區三升粟,畝得百斛。中農區田法:方七寸,深六寸,閒相去二尺,一畝千二十七區,丁男女種十畝,秋收粟畝得五十一石。下農區田法:方九寸,深六寸,閒相去三尺,秋收畝得二十八石。旱即以水沃之。"① 這種方法不但可行之於平地良田,即在山陵、傾阪及丘城地區也可以使用,充分顯現了漢代農業生產技術的提高。其後漢明帝於公元 68 年(永平 11 年)因各郡國遭受牛疫、水旱之災,乃下令普遍推行區種法,以增加墾田面積及農產收穫量,足見區種法確是已經行之有效了。

紙的發明 紙是我國古代四大發明之一。在發明紙以前,我國最早是把文字刻寫在龜甲和牛胛骨上,就是殷代的甲骨文;其後又用竹簡和縑帛,所謂"書之竹帛,傳遺後世子孫"② 。但是竹簡旣笨重,每片簡上寫字又很少;縑帛價昂貴,而且捲伸也很費事,用以傳播文化,便受到一定的限制。自從發明了紙以後,才有了寫字方便而易於廣泛地傳播文化的工具。

據史籍所載,在西漢時已經有了紙,如"漢書"卷九十七下"趙皇后傳"裏所說的用以裹藥的"赫蹏",就是一種薄小的紙。這是公元前 12 年(漢成帝元延元年)的事。到東漢時,已用紙抄寫書籍了,如"後漢書"卷六十六"賈逵傳"載公元 82 年(漢章帝建初 7 年)時,漢章帝曾給與賈逵用竹簡及用紙寫的"春秋左氏傳"各一部。不過,這種紙是以綿絮爲原料造成的"絮紙",因成本還是很貴,產量不多,只能供皇室貴族使用。直到公元 105 年(漢和帝元興元年)蔡倫用植物纖維造紙成功後,才有了原料易得、成本低廉、可以大量製造的寫字工具。

蔡倫字敬仲,桂陽(今湖南耒陽)人,漢章帝時爲小黃門,漢和帝時

① "後漢書"卷六九"劉般傳"引"氾勝之書"。
② "墨子""明鬼下篇"。

爲中常侍、尚方令，於公元 97 年（永元 9 年）"監作秘劍及諸器械，莫不精工堅密，爲後世法"①。此後蔡倫又研究造紙術，他根據前人所積累的經驗，加上自己的創造，遂利用樹皮、麻頭、敝布和魚網爲原料來造紙，於公元 105 年（和帝元興元年）試驗成功，大家稱爲"蔡侯紙"。從此造紙術得到極大的改進，這種廉價的紙便能以大量製造，爲社會上普遍使用，成爲寫字的主要工具。到了東漢末年，東萊（今山東黃縣）人左伯又進一步提高了造紙的技術，他所造的紙比"蔡侯紙"更爲精細。

　　自蔡倫造紙後，中國的造紙術便逐漸傳布於世界各地。在西方，經由西域傳到中央亞細亞，於公元 652 年傳到伊朗，751 年傳到阿拉伯，793 年傳到報達及大馬士革，900 年左右傳到埃及，1100 年左右傳到摩洛哥，1150 年傳到西班牙，1189 年傳到法國，1276 年傳到意大利，1300 年傳到德國，1494 年傳到英國。歐洲各國在中國的造紙術傳入以前，多用價值昂貴的羊皮紙，寫一部"聖經"需要三百隻以上的羊皮。在南方，大約於公元七世紀末葉傳到印度。在東方，至遲於公元三世紀時就傳到朝鮮，公元 610 年又由朝鮮傳到日本。所以，紙的發明不僅促進了中國文化的傳播，對於世界文化的傳播也起了重大的推動作用。

---

① "後漢書"卷一〇八"蔡倫傳"。

附　記

　　這本小書原爲我在南開大學歷史系講授中國史秦漢部分的講稿，主要是根據史記、漢書、後漢書等史籍，並參考現代學者們的許多著作來編寫的。當初擬定提綱及討論內容時，都曾得到南開大學歷史系諸位同志的幫助。但由於我的理論水平和業務水平太低，其中的錯誤一定很多，敬希同志們予以批評和指正。

編著者 1956 年 2 月